PROPERTY RIGHT RESEARCH

产权法治研究

第 6 卷第 1 辑（总第 7 辑）

李凤章　主编

上海大学出版社
·上海·

图书在版编目(CIP)数据

产权法治研究.第6卷.第1辑:总第7辑 / 李凤章主编. —上海:上海大学出版社,2022.10
ISBN 978-7-5671-3949-7

Ⅰ.①产… Ⅱ.①李… Ⅲ.①知识产权法—法治—研究—中国 Ⅳ.①D923.404

中国版本图书馆CIP数据核字(2022)第193628号

责任编辑 刘 强
封面设计 柯国富
技术编辑 金 鑫 钱宇坤

产权法治研究

第6卷第1辑(总第7辑)

李凤章 主编

上海大学出版社出版发行
(上海市上大路99号 邮政编码200444)
(https://www.shupress.cn 发行热线 021-66135112)
出版人 戴骏豪

*

南京展望文化发展有限公司排版
江苏凤凰数码印务有限公司印刷 各地新华书店经销
开本 710mm×1000mm 1/16 印张14 字数207千字
2022年11月第1版 2022年11月第1次印刷
ISBN 978-7-5671-3949-7/D·227 定价 68.00元

版权所有 侵权必究
如发现本书有印装质量问题请与印刷厂质量科联系
联系电话:025-57718474

《产权法治研究》编委会

编委会名誉主任 沈四宝
编委会主任 文学国
编委会委员（按姓氏拼音字母次序排列）

　　陈敬根　崔文玉　兰跃军　李　本　李凤章
　　李清伟　李　智　刘俊敏　史长青　王勉青
　　许春明　徐红菊　张秀全

主　编 李凤章
副主编、编辑部主任 陈敬根
本辑编辑（按姓氏拼音字母次序排列）

　　陈吉栋　陈　杰　陈敬根　李凤章　李立新
　　刘　颖　南天奇　汤　彬　魏孝伟

出版资助单位 金茂凯德律师事务所　上海东方环发律师事务所

声　明

本书的各篇文章仅代表作者本人的观点和意见，不代表编委会、编辑部和出版资助单位的任何意见、观点或倾向。特此声明。

《产权法治研究》编委会

为什么是"产权法治研究"

之所以将本书聚焦于产权法治研究,首先是立足于上海大学法学院的学科研究方向。经过近几年的快速发展,上海大学法学院已经在产权领域,特别是在知识产权、土地产权、ADR和新型产权保护等领域形成了较为明显的特色。更重要的是,产权法治建设仍然是目前中国法治建设的短板,也因此为法治研究所急需。《中共中央关于全面推进依法治国若干重大问题的决定》指出,社会主义市场经济本质上是法治经济。要使市场在资源配置中起决定性作用和更好发挥政府作用,必须以保护产权、维护契约、统一市场、平等交换、公平竞争、有效监管为基本导向,完善社会主义市场经济法律制度。要健全以公平为核心原则的产权保护制度,加强对各种所有制经济组织和自然人财产权的保护。始终是把产权建设放在第一位。更可喜的是,2016年11月4日,中共中央、国务院通过了《关于完善产权保护制度依法保护产权的意见》,在执政党历史上第一次公开地、系统地出台专门的保护产权的政策,被评为执政理念的重大变革。随后,最高人民法院也发布了《最高人民法院关于充分发挥审判职能作用切实加强产权司法保护的意见》和《最高人民法院关于依法妥善处理历史形成的产权案件工作实施意见》。可以说,产权保护已成为国家改革的重要抓手。

产权法治建设,攸关经济发展。中国改革开放的巨大成就,归根结底依赖的就是产权激励,无论是农民的承包经营权,抑或是乡镇企业的经营权,乃至国有企业的经营权以及后来公司制改革下的股权,乃至知识产权、网络虚拟产权、大数据背景下的信息财产权等,所有这些,构成了一条中国改革开放的主线:产权制度从无到有,从模糊到清晰,从封闭到开放,从管制到自由,从国内到国际,促进了中国市场经济的繁荣。而现在经济结构转型,从依赖资源到依赖创新，其挑战的也恰是滞后的产权制度。长期以来，中国的资源和环境，仍然处于产权模糊阶段，这一有意或无意的模糊，为国家权力不顾资源和环境的成本约束，为GDP透支资源和环境提供了方便。现在要建立生态文明，要实现经济转型，就必须使得资源和环境要素作为生产成本，对生产者产生硬约束，并可通过市场实现优化配置，而这就依赖于对资源和环境的产权进行明晰，并为其市场配置建构交易规则。

产权法治建设，还是国家建设的根本。产权，特别是有体产权，本质上源于国家对资源的初始分配，代表着国家和社会的契约关系，代表着"风能进，雨能进，国王不能进"。当然，国家的分配，只能以占有形成的利益事实为基础。产权的保护力度和政府的自我约束是成正比的。对产权的破坏，削弱的是国家对契约精神的坚守，摧毁的是国家权力的边界。建立法治政府，必自产权制度始！

产权法治建设，还事关国民素质和文化建设，产权意味着成本和收益的内在化，从而对权利人形成自我约束和自我激励，因此，产权培养着自律和责任，培养着契约精神和诚信观念，促进着秩序的稳定和对基本价值的坚守。"有恒产者有恒心，无恒产者无恒心。"（《孟子·滕文公上》）所谓恒心，就是这种自律、诚信以及在此基础上形成的对未来的稳定预期，它避免了无视规则的机会主义和短期行为。"苟无恒心，放辟邪侈，无不为已。"（《孟子·梁惠王上》）没有产权保护，大家都抱着"能捞一把是一把""过了这个村再没这个店""享乐了才是自己的"的观念，拜挥霍奢靡为时尚，视坑蒙拐骗为本领，则民心大坏矣，所谓企业家精神又从何谈起？

《产权法治研究》，虽名法治，其实需要经济学、社会学、政治学、历史学、法学等各学科的交叉研究。我们希望以本书为平台，汇集专家学者，通过对中国产权问题的交叉研究，打破学科藩篱，形成制度共识，共同推进中国的法治建设和经济转轨、社会转型。

主编谨识

目 录

[经典译丛]

Parker 法官的遗憾：压力集团与政治研究
.... Richard L. Watson, Jr 著 任昊 译／1

["宝山公证"杯"产权、登记和公证"获奖征文]

关于公证否定不动产权属确认引发的思考 .... 章世容／23
"区块链"在公证领域中的运用 .... 陈吉栋 李晓宇／42
论不动产登记机构登记错误赔偿责任性质 .... 刘果／59

[企业产权法治研究]

"混改"企业治理中非公产权保护的法律检视与修正 ...... 李立新 唐晨博／78
公司对外担保中审查义务分配研究
　　——从规范分析法的批判到利益衡量和规范分析 .... 谢江东／96
《电子商务法》知识产权保护规则的分析与完善 .... 朱朋飞 许卓昇／122
视觉理论在网络法中的应用：理论与展望 .... 应浩江 朱悦／138
公司法上契约自由的例外之固有权
　　——不得以多数决剥夺的权利之德日法比较考察
　　　　　　　　　　　　　　　　　　［日］高桥英治 著 李春女 译／154
英美法上合意理论之不公开本人身份代理制度
　　——兼评《民法典合同编（草案）（二审稿）》第七百零九条之规定
　　　　　　　　　　　　　　　　　　　　　　　　　　　孙丽娜／171

企业并购环境法律责任风险与对策
　　——以美国《环保赔偿责任法》为视角 …………………… 崔文玉 / 188
股份交换 M&A 税制之对策
　　——基于中日两国税制的比较 ………………………………… 张诗萌 / 202

[经典译丛]

Parker 法官的遗憾：压力集团与政治研究

Richard L. Watson, Jr 著　任　昊 译*

摘　要：本文集中介绍了压力集团与政治因素对美国最高法院法官任命的影响，详细地展示了从胡佛提名 Parker 法官到参议院拒绝提名的过程，讨论了美国自由主义意识形态光谱摆动背景下，总统、政党、压力集团和参议院运作的各个环节对大法官选任的具体影响。美国宪法并未规定政党制度，但制衡政治通过代表不同利益群体的政党竞争执政得以运作已是不争的事实。由于终身任职的大法官可以将本党的意识形态延续到政党轮替之后，推荐本党人选出任大法官始终是最高法院建立以来各党的一贯做法。因而大法官的任命就不仅是一个法律问题，还是一个政治问题。

关键词：压力集团　政党　美国最高法院　Parker 法官

1930 年 3 月 8 日，美国联邦最高法院的爱德华·特里·桑福德（Edward Terry Sanford）大法官逝世。基于一种合理的推测，由于桑福德是联邦最高法院大法官中唯一的南方人，所以胡佛总统会任命另一个南方人接替他。胡佛选择了 John J. Parker 法官，一位 44 岁的北卡罗莱纳人。1925 年，Parker 开始担任美国联邦第四巡回上诉法院的法官，他在北卡罗莱纳大学求学期间

---

* 本文发表于 The Mississippi Valley Historical Review 1963 年第 50 卷第 2 期，第 213—234 页。文章原题目为 The Defeat of Judge Parker: A study in Pressure Groups and Politics。其中的 pressure groups 是西方政治学术语之一，指通过对选举、立法、行政和司法施加压力，从而维护其特殊利益、实现其特定目标的组织。

　　Richard L. Watson, Jr（1915—2000），杜克大学历史系教授（1939—1984）、历史系主任（1960—1967）、学术委员会主席（1964—1966，1975—1977），20 世纪美国杰出的历史学家。任昊，云南省昆明市人民检察院检察官助理，中山大学司法体制改革研究中心研究人员。

加入了全美优等生联谊会，并且是其所在班级的班长，在他毕业后不久就以共和党人的身份进入了政界。在1910年的美国众议院、1916年的州司法部部长和1920年的州长选举中，一如北卡罗莱纳州的共和党人通常的表现，他接连败北。在1920年的选举中，他获得了23万张选票，比共和党其他任何一位州长候选人在北卡罗莱纳州获得的票数都要多。当时，他已是该州最杰出的律师之一。1923年和1924年，在哈丁执政期间，他担任美国司法部部长的特别助理，调查所谓的战争欺诈行为。1925年，柯立芝总统任命他为巡回法院的法官[①]。

胡佛提名Parker担任最高法院大法官看起来是恰当的，参议院应该会立即予以通过。然而，在他被提名两个月后，参议院就否绝了他。由于参议院很少否绝总统对最高法院大法官的提名，因此仅从这个角度来看，这段插曲就很值得研究，探求参议院否绝提名背后的原因就显得更具有历史意义。它象征着20世纪30年代劳工的觉醒，也是美国有色人种协进会（NAACP）第一波重大胜利之一；它反映了对最高法院主导哲学日益增强的反对，这种反对在1937年达到了高潮；它对压力集团在民主国家的角色提出了根本性的质疑；它还表明，一个看似例行公事的任命，很有可能成为个人和党派的竞选活动。

在桑德福死后的几个小时内，来自北卡罗莱纳州的共和党全国委员会委员查尔斯·乔纳斯（Charles Jonas）就决定由Parker来接替桑德福。第一步，他计划在桑德福葬礼后就尽快向胡佛推荐Parker。与此同时，他向Parker建议，律师和司法部门在获得共和党的支持之前，应发起一场"无党派"运动，以此来获得提名[②]。Parker非常乐意地接受了这个建议，并且立即就该采取什么策略征求了乔纳斯的意见[③]。他召集朋友参加了代表团，亲自去拜访胡佛，并且暗示其他人他会感激他们写的推荐信[④]。与此同时，共和党主席布朗洛·

[①] *Current Biography* (New. York), 1955; John "John J. Parker, Senior Circuit Judge, Fourth Circuit," *American Bar Association Journal* (Baltimore), XXXII (December, 1946), 856 ff.

[②] Charles Jonas to Parker, March 9, 1930, Parker Papers (Southern Historical Collection, University of North Carolina).

[③] Parker to Jonas, March 12, 1930, ibid.

[④] Parker to Jonas, March 13, 1930; Jonas to Parker, March 14, 1930; Parker to A. M. Stack, March 18, 1930; Claude M. Dean to Parker, March 20, 1930, ibid.

杰克逊（Brownlow Jackson）也向胡佛推荐了Parker，而乔纳斯则在参议院寻求支持⑤。

同时，北卡罗莱纳州的民主党人正在集结力量，支持该州首席大法官沃尔特·P. 斯泰西（Walter P. Stacy）。在这场竞选中，两位关键人物分别是经验丰富的北卡罗莱纳州参议院弗尼福尔德·西蒙斯（Furnifold M. Simmons）和李·S. 奥弗曼（Lee S. Overman）。西蒙斯是资深参议员，奥弗曼是参议院司法委员会的资深民主党人。两人都支持斯泰西，但两人都意识到胡佛任命民主党人的机会很小，因此作为北卡罗莱纳人，他们准备支持Parker。民主党党报《新闻与观察》编辑约瑟夫·丹尼尔斯（Josephus Daniels）也支持斯泰西，但他说：如果"胡佛坚持要在最高法院法官这个职位上做政治工作"，Parker会是一个可以接受的候选人⑥。

3月13日，西蒙斯议员亲自与胡佛进行了会谈，敦促胡佛任命两个候选人中的一人⑦。就在同一天，在北卡罗莱纳州全体国会代表的支持下，奥弗曼正式向胡佛推荐了斯泰西。不久之后，电台广播就宣布了斯泰西的提名，祝贺的信息开始如潮水般涌向这位受宠若惊的法官。西蒙斯发了一封电报结束了这个毫无根据的谣言⑧，但西蒙斯和奥弗曼的办公室还是会接连收到推荐的电报。北卡罗莱纳州法院的四名助理法官以及当地许多律师协会都支持斯泰西。当然，对Parker的支持也很强烈，1920年竞选州长击败Parker的卡梅伦·莫里森（Cameron Morrison）率领由北卡罗莱纳州南部和北部人组成的两党代表团前往华盛顿支持Parker时，支持Parker的势头就更大了⑨。

胡佛显然认为Parker的提名是安全的。最近他提名查尔斯·埃文斯·修斯（Charles Evans Hughes）为最高法院大法官，引发了激烈的争论，因此他

---

⑤ Raleigh *News and Observer*, March 11 and 20, 1930.

⑥ Josephus Daniels to Lee S. Overman, March 10, 1930, Overman Papers (Southern Historical Collection, University of North Carolina); Daniels to Parker, March 21, 1930, Parker papers.

⑦ F. M. Simmons to A. w. McLean, March 14, 1930; Simmons to Charles A. Hines, March 14, 1930, Simmons Papers (Duke University Library). Jonas worked on Simmons to support. Parker. Parker to Jonas, March 17, 1930, Parker Papers.

⑧ Raleigh *News and Observer*, March 14, 1930.

⑨ Ibid, March 17 and 18, 1930.

下令司法部部长威廉·D. 米切尔（William D. Mitchell）研究 Parker 在联邦法官席上写下的一百多项判决，并且米切尔也保证这些判决是正确的，司法委员会主席、参议院乔治·W. 诺里斯（George W. Norris）对此提名也持积极态度，北卡罗莱纳州代表团对此也很表示赞成。因此，3月21日胡佛提名了 Parker，参议院立即将提名送交司法委员会。北卡罗莱纳州共和党人很高兴，尽管有些人担心巡回法院会有一个民主党人取代 Parker，会破坏"对北卡罗莱纳州共和党人的激励作用"⑩。

事实上，人们并不都认为 Parker 是所有候选人中最好的那一个。《新共和》的编辑立即回应，称赞他的主张是"果断和有条理的"，但批评其中一些观点对"新思潮"缺乏认识，过于依赖传统法律观念。其中指出 Parker 才44岁，还不至于老得学不会这些"新思潮"，质疑胡佛选的是"伟大的法官还是杰出的南方人"⑪。

《新共和》顺带提到一点，在 Parker 的一项判决中允许"西弗吉尼亚州的无工会矿山以限制州际商业为由，禁止矿工联合会干涉他们的业务"。当《新共和》发表这些评论的时候，很明显，Parker 的该判决将会对其任命产生很大的影响。事实上，3月25日，美国劳工联合会要求参议院司法委员会调查 Parker 在"矿工联合会诉红夹克煤焦炭公司"一案中的判决。对于工会的工人而言，在这个问题上他们必定是据理力争，因为涉及了"禁止令"和"黄狗合同"⑫。

这起案件源于1921年西弗吉尼亚州洛根县和明戈县的无工会煤矿发生的暴力事件。尽管许多工人签订了"黄狗合同"，但矿工联合会组织了一场运动，结果发生了流血事件。联邦军队已经制止了这场战斗，但是红夹克公司和其他大约300家无工会的公司要求永久性禁令，禁止任何"工会及其官员和成员以暴力、威胁、恐吓、纠结警队等方式干扰公司员工……或者促使他们与原告一起违反他们的合同"。地方法院批准了这一禁令，但矿工联合会向

---

⑩ New York *Times*, March 22, 1930; Raleigh *News and Observer*, March 23, 1930; David H. Blair to Parker, March 22, 1930, Parker Papers.

⑪ "Mr. Justice Parker," *New Republic* (New York), LXII (April 2, 1930), 177-78.

⑫ New York *Times*, March 26, 1930.

巡回法院提出了上诉，巡回法院由 Parker 法官和另外两名法官组成。1927 年 4 月 18 日，Parker 宣读了维持地方法院原判的判决，部分陈述如下：

> 毫无疑问，被告有权利用一切合法宣传手段来增加其成员。然而，另一方面，这项权利的行使必须充分考虑到原告的权利。一般而言，发表演说或传播观点来详述工会会员资格的好处是一回事。当招聘一个公司的员工时，工作合同会以不加入工会才能留在公司工作为条件，并且以此来诱导员工违反合同。加入工会和罢工的目的是迫使该公司认识到工会会损害其生产的力量，这则是另一件非常不同的事情。[13]

对美国劳工联合会的领导人来说，这个问题很清楚。Parker 支持使用禁令，并接受了"黄狗合同"作为合法手段。因此，1930 年 3 月 28 日，威廉·格林（William Green）宣布美国劳工联合会将反对提名。他的反对来得正是时候，因为自从在红夹克公司案中判决禁止在劳资纠纷中使用禁令和"黄狗合同"以来，参议院已经采取了强有力的行动。Parker 的提名已经提交给了一个小组委员会，奥弗曼参议员是小组委员会的主席，委员会成员之一威廉·E. 博拉（William E. Borah）参议员曾多次猛烈抨击"黄狗合同"[14]。

与此同时，反对意见还来自另一个方向。20 世纪 20 年代，在黑人通过联邦最高法院进行权益斗争的案件中，全国有色人种协进会变得越来越活跃。因此，对于任何新任命的人都要仔细审查，以查明他背景中任何可能表明他对黑人态度的事实。对 Parker 的调查并不难，因为许多北卡罗莱纳的黑人对

---

[13] See text of case in *Congressional Record*, 71 Cong. 2 Sess, 6569-74（April 7, 1930）. See also New York *Times*, March 26, 1930. It should be noted that the Red Jacket case was appealed to the Supreme Court, but the Supreme Court refused to grant the appeal.

[14] New York *Times*, March 26 and 29, 1930. Senator Felix Hebert of Rhode Island was the other member of the subcommittee. Note that T. A. Wilson, head of the North Carolina branch of the American Federation of Labor, made no objections at fro the nomination, but then promptly expressed his opposition when told of the Red Jacket case. Raleigh *News and Observer*, April 2, 1930. By the first week in April protests from labor unions in many North Carolina towns were reaching the two North Carolina senators. Ibid., April 5, 1930.

Parker 在 1920 年竞选州长时的一次演讲还一直耿耿于怀。在那次竞选中，种族问题在民主党初选中就被提出；民主党已经准备好在选举中利用它来对抗共和党。Parker 也许是出于最崇高的动机，不愿挑起种族仇恨，因此在接受共和党州长提名时，他说：

> 自 1908 年以来，我参加了每一次州议会的会议，但在参加的任何会议上却从未看到黑人代表。黑人，一个不想进入政界的阶级。北卡罗莱纳共和党不希望黑人这样做。我们认识到，黑人还没有达到能够分担政府责任和义务的发展阶段。每个聪明的北卡罗莱纳人都应知道，某些心胸狭窄的民主党正试图将种族问题纳入我最应谴责的每场竞选活动。在国家最可鄙的敌人中，最危险的莫过于那些为了个人或政治利益而企图煽动种族偏见的人。⑮

1930 年 3 月 26 日，全国有色人种协进会执行秘书沃特·怀特（Walter White）给 Parker 法官发了封电报，询问他是否真的发表了这样的一份声明，如果是的话，又是否仍持和之前声明中同样的观点。Parker 认为全国有色人种协进会在了解他 1920 年发表演讲的背景后就不会反对他，因而他就没有回复这封电报，因此全国有色人种协进会发起了一场激烈的运动来反对 Parker 的提名⑯。全国有色人种协进会得到了大约 200 家黑人报纸和全国有色妇女协会的帮助。这次正式的抗议是向参议院司法委员会提出的，参议院相继接到了电话、电报、信件、请愿书和访问书⑰。

因此，最初看似例行公事的任命演变成了一场涉及经济、种族、政治和

---

⑮ Greensboro Daily News, April 19, 1920.

⑯ Walter White to Parker, March 26, 1930; Parker to Blair, March 25 and 26, 1930, Parker Papers. The NAACP checked with the telegraph company to be sure the message was delivered. Statement of Walter White, "Confirmation of Hon. John J. Parker..." Hearings before the Subcommittee of the Committee on the judiciary, U. S. Senate, 71 Cong. 2 Sess. April 5, 1930, p. 74. Hereinafter cited as Parker Hearing.

⑰ Walter White, "The Negro and the Supreme Court," Harpers (New York), CLXIT (January, 1931). 162.

地区问题的紧张斗争。小组委员会在 4 月举行的听证会让工会和全国有色人种协进会表达他们的观点并将其记录在案。

他们在最重要的一点上达成了一致：Parker 不具备担任最高法院法官的资格。威廉·格林（William Green）陈述了主要证词，他不仅代表美国劳工联合会，而且代表铁路工人联合会。他认为 Parker 支持了禁令和"黄狗合同"。他承认，坚持禁令，Parker 可以简单地遵循最高法院在希奇曼（Hitchman）案例中确立的先例[18]，但他表示，劳工之所以会反对 Parker，是基于 Parker 更多考虑的是禁令中的法律和经济政策。此外，格林坚持认为，许多司法判决可以不遵循在希奇曼案中确立的先例[19]。简而言之，根据格林的观点，Parker 应该做的事是根据不断变化的情况来解释法律。劳工的反对意见是基于 Parker 对"当代重大经济问题"的"司法态度"，这些问题"源于工业中的人文关怀"[20]。

全国有色人种协进会反对 Parker 1920 年作出的关于黑人参与政治的言论。怀特认为，正如 Parker 1920 年所说的那样，没有人会赞成把黑人排除在政治之外，以"冷静的、不带偏见、公正的心态"来对待《第十四条修正案》的问题，这种司法心态会使他能够根据《宪法》作出决定[21]。这时，Parker 越

---

[18] "*Hitchman Coal Company v. Mitchell* (1917)" sweepingly upheld the legality of the so-called yellow dog contract and supported an injunction to prevent activity designed to "compel plaintiff, through fear of financial loss, to consent to the unionization of the mine" in spite of the contracts of employment known to be in force there, and stated that to induce employees to break these contracts, and to use "misrepresentation, deceptive statements, and threats of pecuniary loss" were "unlawful and malicious methods" employed by the organizers.
Brandeis, supported by Holmes and Clarke, dissented. Brandeis actually did not argue that the yellow dog contract was illegal. He simply insisted that it was perfectly legal to attempt to unionize the plant. If enough employees should indicate an interest in so doing, they might strike in order to compel the employers to change their con-tracts. Their contract merely said that they should not both be in the employ of the Hitchman Company and be a member of a union simultaneously. 245 U. S. Reports 229 – 74 (1917).

[19] He cited *Diamond Block Coal Company v. United Mine Worker*, 222 s. W. 1079 Kentucky (1920); *La France Electrical Construction 8u Supply Co. U. Electrical Workers*, 140 N. E. 899 Ohio (1923); *Exchange Bakery and Restaurant v. Rifken*, 245 New York 260 (1927), and four other cases. *Parker Hearings*, 52 – 54.

[20] *Parker Hearings*, 55. The Current Events Committee of the American Association of Legal Authors upheld Parker in what it considered "applying recognized rules of law." New York *Times*, April 6, 1930.

[21] Parker Hearings, 74 – 76. Norman Thomas agreed that Parker's views on Negroes as expressed in 1920 and on labor as expressed in the Red Jacket case made his defeat desirable. New York *Times*, April 6, 1930.

来越担心他可能无法得到提名。他不愿意公开为自己在种族问题上的立场进行辩护，因为他认为这样的辩护可能被认为不适合被提名为最高法院大法官。然而，他写了一份完整的答辩书，并请求北卡罗莱纳州共和党领袖大卫·H．布莱尔（David H. Blair）向参议院的朋友们传达这份答辩书的实质内容㉒。

事实上，黑人领袖并非一致反对Parker，达勒姆北卡罗莱纳大学的校长詹姆斯·E．谢泼德（James E. Shepard）支持Parker，因此被著名的黑人周刊——纽约《阿姆斯特丹新闻》指责为"不符合他的身份"。但是，谢泼德并没有撤回他对Parker的支持㉓。事实上，他还投身到支持Parker的斗争中，敦促他的朋友给一些参议员寄去强有力的信件㉔。当全国有色人种协进会公开质疑谢泼德的忠诚时，他立即回答说："在为我们这个种族的男子气概（尊严）而进行的每一场斗争中，我们都与他们站在一起。"在这种情况下，谢泼德将自己描述成为"共和党人支持由共和党总统提名的共和党人"。他确信，Parker是可以胜任的，并且对所有组织来说都是公平的㉕。

由于小组委员会的两名成员——奥弗曼和罗得岛的费里克斯·赫伯特（Felix Hebert）都支持这一任命，因此该提名获得批准已成定局。第三个成员——议员博拉没有表态，因此双方都试图帮助他作出决定。约翰·李·刘易斯（John L. Lewis）提出为什么参议院有必要批准Parker的提名，在红夹克公司案件最后法官下达了禁令"使五万个自由的美国人变成了契约奴隶"。怀特用北卡罗莱纳州那些杰出黑人的宣誓书和信件抨击博拉和其他人，反对批准提名㉖。

㉒ Parker to Blair, April 3, 1930, Parker Papers.

㉓ Quoted in Raleigh *News and Observer*, April 12, 1930. For other North Carolina Negro supporters, see ibid, April 13, 1930. Willis Briggs Raleigh lawyer, made affidavit that Judge Parker carried the two Negro wards in Raleigh in 1920 while Governor Gardner carried them in 1928.

㉔ James E. Shepard to Parker, April 18, 1930, Parker Papers.

㉕ Telegram, Shepard to Senator Simeon D. Fess, April 21, 1930, ibid.

㉖ William Green to Borah, April 17, 1930; John L. Lewis to Borah, April 19, 1930; Walter White to Overman, attached, to letter to Borah, April 12, 1930, Borah Papers (Manuscript Division, Library of Congress). Walter White' claimed that Shepard was the only influential North Carolina Negro who supported Parker, and he is President of a school supported wholly by state funds." Telegram, White to Senator Fess, in New York *Times*, April 20, 1930. A number of other distinguished Negroes did, however, support the appointment. s. G. Atkins, President, Winston-Salem Teachers College, to Overman, April 9, 1930, in *Parker Hearings*, 18 and 76. See also Cong. Record, 71 Cong, 2 Sess, 7811-14 (April 28, 1930).

另一方面，埃德温·Y. 韦布（Edwin Y. Webb）在 Parker 就任的巡回法院担任了多年的地区法官，他说如果 Parker 最终推翻最高法院的裁决，他会被认为是妄自尊大。韦布声称 Parker 的观点是"公平和公正的"。共和党委员会成员乔纳斯敦促博拉从北卡罗莱纳州的政治视角来审视黑人问题。自从南北战争以来，民主党在黑人问题上获益颇丰，在妇女获得选举权的背景下，黑人问题的作用重新焕发了生机。根据乔纳斯的说法，在 1920 年民主党州长初选中，支持妇女选举权的 O. 马克思·加德纳（O. Max Gardner）被描绘成与两名黑人妇女手挽着手前往投票站，结果被反对妇女选举权的卡梅隆·莫瑞森（Cameron Morrison）击败。在选举中，种族问题的威胁让 Parker 试图从竞选中消除这个问题，因此他发表一份有争议的声明只是为了否认对黑人的选票有任何兴趣。据乔纳斯说，Parker 的声明是为黑人考虑的。乔纳斯警告说，如果 Parker 不能获得提名，将会在北卡罗莱纳州和与之接壤的州敲响共和党希望的丧钟[27]。

在 4 月 14 日小组委员会按照预期进行了表决，以 2∶1 的投票结果建议司法委员会全体成员批准提名，但共和党的领导层却对此感到担忧。肯塔基州、伊利诺伊州、西弗吉尼亚州、新泽西州、堪萨斯州、俄亥俄州、纽约州、密苏里州和印第安纳州等关键州的黑人可能会在选举中发挥决定性作用。在这些州，劳工问题同样很重要。密苏里州共和党主席 B. G. 沃希斯（B. G. Voorhees）警示密苏里州参议员，Parker 的提名若被批准，将意味着"共和党至少在未来两到三次选举中与密苏里州无缘"。这将是自亚伯拉罕·林肯（Abrahan Lincoln）时代以来，共和党参议员第一次对黑人种族的严重侮辱[28]。

很明显，有相当数量的共和党参议员会投票反对 Parker，并且参议院多数党领袖詹姆斯·沃森（James E. Watson）和副总统查尔斯·柯蒂斯

---

[27] Edwin Y. Webb to Borah, Aprils, 1930; Jonas to Borah, April 18, 1930; Marion Butler Borah, April 1, 1930, Borah Papers. For an, analysis the woman suffrage issue in the 1920 primary, see Greensboro Daily News, July 6, 1930.

[28] Telegram, B. G. Voorhees to Senator Roscoe C. Patterson, in New York Times, April 17, 1930.

(Charles Curtis)敦促胡佛要么撤回提名,要么使 Parker 的提名得不到批准㉙。然而,胡佛立场坚定,认为 Parker 的提名是有合法性的;与此同时,Parker 所在的司法部对红夹克公司案的意见持保留态度,称 Parker 正在处理由最高法院解决的问题,这些问题是他在宣誓就职后必须解决的㉚。

这时,Parker 的支持者非常愿意放下对不正当行为的指控产生的顾虑,他们甚至可能会建议 Parker 亲自到司法委员会听证㉛。据说胡佛也支持这一举措,因此,奥弗曼在4月21日来到司法委员会,邀请 Parker 到委员会进行听证。随后展开了一场激烈的辩论,分歧以 10∶4 的票数反对邀请 Parker 到委员会进行听证,然后委员会出乎意料地以 10∶6 的票数迅速对提名结果进行了负面报道。共和党赞成任命的是来自特拉华州的丹尼尔·O. 黑斯廷斯(Daniel O. Hastings)、罗德岛的费力克斯·赫伯特(Felix Hebert)、马萨诸塞州的弗雷德里克·H. 吉列特(Frederick H. Gillett)和科罗拉多州的查尔斯·W. 沃特曼(Charles W. Waterman);民主党赞成任命的是北卡罗纳州的奥弗曼(Overman)和密西西比州的休伯特·D. 斯蒂芬斯(Hubert D. Stephens)㉜。

与此同时,Parker 的朋友们正秘密地起来支持他,包括共和党的政治家:大卫·布莱尔(David Blair)、查尔斯·乔纳斯(Charles Jonas)和马里恩·巴特勒(Marion Butler),联邦地区法院的埃德温·Y. 韦布(Edwin Y. Webb),巡回法院的艾略特·诺斯科特,格林斯博罗《每日新闻》华盛顿通讯员,沃尔特·A. 希尔德布兰德(Walter A. Hildebrand),北卡罗纳州一个全国知名

㉙ New York Times, April 12, 14, 17, and 18, 1930. There were denials of a number of the statements which Parker was alleged to have made, but no denial of the Republican Convention speech. There were only further explanations such as that of Jonas stated above.

㉚ Ibid, April 13 and 14, 1930.

㉛ Ibid, April 21, 1930.

㉜ Those opposed were Borah of Idaho, Blaine of Wisconsin, Deneen of Illinois, Norris of Nebraska, Robinson of Indiana, and Steiwer of Oregon, Republicans; and Caraway of Arkansas, Dill of Washington, and Walsh of Montana, Democrats. Hoover did not help Overman out at all in this fight — indeed he let it be known that he had not requested Overman to invite Parker, although he did not oppose it. New York Times, April 22, 1930. Borah, Blaine, Norris, Walsh, and Dill might be considered "progressives" and thus opposed to conservative nominees Deneen and Robinson came from states where the Negro vote was considerable. Caraway was alleged to have been partial toward labor.

的律师托马斯·W. 戴维斯（Thomas W. Davis）。他们一直与 Parker 保持着联系，Parker 本人为了能确保自己得到任命而进行着一场坚定的斗争㉝。

竞选活动的关键是要获得美国律师协会的支持，并利用这种支持来说服尚未决定的参议员。在北卡罗莱纳律师协会活跃了二十多年的戴维斯几乎给每个州的杰出律师都发了电报，请他们向奥弗曼施压。北卡罗莱纳州律师协会主席肯尼斯·罗亚尔（Kenneth Royall）也敦促其他州的律师协会主席支持 Parker㉞。华盛顿国家商业银行行长韦德·H. 库珀（Wade H. Cooper）给华盛顿特区东部和南部二十多家主要报纸写信。他也表示"某些参议员在控制这次的竞选"，他说"我碰巧知道这种控制是有效的"㉟。

这一战略的一个重要方面是集中精力说服尚未决定的参议员，尤其是南方人。虽然南卡罗莱纳的参议员埃里森·D. 史密斯（Ellison D. Smith）在医院，Parker 的朋友们也去拜访了他，让他清楚地认识到 Parker 被抨击的严重性，尤其是"黑人反对派"对 Parker 的抨击，从而确保双方达成互利共赢的协议，以防止"南方的暴行"㊱。Parker 对争取阿拉巴马州和乔治亚州参议员的支持特别感兴趣，戴维斯鼓动这些州的朋友发挥他们的影响力㊲。三K党也被认为是响应参议员雨果的。在阿拉巴马州的选举中，布莱克被告知 Parker 似乎是一位毫无瑕疵的共和党人，因此批准 Parker 的提名是对最高法院大法官一种可取的补充。与此同时，Parker 被告诫说，布莱克可能实际上更多受到工会选民影响，因而才投票反对 Parker㊳。Parker 亲自打电话给乔治亚州的一个朋友，请他确保乔治亚州的参议员们对这件事情中的问题有足

㉝ Jonas to Parker, April 28, 1930. Parker to Thomas W. Davis to Blair, April 24, 1930; Telegrams, Webb to Parker, April 11, 1930, and Parker Papers.

㉞ Thomas W. Davis to Blair, April 13 and 14, 1930; Kenneth Royall to Parker, April 17, 1930, ibid.

㉟ Wade H. Cooper to Parker, April 17, 1930, ibid. District Judge and former Congressman Edwin Y. Webb spent a great deal of time in Washington, lobbying for and keeping in close touch with Parker. Telegrams, Webb to Parker, April 11, 1930, and Parker to Webb, April 19, 1930; Webb to Parker, April 12, 1930, ibid.

㊱ Henry E. Davis to Parker, April 16, 1930; Thomas w. Davis to Blair, 1930, ibid.

㊲ [Thomas w. Davis] to Parker, April 14, 1930, ibid.

㊳ Ibid. Henry U. Sims to Black, April 18, 1930, Division Counsel AFL, Montgomery, to W. E. Kay, April 18, 1930, Parker Papers.

够的了解㊴，同样，他对他在底特律结识的一位律师朋友说，"如果你们密歇根州的参议员们支持我，那肯定会对局势大有帮助"㊵。Parker 为了自己的提名得到批准，确实在"尽最大的努力"战斗㊶。

在参议员就这一任命展开辩论的前夕，Parker 的支持者发出了最强烈的呼吁。首先，奥弗曼公布了 Parker 为自己辩论而写的一封信。信中明确表示，他在"红夹克"一案中对黑人问题的裁决没有"自由裁量权"，他表示其发表的著名的 1920 年声明是为了将种族问题排除在竞选活动之外。他说"我对有色人种没有任何偏见"。Parker 谨慎地否认他支持限制黑人选举权的北卡罗莱纳州宪法修正案。他担心这种否认"可能会让南方参议员认为他对修正案充满敌意，担心他们中的一些人可能不喜欢这份修正案"㊷。

同时，来自堪萨斯州的亨利·J. 艾伦（Henry J. Allen）参议员在一份声明中强调，就在今年 1 月，Parker 还在里士满宣布了一项违宪的种族隔离法令。艾伦质问道："那些谴责种族问题，反对批准 Parker 法官提名的人，为什么对他坚定不移地忠于宪法的事实又置之不理呢？"㊸

关于种族问题，实际上在幕后进行了相当多的谈判。罗伯特·G. 泰勒（Robert G. Taylor）是种族关系委员会的负责人，他同情 Parker 的处境，并且希望能说服 Parker 纠正他在 1920 年所表达的观点。事实上，确实有一些证据表明泰勒帮助 Parker 一同起草了一封描述 Parker 立场的信。这封信试图说服全国有色人种协进会的一些领导人撤回他们对 Parker 的反对意见。然而，

㊴ Shepard Bryan to Parker, April 22, 1930, ibid.
㊵ Parker to Earl Davis, April 25, 1930, ibid.
㊶ Parker to Thomas w. Davis, April 24, 1930, ibid.
㊷ Parker to Blair, April 24, 1930, ibid.
㊸ New York *Time*, April 28, 1930. The NAACP telegraphed Senator Allen that in the Richmond case Parker was simply following the precedent of the unanimous Supreme Court decision. New York *Times*, April 29, 1930. Walter White was quite aware of the irony of his position: "Those who are supporting Judge Parker and who regard him blameless in the so-called Yellow Dog Contract decision because, in their opinion, Judge Parker merely followed Supreme Court precedents, will of necessity realize that Judge Parker's action in the Richmond Segregation Case ... upholding Judge Groner's decision was obligatory and in no way indicates that he is free from bias against the Negro." White to George w. Norris, May 2, 1930, Norris Papers (Manuscript Division, Library of Congress).

沃特·怀特并没有看到对利他主义的直接否定，而泰勒本人也确信 Parker 仍然相信他在 1920 年说过的话。因此，全国有色人种协进会和种族关系委员会都没有撤回对 Parker 的被确认的抗议㊸。

有关 Parker 提名的辩论定于 4 月 28 日星期一下午举行。这个问题吸引了很多人。由尼古拉斯·朗沃斯（Nicholas Longworth）领导的上流社会和一些劳工领袖也出席了会议。唯一的黑人国会议员奥斯卡·迪普里斯特（Oscar DePriest）也出席了会议。奥弗曼为了给他的同事西蒙斯回到北卡罗莱纳投票的机会，曾试图推迟对这一任命的审议，但没有成功；并且参议院已经安排了一致同意的辩论，任何改变都需要一致同意。参议员博拉表示反对，博拉参议员反对的理由是西蒙斯会在投票前回来，所以辩论开始了㊹。奥弗曼作为北卡罗莱纳司法委员会的成员，有责任说出少数派们推荐 Parker 的理由。奥弗曼确信，对 Parker 的斗争是社会主义者、工会和北方黑人破坏法院独立的阴谋，因此他坚决地赞成提名 Parker。然而，他却很愿意让共和党的政客们来承担主要的辩护责任㊺，而且他只对 Parker 做了一个简短而直接的陈述。

随后，代表委员会中多数派的博拉"在大量最高法院报告和其他文件的背后"发起了对 Parker 的抨击。他的理由是，"红夹克一案的判决表明，他（Parker）赞成黄狗合同的原则"。博拉认为 Parker 不必维护"黄狗合同"的

㊸ The information concerning the consultation between Parker and Taylor comes from Washington Post, May 18, 1930, quoting what is called a detailed official report. of the NAACP, cited in Cong. Record, 71 Cong, 2 Sess, 9142 (May 19, 1930). That Taylor was not satisfied with Parker's explanation is shown in Taylor to Parker, April 30, 1930, Parker Papers.

㊹ New York Times, April 29, 1930; Telegrams, Overman to Simmons and Frank A. Hampton to Simmons, April 28, 1930, Simmons Papers; Cong. Record, 71 Cong, 2 Sess., 7808 (April 28, 1930).

㊺ Overman to Luther H0dges, April 15, 1930 Overman to O'Gorman, April 16, 1930, Overman Papers; Overman to Parker, April 29, 1930, Parker Papers. On June 18, 1929, the Senate changed one of its rules by which presidential nominations "were considered in executive session". The new rule made it possible for such nominations to be "considered in open executive session, unless the Senate should otherwise determine in a closed executive session and by a majority vote". Charles E. Hughes was the first nominee to the Supreme Court to confront an open debate. William Starr Myers and William H. Newton concluded that Parker's nomination would not have been defeated "without the publicity accompanying the extended open executive session." *The Hoover Administration: A Documented Narrative* (New York, 1936), 394 - 95.

合法性。纽约上诉法院的本杰明·卡多佐（Benjamin Cardozo）否认了这一原则，堪萨斯州最高法院也否认了这一原则，因此不能说这样的合同已经"植根于我们的判例之中"。博拉声称，如果禁令的目的是遏制威胁或恐吓，他不会谴责禁令，但这一禁令"太过宽泛，因为它禁止和平劝说、和平讨论、和平沟通"。博拉认为，希奇曼案并不是一个值得借鉴的先例，因为在这个案例中，工会之所以被禁止，是因为它使用了"欺骗和虚假陈述"。实际上，他总结说，Tri-City案（1921）明确地裁定，希奇曼一案的判决是基于"欺骗和虚假陈述"，而通常的"和平劝说"是合法的[47]。

然而，4月29日星期二支持Parker的队伍便重整旗鼓。马萨诸塞州参议员吉列特提出了一个博拉难以回答的强有力的问题。吉列特声称博拉的论点是无效的，因为这并没有指出Tri-City案与本案的不同之处在于后者的审理"不是简单地命令被告不以和平的方式说服他们离开他们的工作，而是禁止他们和平地劝说人们违反他们的法律合同"。吉列特说，博拉之所以能坚持不诉诸希奇曼案，唯一的理由是，"黄狗合同"虽然合法，但"不合理"[48]。参议员西蒙·D. 费斯（Simeon D. Fess）随后在辩论中引入了一个观点。在对法庭的历史知识进行了大量的展示之后，费斯认为反对Parker的真正动机是破坏司法独立。其结论是，这种动机必定有其根源，而这种根源是社会主义[49]。

除了费斯之外包括Parker本人，都怀疑反对者的来源。费斯发现，全国有色人种协进会中渗透了激进分子，这些激进分子显然是布克·T. 华盛顿（Booker T. Washington）领导的一个更为激进的黑人团体的反对者。W. E. B. 杜波依斯（W. E. B. Du Bois）自认为是布尔什维克。威廉·皮金斯（William Pickins）曾访问共产主义圣地俄罗斯，"是一名共产主义者……"玛丽·怀特·奥弗顿（Mary White Overton）是社会平等的热心倡导者，也是"社会主义者"。约翰·海恩斯·霍姆斯（John Haynes Holmes）是一位"极

---

[47] Cong. Record, 71 Cong. 2 Sess., 7930-34 (April 28, 1930); New York *Times*, April 29, 1930. Borah's speech lasted almost two hours on Monday, and continued on Tuesday.

[48] Cong. Record, 71 Cong. 2 Sess, 7940-43 (April 29, 1930). For the language of the decision see *American Foundries v. Tri-City Central Trades Council*, 257 U. s. Reports 211-12 (1921).

[49] New York *Times*, April 30, 1930; Fess to Parker, May 1, 1930, Parker Papers.

端激进的牧师",他曾说过,任何宗教人士都不可能尽职尽责地成为一名士兵。西奥多·罗斯福(Theodore Roosevelt)曾谴责费利克斯·法兰克福特(Felix Frankfurter),说他和俄国的布尔什维克一样,总是为某些人开脱[50]。

随着辩论的推进,这一分歧将是很明显的。胡佛显然不能指望足够的共和党参议员来为他带来胜利。他需要民主党的强力支持。由于奥弗曼和西蒙斯全心全意地支持Parker,以及南方倾向于同意Parker对黑人的看法,胡佛当然预期南方民主党人会压倒性地支持这位候选人。此外,Parker的一些北方对手可能已经失去了一些南方的选票。例如,纽约州参议员罗伯特F.瓦格纳(Robert F. Wagner)把"红夹克"案件中的Parker与1920年的政治演讲中的Parker联系起来,说Parker显然倾向于那些在经济上或种族上处于领先地位的人。瓦格纳说"由于黑人和白人所作的贡献,纽约州才能发展到今天这样的地位"。瓦格纳说话的时候,南方的参议员们已经对迪普里斯特众议员在辩论中经常占据参议员的位置感到恼火[51]。

如果瓦格纳的演讲促成了南方对Parker的支持,那么,另一个被揭露出来的事情无疑平衡了这一收获。田纳西州参议员肯尼斯·麦凯勒(Kenneth McKellar)在参议院司法委员会的文件中发现了一封约瑟夫·M.迪克森(Joseph M. Dixon)写给胡佛手下一名秘书沃尔特·H.牛顿(Walter H. Newton)的信。这封信是在桑福德法官去世五天后写的,以政治权益为由敦促Parker获得提名。迪克森写道:"北卡罗莱纳州给予胡佛总统65 000张多数选票……它比南方任何一个州都更有希望与共和党结成永久联盟。""Parker法官这个名字的出现……将强烈地呼吁国家的自豪感。这将是南方首次做出特别重大的任命……这在当时将是一个精明的政治举措。"[52] 这封信的公布无疑震撼了南方民主党参议员。奥弗曼明显感到不安[53],《新闻与观察家》

---

[50] Cong. Record, 71 Cong: 2 Sess, 8435-38 (May 6, 1930). See also Parker to H. H Williams, May 26, 1930, Parker Papers.

[51] Raleigh News and Observer, May 1, 1930.

[52] Joseph M. Dixon to Walter H. Newton March 13, 1930, in Cong. Record, 71 Cong, 2 Sess. 8040.

[53] New York Times, May 1, 1930.

对这一事件做了大量报道；约瑟夫·丹尼尔斯（Josephus Daniels）现在坚决反对批准提名，他发表社论称，该州的共和党势力是由戴维·布莱尔、"北卡罗莱纳州的马克·汉纳（Mark Hanna）"动员起来的，而迪克森的信是竞选活动中第一个行动㊿。Parker 的对手对此很高兴。许多人不喜欢胡佛，不愿意放过任何挑胡佛政府缺点的机会，尽管司法部部长米切尔否认胡佛看过这封信㊺。

随着辩论的继续，人们的情绪显然变得越来越敏感。不在华盛顿的"反 Parker 派"参议员发现很难找到合适的人选，于是匆忙打电话给小罗伯特·M. 拉福列特（Robert M. La Follette, Jr）、威斯康星州的约翰·J. 布莱恩（John J. Blaine）和南达科他州的威廉·H. 麦克马斯特（William H. McMaster），让他们及时回到参议院投票㊻。西蒙斯给缺席的阿拉巴马州的参议员 J. 托马斯·赫福林（J. Thomas Heflin）发了电报，说 Parker 的提名"对我们这一部门至关重要"，并请求他与之配合㊼。几位参议员宣布他们的办公室被洗劫一空。有传言说，那些愿意投票赞成提名的参议员却得到了资助。直言不讳的参议员亨利·F. 艾舍斯特（Henry F. Ashurst）是 Parker 的反对者之一，他声称，"得到 Parker 法官同意的人，如果愿意投票给这位提名人，将得到联邦法官的职位和其他任命"。"同时 Parker 也把游说委员会召集起来"，艾舍斯特喊道："看看你会从深处捞出什么奇怪的鱼来，这些鱼正在努力争取 Parker 的提名。"艾舍斯特详细指出，Parker 已向一名参议员提供法官职位㊽。

艾舍斯特的指控在参议院引起轩然大波，许多参议员要求进行调查。显然，他自己对他所说的话也感到有些惭愧，因为他从《国会记录》中删去了

㊾ Raleigh *News and Observer*, May 1, 2, and 3, 1930. The Durham Morning Herald, May 3, 1930, merely said that politics would always be involved in such questions.

㊺ New York *Times*, May 2 and 6, 1930.

㊻ Telegrams, Norris to La Follette and Blaine, and La Follette to Norris, May 5 1930; also, William H. McMaster to Norris, May 6, 1930, Norris Papers.

㊼ Simmons to J. Thomas Heflin, May 1, 1930, Simmons Papers. Frank A. Hampton, Simmons secretary, told Heflin, a notorious white supremacist who had opposed Smith in 1928, that anti-Parker senators opposed Parker's white supremacy views and wished to punish North Carolina for having voted against Smith in 1928. Hampton to Heflin, April 30, 1930, Simmons Papers.

㊽ New York *Times*, May 6, 1930; cf. Cong. Record, 71 Cong, 2 Sess, 8538.

开头的一句话——"Parker 法官同意的人将得到联邦法官的职位"。事实上，他否认自己使用了这一句话。艾伦（Allen）参议员要求艾舍斯特透露据称曾向 Parker 谋私的参议员的名字，然后艾舍斯特点名"我博学的朋友，来自华盛顿的参议员迪尔先生"[59]。然而，不久就显而易见了，艾舍斯特在提出指控时过于急躁。迪尔对这一事件的解释很简单：一位共和党朋友曾表示，政府无疑将愿意奖励那些投票支持提名的人。迪尔开玩笑地说，他对竞选公职不感兴趣，于是他的朋友提到了法官一职。迪尔当时说，他"宁愿做一个普通公民，也不愿当法官"。他的这位朋友（Parker）没有任何政治影响，意味着迪尔风波就此结束了[60]。

艾舍斯特的"爆炸"是 Parker 之战的最后一集，高潮是在 5 月 7 日星期三投票时。走廊里挤满了人。代表们在参议院会议厅排了三排。当点名的时候，房间里出奇地安静。直到最后的投票结果统计出来，结果才明了。除了为数不多的几次投票，每位参议员的投票都被记录下来。如果计算正确的话，最后的投票结果是 49 票反对任命，47 票赞成，或者 41 票赞成对 39 票不赞成。总统的提名人被否决了。

胡佛总统在失败后仍然保持着那份有尊严的缄默。然而，他后来在回忆录中写道，这在很大程度上是共和党参议员抛弃的结果，这些参议员在面对工党和全国有色人种协进会的"游说团体"时，"像白鼠一样奔跑"[61]。Parker 虽然非常失望，觉得"久久不能平静"，但他没有公开表示感到沮丧，几天之内就出现在了国会山，感谢胡佛任命他和那些支持他的参议员[62]。

如果胡佛和 Parker 此刻对美国政治感到痛苦和失望的话，那么这也是符合人的本性的。Parker 得到了 2 名美国巡回法官、10 名美国地区法官、许多州法官、当时的美国律师协会主席和 5 名前主席以及 22 名州和县律师协会主

---

[59] New York Times, May 7, 1930; Cong. Record, 71 Cong, 2 sess, 8426 (May 6, 1930).

[60] New York Times, May 7, 1930; Cong. Record, 71 Cong, 2 Sess, 8426-27 (May 6, 1930).

[61] The Memoirs of Herbert Hoover, 1920-1933: The Cabinet and the Presidency (New York, 1952), 269.

[62] Raleigh News and Observer, May 13, 1920; Parker to H. H. Williams, May 26, 1930, Parker Papers.

席的正式支持。没有人对他的性格提出任何严肃的问题，尽管《纽约时报》（*New York Times*）确实抱怨他显得过于焦虑，“太像治安官办公室的候选人了”(63)。事实上，他的确表现得像一个竞选政府公职的候选人。

人们对他作为法官的经验和能力表现出更多的关注。尽管他的支持者努力在巡回法院强调他的贡献，但仍然没有人能使这位 44 岁的法学家成为一位杰出的法官。他在竞选政治职位时多次失败，显然给人留下了深刻的印象，这对于一位南方共和党人来说并不罕见。作为司法部部长哈里 · M. 道尔蒂的助手，他参与了对哈丁政府的战争欺诈调查，这激怒了民主党人，却并没有给共和党人留下深刻的印象。事实上，他的确因调查中的行为受到了些许批评。胡佛认为在这个时候任命一个南方人是可取的。他的理由是合理的，在正常情况下也应该是顺利的，但这不是司法任命的正常情况。胡佛的政治嗅觉并不是特别敏感，但在查尔斯 · 埃文斯 · 修斯最近的一场辩论中，胡佛发出了一个尖锐的警告，即他的司法任命不应该被轻视。修斯各方面都很杰出；然而，56 名共和党参议员中的 12 名参议员和 39 名民主党参议员中的 16 名参议员都投了反对票(64)。

导致 Parker 的任命复杂化的原因主要来自四个方面。其中最重要的原因可能就是反对修斯，即相当多的民主党和共和党参议员认为被任命者应该有自由主义倾向。大概有 13 名名义上的共和党人和 4—5 名民主党人属于这一类(65)。除了新墨西哥州参议员布朗森 · 卡特（Bronson Cutting）和瓦格纳（Wagner）、托马斯 · D · 沙尔（Thomas D. Schall），他们都反对修斯和 Parker。卡特在修斯一案中没有投票。诺里斯（Norris）坦率地承认他反对 Parker 是因为他反对 Parker 的观点。“每一个登上圣坛的人，在他的内心和

(63) New York *Times*, May 8, 1930.

(64) New York *World*, May 8, 1930, cited in Cong. Record, 71 Cong, 2 Sess, 8595; Baltimore Sun, May 8, 1930, ibid. 9054.

(65) These were Blaine of Wisconsin, Borah of Idaho, Couzens of Michigan, Cutting of New Mexico, Frazier of North Dakota, Howell of Nebraska, Johnson of California, La Follette of Wisconsin, McNary of Oregon, Norris of Nebraska, Nye of North Dakota, Brookhart of Iowa, and McMaster of South Dakota (Republicans); possibly Black of Alabama, Dill of Washington, Walsh and Wheeler of Montana (Democrats), and Shipstead of Minnesota (Farmer-Labor).

思想中，都应该怀有保护同胞自由的意愿……”如有必要，应当废除野蛮时代的旧先例，并根据现代的情况来解释宪法和法律(66)。小罗伯特·M. 拉福莱特（Robert M. La Follette, Jr.）怀疑北卡罗莱纳州的共和党是由“杜克烟草信托”(Duke Tobacco Trust)、水能利益集团和工厂主主导的，他认为 Parker 的任命“让最高法院充斥着垄断利益集团的维护者和‘跛脚鸭’政客”(67)。很明显，国会的少数强势议员希望加强由霍姆斯、布兰代斯和斯通组成的最高法院。

这些“自由主义者”的态度因“黄狗合同”和种族问题而变得更坚决。一个重要的事实是，正如参议员博拉在他对 Parker 的最后一次抨击中所说的那样，“没有人会为有争议的合同辩护而玷污了自己的嘴唇”(68)。对于进步人士来说，劳工问题是确认他们对 Parker 缺乏自由主义的看法的重要因素，而且关于先例的任何争论都无法说服他们，“黄狗合同”是合理的。他们想要的是有人愿意违抗先例，而且他们深信，这种违抗不仅是可取的，而且在这种情况下很容易证明是合理的(69)。

通过引入“黄狗合同”和种族问题，这些“自由主义者”的态度得到了加强。一个重要的事实是，正如参议员博拉在对 Parker 的最后一次攻击中所说的那样，“没有人会为有争议的合同辩护而玷污了自己的嘴唇”，对于进步人士来说，劳工问题对于确认他们对 Parker 缺乏的看法很重要。自由主义，对先例的任何争论都无法说服他们认为“黄狗合同”是合理的。他们想要的是愿意藐视先例的人，他们确信这种蔑视不仅是可取的，而且在这种情况下很容易证明是正当的。

种族问题在北方的城市州当然很重要，在堪萨斯州可能也是如此。密歇根州参议员亚瑟·H. 范登伯格（Arthur H. Vandenberg）发现，决定如何投票极其困难。他想要相信 Parker 的“独立和忠诚”。然而，他怀疑一个人是否

---

(66) Cong. Record, 71 Cong, 2 Sess, 8182, 8192 (May 2, 1930). See also John P. Robertson (Norris' secretary) to C. L. Nethaway, April 24, 1930, Norris Papers.

(67) The *Progressive*, quoted in Raleigh *News and Observer*, April 9, 1930.

(68) Cong. Record, 71 Cong, 2 Sess, 8487 (May 7, 1930).

(69) Borah to J. E. Wright, May 14, 1930, Borah Papers.

能“摆脱所有的偏见”。范登伯格推论道：“即使他可以摆脱这些偏见，最高法院的权威也取决于它所享有的公众信任程度。”因此，如果1.8亿名美国有色人种公民有理由感到Parker法官对他们的政治权利有偏见，那么就不可能要求他们对这些宪法问题仍然给予Parker信心(70)。全国有色人种协进会负责让参议员们了解黑人选民的主要观点。4月下旬，由全国有色人种协进会在芝加哥和底特律主办的公开会议收到了几百封电报，是分别发给伊利诺斯州的参议员丹宁和格伦，以及密歇根州的范登堡（Vandenburg）和库森斯（Couzen）参议员的；四个人都投票反对Parker，并且他们四个人都是共和党人。黑人问题在印第安纳州也很重要；另一名共和党人，参议员亚瑟·R. 罗宾逊（Arthur R. Robinson）也拒绝支持胡佛的提名(71)。

尽管共和党内部存在分歧，但按理说，胡佛应该早就预料到民主党会赢得足够多的选票，从而赢得提名。Parker是南方人，全国有色人种协进会的敌对态度无疑帮助他赢得了南方参议员的支持。然而，对于一些南方的民主党人来说，没有什么比一个南方的共和党政客更糟糕的了，迪克森（Dixon）的信非常清楚地表明，不管Parker的地位如何，共和党政治家都希望从Parker的确认中获利，甚至连憎恨黑人的参议员赫福林（Heflin）也无法被他的朋友西蒙斯参议员说服，他认为向共和党人提供援助和安慰是值得的(72)。14名南方参议员投票反对Parker，其中肯塔基州的约翰·M. 罗布森（John M. Robsion）是共和党人，他在竞选连任时“害怕失去黑人的选票”(73)。11名南方民主党人投票支持Parker。这些人包括密西西比州的参议员斯蒂芬斯和

(70) Vandenberg to R. K. Smathers, April 28, 1930, copy in Parker Papers.

(71) Washington Post, May 18 1930. Deneen was unsuccessful candidate for renomination in 1930. Couzens was re-elected in 1930.

(72) Southern states here are considered to be Texas, Oklahoma, Arkansas, Louisiana, Mississippi, Alabama, Georgia, Florida, South Carolina, North Carolina, Tennessee, Kentucky, and Virginia.

(73) [Thomas w. Davis] to Blair, April 23, 1930; E. s. Jarrett to Davis, April 21, 1930, Parker Papers, Robsion was defeated in the fall election. Southern Democrat who voted or were paired against Hughes were: Barkley of Kentucky, Black Alabama, Connolly and Sheppard of Texas, Harris and George of Georgia, McKellar of Tennessee, Blease and Smith of South Carolina Glass of Virginia. and Overman and Simmons of North Carolina. Of these, Blease, Smith, Simmons, Overman, supported Parker.

哈里森；两名弗吉尼亚参议员格拉斯和斯旺森；南卡罗莱纳州的两名参议员史密斯和布莱斯认为 Parker 是"南方唯一的希望"[74]；路易斯安娜州的两名参议员布鲁萨德和兰斯戴尔；佛罗里达州的弗莱彻。据《华盛顿邮报》(Washington Post) 报道，当关税法案悬而未决时，后 3 名议员总是支持共和党[75]。尽管 Parker 在种族问题上赢得的选票可能和他失去的选票一样多，但这场运动对黑人的"政治意识"来说似乎毫无疑问是有益的[76]。

Parker 竞选团队的领导人之一乔纳斯 (Jonas) 将 Parker 的失败归咎于共产党、社会主义者、"野驴之子" (the sons of the Wild Jackass)、黑人、约瑟夫·丹尼尔斯 (Josephus Daniels) 和某些南方参议员，他们"用南部地区在最高法院的代表权"来换取党派利益[77]。Parker 本人指责那些"激进参议员"把"劳工人民"和"准社会主义组织"全国有色人种协进会置于鼓励工会和黑人团体影响参议员的位置上。不过，他的结论是，如果不是南方参议员"玩弄小把戏攻击政府"，他可能会赢[78]。正如一位朋友告诉他的，"杀死我们的是迪克森的那封信，而这样的错误又怎能以神圣的名义获得世人的理解呢？"[79]

当人们评价 Parker 作为巡回法院法官的工作记录时，尤其是在他未能成为最高法院法官的 25 年后，此时人们可能更希望他能成为联邦最高法院的法官。也许很少有人会反对他将成为"联邦法院最杰出的法学家之一"这一结论[80]。1946 年，《美国律师协会杂志》(American Bar Association Journal) 调查了 Parker 在巡回法院 20 年的工作记录，称参议院拒绝确认提名，导致 Parker 不能被提名为最高法院大法官，成为"有史以来最令人遗憾的错误与不公"[81]。当时，哈兰·F. 斯通 (Harlan F. Stone) 对参议院的行动表示强烈

---

[74] Telegram Cole Blease to E. s. Blease, April 14, 1930, in Cong. Record, 71 Cong, 2 Sess, 7055.
[75] Washington Post, May 8, 1930, quoted in Cong Record, 7I Cong, 2 Sess 8567.
[76] Washington Post, May 8, 1930, quoted in Cong Record, 7I Cong, 2 Sess 9143.
[77] Statement in Raleigh News and observer, May 8, 1930.
[78] Parker to H. H. Williams, May 26, 1930, Parker Papers.
[79] Charles Kerr to Parker, May 8, 1930, ibid.
[80] New York Times, March 18, 1958. Parker died on March 17, 1958.
[81] American Bar Association Journal, XXXII (December, 1946), 857.

反对，并赞成提名应获得通过。在 Parker 失败后一周，欧文·罗伯茨（Owen Roberts）在没有记录表决的情况下迅速成为桑福德的继任者，他写道："我总是感到遗憾，不能等之后有机会被提名为最高法院大法官，然后作为同事和你一起去做这件事。"[82]

然而，有人可能会想，如果斯通和罗伯茨知道 Parker 为了提名而进行了组织严密的竞选活动，他们又是否会表达同样的情绪。支持提名的利益集团进行的活动可能与来自反对派的压力是相当的。问题在于，对于一个高级司法职位的被提名人来说，自己是否适合积极参与一些党派政治运动。

---

[82] Stone to Parker, June 4, 1930; Roberts to Parker, May 15, 1930, Parker Papers Felix Frankfurter congratulated Borah on his part in defeating Parker. Frankfurter to Borah, May 9, 1930, Borah Papers.

["宝山公证"杯"产权、登记和公证"获奖征文]

关于公证否定不动产权属确认引发的思考

章世容*

摘　要：不动产登记是我国法律设定的不动产发生物权效力的基本方式，公证是我国法律设定的证明民事法律行为、有法律意义的事实和文书真实性、合法性的有效手段。但当公证文书对不动产权利归属做出与不动产登记结果不一致的结论时，将引发机构职能、行为效力、处理结果等方面的矛盾和障碍。本文以否定不动产权属确权、确认之公证与不动产登记间的冲突解决为切入口，探讨如何在法律框架内畅通公证实施路径，建议以公证考虑事项分层、物权债权法律关系分线的处理思路来平衡不动产权属确权、确认、证明的关系。

关键词：公证　登记　不动产权属判定

一、问题的提出

笔者在不动产登记实务中曾遇到如下案例：申请人古某向登记机构申请办理位于深圳市龙华区（原属于宝安区辖制）的 1 栋私房[①]的房地产（下称"例

---

* 本文获 2019 年度"宝山公证"杯"产权、登记和公证"有奖征文一等奖。章世容，高级经济师，广东省深圳市不动产登记中心质量督查部部长，研究方向为建筑与房地产市场管理、不动产登记。

① 根据 2001 年 12 月 19 日深圳市人大常委会发布的《深圳经济特区处理历史遗留违法私房若干规定》第二条的规定，历史遗留违法私房（下称"违法私房"）是指《深圳市人民代表大会常务委员会关于坚决查处违法建筑的决定》公布实施以前，即 1999 年 3 月 5 日以前违反法律、法规所建的下列私房：（一）原村民非法占用国家所有的土地或者原农村用地红线外其他土地新建、改建、扩建的私房；（二）原村民未经镇级以上人民政府批准在原农村用地红线内新建、改建、扩建的私房；（三）原村民超出批准文件规定的用地面积、建筑面积所建的私房；（四）原村民违反一户一栋原则所建的私房；（五）非原村民未经县级以上人民政府批准单独或合作兴建的私房。原村民是指特区内截（转下页）

涉房地产")继承登记手续。经核查,该私房系经历史遗留私房处理①(俗称"两规"处理)后登记发证,登记权利人为张某平和张某强,份额分别为50%。古某申请登记时依法提交了公证机构出具的继承权公证书,但公证书第一段内容指出,例涉房地产属张某强所有的份额实际上为夫妻共同财产,其中,张某强的个人遗产由申请人继承。该份公证书内容使原本平常的继承权登记问题复杂化,因为其从物权法律关系上直接部分否定了被继承人已登记的不动产权利,使得当事人的申请登记事项与不动产登记簿记载的不动产权利之间发生冲突。认不认可公证处作出的"房产份额属于登记权利人夫妻共有"的结论?不认可而坚持登记结果的话,除了继承公证书的内容和效力将被否认、继承人将负担重新申请出具并提交与不动产登记簿记载权利内容一致的继承公证书的义务和成本之外,还或将发生忽视登记权属结果与真实权属状况不一致的客观事实而导致继承人和其他利害关系人(主要指张某强配偶一方)权益受到损害的情形,毕竟根据《中华人民共和国公证法》(下称《公证法》)第二十七条、第二十八条和第二十九条的规定,公证机构作出张某强权属份额属于夫妻共有的认定应是基于其对例涉房地产的权属进行调查后产生的确信。但是,认可公证书关于例涉房地产权属共有的结论的话,将置不动产登记确认权属的法律制度设定于何地?又将如何理清公证机构与不动产登记机构之间的职能、公证机构与不动产登记机构之间出具的文书或作出的行为结果效力高低等问题。更何况,例涉房地产的权属归于张某强的结果还是经过村(居)民委员会清查、权利人申报、镇(街道)历史遗留私房

(接上页)至1993年1月1日公安机关登记在册并参加本村劳动分红的农村集体经济组织成员。一户一栋原则中的一户,是指特区内截至1993年1月1日公安机关登记在册并参加农村集体经济组织劳动分红的户籍单位。

① 根据《深圳市宝安区处理历史遗留违法私房实施办法》(下称《办法》)第五章"处理程序"的规定,违法私房要完成清查—申报—权属调查及分宗定界—规划审查—征地—核发《深圳市宝安区处理历史遗留违法私房决定书》—登记发证等处理环节。其中,《办法》第二十七条明确,申报人缴清罚款及地价款后,由区处理办核发《深圳市宝安区处理历史遗留违法私房决定书》;第二十九条规定,申报人应在收到《深圳市宝安区处理历史遗留违法私房决定书》后30天内,向房地产登记机关申请房地产初始登记。申报人申请办理房地产初始登记,应当提交下列文件:(一)《房地产初始登记申请书》;(二)身份证明;(三)《深圳市宝安区处理历史遗留违法私房决定书》、缴清罚款证明、付清地价款证明;(四)登记机关认为应提交的其他文件。

处理办公室调查等多重核查手续后才最终以《深圳市宝安区处理历史遗留违法私房决定书》（下称《决定书》）作为权属确权文件予以确认。谁敢说上述程序中所涉管理主体的核查结果效力不及公证文书？谁又有资格否认当事人申报的材料和事实而主张公证书出具申请人的说明和材料才符合客观？

本案例使登记人员陷入两难甚至多难的困境，而这困境的源头，恰恰是因为一份公证书作出了不动产权属判定事实。如何在权属来源文件、不动产登记结果、公证文书等有权部门出具的具有法定效果且法律效力排序上无孰强孰弱的冲突材料之间找出该登记案例的本源问题，并以该本源问题为突破口依法处理登记申请，考验的是登记人员的智慧。而笔者借此拙文想探讨的，反是这困境源头之否认权属确权、权属确认之公证文书的完善路径。

二、权属判定之情形及分析

不动产权属判定是指在实体法上规定了物权归属效果，当事人据该实体法以否定登记结果并主张权属的情形。至于实体法上的依据是否一定或是应该击破登记结果的效力，则尚待另说。此类情形以夫妻共有关系及代持关系为典型。

（一）财产是否夫妻共有之权属判定

在大量的不动产登记诉讼及异议、更正登记中，登记权利人配偶一方都是以《中华人民共和国婚姻法》（下称《婚姻法》）第十七条关于"夫妻在婚姻关系存续期间所得的下列财产，归夫妻共同所有：（一）工资、奖金；（二）生产、经营的收益；（三）知识产权的收益；（四）继承或赠与所得的财产，但本法第十八条第三项规定的除外；（五）其他应当归共同所有的财产"之规定，主张登记权属有误并要求判定其为共同权利人，同时提供婚姻关系证明（结婚证）作为其主张的材料依据。

但是，众所周知，纵然是《婚姻法》本身，关于夫妻财产共有的规定也不是绝对的，该法第十八条和第十九条同时对财产归属于夫妻一方的情形作出规定，明确一方的婚前财产，一方因身体受到伤害获得的医疗费、残疾人生活补助费等费用，遗嘱或赠与合同中确定只归夫或妻一方的财产，一方专用的生活用品，以及夫妻约定婚姻关系存续期间所得的财产归各自所有的财产为夫妻一方所有，因此，仅凭不动产登记日期、结婚日期和《婚姻法》第十七条的规定就认定不动产的权属属于夫妻共有，说不上就完全符合《婚姻法》的规定。以下述登记实例为证：夫妻婚后共同购买了房产，其后双方签订书面协议约定房产为夫妻双方各自所有并向登记机构申请办理不动产登记，登记机构也依双方申请将该不动产登记至双方约定的权利人名下。按照《婚姻法》第十九条的规定，上述房产的权属已根据当事人的意思表示从共有转化为各自专有并且完成公示程序，对双方及第三人均具有约束力。现登记权利人死亡，配偶一方向公证机构提出继承权公证申请，公证机构仅仅凭借配偶提供的结婚证书就罔顾不动产登记的过程和结果而认定该房产一半权属为夫妻共有，明显违背了当事人的意愿，也损害了继承人和被继承人的利益。同理，在已根据确定只归夫或妻一方的财产遗嘱或赠与合同办理登记至一方名下的不动产作为被继承财产时，也可能发生同样的情况。由此可见，在已登记不动产继承公证事项中，公证机构因直接适用《婚姻法》第十七条的规定对权属进行判定而发生错误的概率并不少见。更何况，对于有外化之径、有理清之道（登记）的不动产权利归属，仍以旧思路、旧方法允许其困囿于权属登记随意性中，实不符合现代法治、市场法治的理念。《中华人民共和国物权法》（下称《物权法》）既然确定登记人为权利人的原则，在登记人与权利人之间构筑一一对应关系，使得物权的辨识不仅具有唯一性，还具备操作性，则在不动产物权的判定标准以及法律价值的选择上，应将当事人行为引导至《物权法》设定的框架内，以避免权属混沌不清。

在司法实务中，针对配偶一方提出的"不动产为登记权利人与其在夫妻关系存续期间取得，根据《婚姻法》的规定属于夫妻共同财产，登记权利人一方处分房产其并不知情，也未签过字，要求确认登记权利人处分房产的行为违法"的主张，法院在原告张某诉深圳市不动产登记中心不动产转移登记行政行为案中给出的观点为："《物权法》第九条规定，不动产物权的设立、变更、转让和消灭，经依法登记，发生效力；未经登记，不发生效力，但法律另有规定的除外。可见，不动产物权的权属以不动产登记簿记载为准。涉案房产登记在陈某某一人名下，根据上述法律规定，登记机构认定涉案房产的原权利人为陈某某，已尽审查义务。《物权法》第十九条规定，权利人、利害关系人认为不动产登记簿记载的事实错误的，可以申请更正登记。本案中，原告并未向被告申请更正登记，且陈某某亦称涉案房产没有其他共有人。原告与陈某某为夫妻关系，涉案房产是否为夫妻共同财产，陈某某将涉案房产转移登记给他人是否侵犯原告的合法权益，原告应另寻法律途径解决。"[①] 该观点表明，法院不会直接以涉案房产的不动产登记时间发生在婚后即认定房产为夫妻共有，进而否认登记权属及其交易。

(二) 不动产代持之权属判定

不动产代持也即俗称的"借名买房"。借名买房存在两方当事人：一是登记权利人一方，即代持人；另一方则是所谓的真正的"买房人"，即借名人。借名买房的原因，或是为了规避限购、限贷政策，或是便于管理，但不管是哪个原因，借名人都认为自己才是不动产的真正物权人。因此，在借名买房纠纷中，借名人到某个时点上都会以不动产的"真实权利状态与登记状态不一致"为由主张不动产确权，以期代持不动产回归其名下。

借名人是否能确认为不动产所有权人，实践中也存在两种不同的对待方式。一种观点认为，如根据当事人提供的购房款支付、房贷的偿还、双方之间关于借名买房及所有权归属的约定等证据，能够证明在双方之间形成了借名买房关系，则当事人之间的真实意思是借名人购买房屋并取得所有权，被借名人虽然根据相应的房屋买卖合同等文件被登记为房屋所有权人，但这并非当事人的真实意思表示，据此作出的权属登记因此而不具有原因行为的基础，从而导致最终形成的登记权利状态与真实权利状态不一致，此时，不动产登记簿的权利推定力将因有证据证明权属的真实状态而遭到否定，应回归真实权利状态，故当事人请求确认物权的，应予支持。此种观点可称为"物

---

① 广东省深圳市盐田区人民法院（2016）粤0308行初2209号《行政判决书》。

权"①。司法实践中某些裁判人员会基于此观点对不动产权属作出与登记结果不一致的判定,如(2018)湛仲字第1001号②。

另一种观点相对应的则是"债权说"。认为在借名买房中,登记权利人与第三人之间的房屋买卖合同是真实有效的,并且已经基于这一基础法律关系完成了房屋所有权登记,故是唯一合法的房屋所有权人,借名人与登记权利人之间关于房屋所有权归属的约定只能约束合同双方当事人,没有直接设立房屋所有权的法律效力,借名人不能根据借名买房协议的约定直接取得房屋所有权③。这种观点为大部分学者所认可,也是部分司法界人士的共识。笔者也赞同此种观点,因为设定物权制度的意义应当得到重视。笔者认为,我国不承认物权行为无因性理论,对于具备原因之物权行为及其结果(纵然该原因之意思表示在特定主体之间存在虚假内容),在要素上已构成完整的物权法律关系,登记作为不动产物权归属的法定、原则性方式,其"正名"的功能是基础的,如果仅仅因为当事人的某些目的就允许其自创一套物权制度,甚至允许其在自创的制度内"灵活"运行并因此而获益,那将使社会秩序形同虚设。

当然,笔者虽然认可和强调不动产登记制度的地位及其体面性,但这并不代表笔者坚持唯不动产登记结果不破的理念。之所以论及不动产权属判定,就是因为不动产登记结果只是推定真实而非客观真实,而法律层面中"以事实为依据"的"事实"追求的是客观真实。虽然我们也知道,法律事实与客

---

① 司伟:《借名买房纠纷中房屋权属认定的物权法思考》,《民事审判指导与参考》第66辑。
② 仲裁庭认为,涉案房产在房产认购、支付购房款阶段,被申请人并未成立,都是以申请人名义签订认购书、支付购房款。被申请人成立后,才与出卖人签订《深圳市房地产买卖合同》。鉴于申请人为被申请人的控股股东,注册地远在山西,为方便管理,申请人将所购房屋委托被申请人代持有合理性。申请人与被申请人之间亦未签署合同,将涉案房产赠与被申请人,或作为申请人的投资入股被申请人,或被申请人支付了相应对价购买。2014年以后的租金转账记录亦表明申请人对涉案房屋有实际上的控制管理权。基于上述仲裁庭查明的事实,申请人与被申请人之间签订的《房产代持确认协议》及其补充协议,系双方当事人的真实意思表示,未侵害国家、集体或他人的合法权益,未违反法律强制性及禁止性规定,应认定合法有效,对双方当事人均具有法律约束力,双方应予以履行。仲裁裁决最终确认涉案房产实际所有人为借名人。
③ 北京市高级人民法院《关于审理房屋买卖合同纠纷案件若干疑难问题的会议纪要》(京高法发〔2014〕489号)第十条规定:"借名人以出名人(登记人)为被告提起诉讼,要求确认房屋归其所有的,法院应当向其释明,告知其可以提起合同之诉,要求出名人为其办理房屋过户登记手续。"

观真实之间往往并非一一对应，而我们最终承认和截取的，也仅仅是法律事实。那么，在不动产权利已登记确认的情况下（这本身即为一重法律事实），什么样的主体有资格来敲定第二重法律事实而推翻第一重法律事实？其又该以何种理念和方式来敲定第二重法律事实而推翻第一重法律事实？这是需要引起注意和思考的。从我国不动产登记的机构、职能设定来看，理应只有人民法院、仲裁机构和复议机构才能成为否定不动产登记结果的主体部门，而且根据法律要求，上述主体在判定不动产权属时应严格区分不动产合同效力和物权效力（《物权法》第十五条），对基于合同效力源头产生的问题要从源头端解决，以避免发生脱离债权基础而凭空否定物权效力的现象。具体而言，就是要求司法机构在诉的性质上应严格区分给付之诉、形成之诉和确认之诉，避免就给付关系作出确认判决或形成判决。

三、公证不应直接否定不动产权属确认

如前所述，笔者认为，不动产登记的物权效力及作为其基础的债权合同效力应得到尊重和认可，因为以《物权法》为基本法律支撑，国家从登记机构、登记依据、登记人员、登记类型、登记效力、登记赔偿责任等方面针对不动产登记建立了完整的制度体系，这种系统的完整性有助于保护登记的物权效力，以及物权效力的应有性。因此，对于制度体系之外的其他主体包括公证机构、律师事务所、其他行政部门或者法律人士，都不应当因其法律认识而直接否认已登记的不动产权属。

（一）法律上对不动产权属确认已有制度设定

1. 不动产物权确认的法定方式为登记

早在《物权法》发布施行之前，我国对不动产已设定了登记的物权确认制度。原国家城市建设总局颁布的《关于城市（镇）房地产产权、产籍管理暂行规定》（已失效）明确要求开展城镇房地产产权登记、核发产权证的工作。1983 年，我国颁布的《城市私有房屋管理条例》（已失效）第六条规定：城市私有房屋的所有人，须到房屋所在地房管机关办理所有权登记手续，经

审查核实后，领取房屋所有权证；房屋所有权转移或房屋现状变更时，须到房屋所在地房管机关办理所有权转移或房屋现状变更登记手续。数人共有的城市私有房屋，房屋所有人应当领取共同共有或按份共有的房屋所有权证。这是新中国成立后第一次从行政法规层面对房屋登记问题作出明确规定。然该条例虽强调了房屋应办理登记，但并未对登记会产生何种法律效力作出规定。1986年颁布的《土地管理法》第九条则第一次从立法层面明确，集体土地、国有土地经过登记，可以由国家分别确认所有权、使用权，也即登记能起到确认不动产物权的法律效果[1]。此后，《城市房地产管理法》《草原法》等法律也规定了登记发证制度。

2007年10月1日，《物权法》施行。《物权法》第九条第一款规定，不动产物权的设立、变更、转让和消灭，经依法登记，发生效力；未经登记，不发生效力，但法律另有规定的除外。第三十一条规定，依照本法第二十八条至第三十条规定享有不动产物权的，处分该物权时依照法律规定需要办理登记的，未经登记，不发生物权效力。这表明，除《物权法》第二十八条至第三十条所列情形外，登记是不动产物权依法获得承认和保护的依据，且是唯一依据。纵然《公证法》赋予了公证机构根据自然人、法人或者其他组织的申请，依照法定程序对民事法律行为、有法律意义的事实和文书的真实性、合法性予以证明的职权，司法部律师公证工作指导司编写的《公证书格式（2011年版）》也将"财产权"列举于"有法律意义的事实"之中[2]，但财产权的"证明"并不是"确认"的同位概念，两者也不具有同等的功能，不动产物权的证明不能脱离不动产物权的确认而存在。

不动产物权确认，虽然在条文描述上以物权动态变化为监管对象，但物权的概念和效力指的就是权利人对特定的物享有直接支配和排他的权利，因此不动产物权动态变化的结果即为其静态效果。所以不动产确认这一概念，

---

[1] 杜万华：《最高人民法院物权法司法解释（一）理解与适用》，人民法院出版社2016年版，第59页。

[2] 参见李家健：《〈公证法〉之"有法律意义的事实"辨析》，https://www.docin.com/p-1649902333.html。

本身包含了不动产权属在动态和静态上的状况描述，且两者之间构成合二为一的整体。当然，在不动产确认中，更突出和强调的还是其动态发展功能。

不动产物权证明则不然，观之"有法律意义的事实"中"其他在法律上有一定意义的事实"（财产权证明属于此）——职务（职称）、资格、无（有）犯罪记录、婚姻状况、学历、学位、经历、身份、纳税状况等——均是对某种静止事态的描述，而不强调或者凸显其变异态势，因此不动产财产权证明并不包含动态发展之面，即其没有对动态事宜的证明功能，更遑论对基于该动态事宜而引发的静态结果的证明。进一步审视上述列举的在法律上有一定意义的事实，还可以发现，公证对其证明的基础为有权部门已确认的事实，或至少不能偏离有权部门已确认的事实轨道，如婚姻状况要以婚姻登记机构的登记结果（事实婚姻除外）为依据，学历学位证明要以教育部门管理结果为依据，纳税证明要以税务机构数据为依据，等等，公证机构不可能自己从本源上对上述事项进行确认。由此，不动产权属的证明也应与上述事项的证明采取一致的基调，尊重不动产登记机构对不动产物权的确认（登记）结果，而不能忽略或否定登记结果。

2. 不动产物权确认的法定机构为登记机构

我国的不动产由各地不动产登记机构依程序进行登记。《不动产登记暂行条例实施细则》（下称《实施细则》）第六条第二款规定，县级以上地方人民政府应当确定一个部门为本行政区域的不动产登记机构，负责不动产登记工作。第七条第一款规定，不动产登记由不动产所在地的县级人民政府不动产登记机构办理；直辖市、设区的市人民政府可以确定本级不动产登记机构统一办理所属各区的不动产登记。因此，不动产物权确认的机构为法定，且唯一。

有观点认为，既然法律条款规定了办理不动产所有权的登记机关是不动产登记机构，因此推论公证机关就不应当再接受当事人的申请，办理确认产权归属性的证明。这种主张是值得讨论的。所谓确认，是指对某种事实、行为的明确承认或认可。不同性质的机关，由于法律赋予的职权管辖不同，其职能作用亦各有不同。公证机关对申请事项按一定程序依法加以审查确认是证明活动的宗旨,事实上在落实房屋政策中所办理的大量房屋继承权的公证中,大都是在复杂的情况中进行去伪存真的分辨,最后断定哪些人为合法继承人,应当享有房屋的继承权利,这实际上就是确认房屋归属的一种活动①。且不说此观点中的"确定合法继承人是确认房屋归属的一种活动"这种论调发生了事项层次覆盖,单就其认为不动产物权确认多个部门都可以开展,笔者就认为不妥。一是同一事项职出多门、多部门职能交叉并不符合现代机构高效运行体制设置的要求;二是在"登记机构哪家强"的问题上,在大数据和信息共享的时代背景下,不动产登记机构与其他部门在数据实时互通共享事项上,便捷度、准确度相较公证机构都更高,有助于更快更准核查当事人的权利基础材料,以对其物权作出确认;三是法律针对不动产物权确认(登记)设定了程序保障体系,从物权流动脉络入手,更能展示物权人的真意和物权的全貌。所以,就不动产物权确认职能而言,实无需也不宜由不动产登记机构之外的其他部门来承担。

(二)否定不动产权属确认之公证文书无证明作用

中外公证法典都对公证的法律效力作出明文规定,基本确认公证具有证明力、执行力和公信力,虽然效力项下的具体内容并不同。例如,《法国公证机关条例》第 1 条规定:"公证证书不仅具备裁判上的证明力,而且在法兰西共和国的全部领域内具有执行力。"《俄罗斯联邦公证立法纲要》第 89 条规定:"为了向债务人追偿金钱或追索财产,公证人在设立债务的文件上实施执行签注。"《比利时王国公证法》第 19 条规定:"公证书应忠于法律,在整个王国领域内都具有执行力。"《美国俄勒冈州公证法规》规定,对依法"所任命的所有公证人的所有拒付、证明和发表的其他文据,应给予充分的信任"②。我国则是在《公证法》第三十六条规定:"经公证的民事法律行为、有法律意义的事实和文书,应当作为认定事实的根据,但有相反证据足以推翻该项公证的除外。"第三十七条规定:"对经公证的以给付为内容并载明债务人愿意

---

① 金葆瑶:《浅谈公证机关与有关机关职能的协调》,《政法论坛》1987 年第 6 期。
② 李颂银:《也论公证的法律效力》,《法学评论》2006 年第 3 期。

接受强制执行承诺的债权文书，债务人不履行或者履行不适当的，债权人可以依法向有管辖权的人民法院申请执行。"这赋予了公证证明力和执行力。比如，常见的公证机构就委托人的签名真实性、无（限制）行为能力人监护人身份等事项所作出的公证文书，在不动产登记等行政行为，以及在金融贷款、房屋租赁等民商事行为中都得到信任和采纳。因此，在公证效力的适用范围上，证明力的功能和作用更为普遍和基础。可以说，证明力是公证的生命力，也是公证存在的最重要意义。而否定不动产权属确认之公证文书最大的问题就在于，其使公证文书丧失了证明作用。

1. 对登记机构而言

登记机构不会直接采信否定权属确认的公证文书作为证明登记相关事项的材料。如前所述，法律上对不动产登记做出了完整的制度设计，不仅从条件、程序、材料等方面框住不动产登记的运行轨道，而且设置了异议登记、更正登记以及赔偿等矫正路径。当事人申请登记时应由本人或代理人到登记机构现场提出和提交法定的申请材料。登记机构对申请人提交的材料进行查验，包括查验申请登记主体与申请文件所证明事实的一致性。以例涉房地产登记而言，即查验申请人与《决定书》记载的权利人是否为同一主体；以常见的不动产转移登记而言，即查验申请人与展示不动产转移基础民事法律关系的材料中的主体（如买卖合同双方、赠与合同双方）是否一致。就有关登记事项询问申请人，包括登记申请是否其真实意思表述，申请登记的不动产是否有共有人。申请人应对申请材料的真实性负责（《不动产登记暂行条例》第十六条），登记机构应如实登记有关事项（《物权法》第十二条）。如此，在相关事项通过材料比对、真意确认、权属核查等严格程序审定后，登记机构没有理由怀疑登记权利的准确性；更何况，如果相关当事人认为登记权利与真正权利不一致、登记结果有错误，其完全可以向登记机构提出异议登记或者更正登记，更正机构也将根据上述审查程序设定来判断登记结果是否有误并作出相应的处理。如果在此种法律已告知当事人确认权利的登记方式并给予了其捍卫权利的时间和登记手段的情况下，仍没有主体向登记机构提出相关登记和主张的话，登记机构也当然有理由相信其作出的登记结果是真实的。

公证机构并非司法机构,并没有对不动产物权的归属作终极裁判的功能;公证文书也不是生效确权或形成法律文书,可作为当事人直接申请不动产权属登记的权属依据。因此,登记机构不会基于确认物权归属的公证文书否定其已核准的登记。相关权利主张主体以此种非司法的方式否认登记权利而将权利归结于自身,无论是其自身还是确认其权利的机构之行为都有不妥甚至违法之嫌。

2. 对当事人(登记权利人或者主张权利的人)而言

相关当事人不会直接采信否定权属确认的公证文书作为证明登记相关事项的材料。或者说,相比任何形式上的权利证明文件,相关当事人对物权归属更多的是基于其内心确信——基于某种事实和原因,其认为不动产应当归己所有;权利证明文件更多的意义在于说服他人而非自己相信自己为不动产权利人。相关当事人通常都认为自己通过购买行为、继承行为、受赠行为已取得了不动产归属,对于他们当中已被登记为权利人的,不动产登记确认了其确信的事实和结果,他们当然会否定否定权属确认的公证文书;他们当中没有经登记确认为权利人的,则会用尽途径来主张权属,或如上所说向登记机构申请更正登记或异议登记,或就登记行为提起行政复议或诉讼,或通过公证、律师见证等方式,或收集卖方(赠与方)、其他证人的说词以证明登记有错误。否定权属确认的公证文书仅是其取信他人的武器,而非取信自我的证明。

3. 对其他第三人而言

其他第三人不会直接采信否定权属确认的公证文书作为证明登记相关事项的材料。不动产登记的功能是什么?权利正确性推定功能、公示公信功能,这是建立不动产登记制度的各国普遍承认的原则。例如,德国民法典规定,在土地登记簿中为某人登记一项权利的,应推定此人享有该项权利。在土地登记簿中注销一项权利的,应推定该项权利不复存在。为有利于根据法律行为取得一项权利或者取得该项权利上的权利的人,土地登记簿中所记载的内容应视为是正确的,对其正确性提出的异议已进行登记的或者取得人明知其为不正确的除外。瑞士民法典规定,出于善意而信赖不动产登记簿的登记,因而取得所有权或其他权利的人,均受保护。我国台湾地区所谓"土地法"规定,"依本法所为之登记,有绝对效力"①。《物权法》第十六条规定:"不动产登记簿是物权归属和内容的根据。"这是不动产登记正确权利推定和公示公信功能在我国法律上的体现。依该规定,不动产登记簿上记载某人享有某项物权时,推定该人享有该项权利,其权利的内容也以不动产登记簿上的记载为准。法律赋予不动产登记簿此效力,对物权相对人的利益进行保护,是为了建立一个能以客观标准衡量的公开的经济秩序,秩序背后所倚仗的是"国家"公信力。而公证文书虽然具有证明功能,但证明的属性"夹私"。依《公证法》第六条规定,公证机构承担的责任性质为民事责任,表明在体制和机构性质定位方面,公证机关已与行政脱钩;公证机关作为社会中介组织,服务社会的性质更加纯粹、鲜明,公证人员与办理公证的当事人之间更多是"平等与服务"关系②。在此背景下,不动产权属凭证和否定不动产权属凭证证明之间,第三人没有理由舍前者而取后者。

4.对司法部门而言

司法实务对否定不动产登记簿证明力的证据要求达到"具有高度可能性"程度,即在否定不动产登记簿作为不动产物权归属的证据证明力这一问题上,秉持审慎态度,不轻易否认不动产登记簿记载的真实性。特别是在不动产物权归属有争议时,一般应维持不动产登记簿在不动产物权归属方面的证明效力,而不通过证据之间证明力的比较,采信证明力较大的优势证据方式,来确认不动产物权的归属。只有在相对方所提供的证据在证明其为不动产物权权利人具有高度可能性,且不动产登记簿记载确有错误等待证事实方面能够排除合理怀疑,足以让法官产生逻辑必然性的心证时,才能确认其享有物权③。公证文书在诉讼中虽然具有证据效力,且效力较一般的书证要高,但其并不具备足以否定不动产登记簿且作为持有人主张其为不动产物权权利人的

---

① 胡康生:《中华人民共和国物权法释义》,法律出版社2007年版,第54页。
② 汤维建、陈巍:《物权登记与法定公证制度》,《法学论坛》2007年第1期。
③ 杜万华:《最高人民法院物权法司法解释(一)理解与适用》,人民法院出版社2016年版,第74—75页。

实质证据力,甚至在庭审过程中,公证文书对权属的认定内容在质证环节其关联性就将被否认①。公证文书关于不动产权属认定的内容不会成为审查焦点;法院如确定案件的争议焦点及范围是不动产权属问题的话,也是以不动产登记簿记载内容的准确性为审查对象,不动产登记簿记载的一方当事人可不必再举证证明不动产登记簿本身的真实性以及记载内容的真实性,而另一方当事人则应当就其主张登记簿错误负举证责任,如主张房屋登记簿记载的特定所有权取得方式(如买卖合同)并不存在,并提出其能够获得不动产物权的情形(如赠与合同或继承等)。综上,否定不动产权属确认之公证文书在司法审判中也将丧失其证明作用。

四、否定权属确权或确认之处理模式参考

(一)行政处理模式——不动产确认严格以不动产确权(交易)结果为依据

在不动产物权登记上,我国并未如德国物权制度采用物权无因性理论。根据《物权法》《实施细则》的相关规定,当事人申请不动产登记一定是基于某种法律事实(行为或非行为事实)的发生并提供足以证明上述事实发生的申请材料——称之为"不动产权属来源文件"或"不动产权属证明文件",这恰恰是不动产物权登记中审查的重点。

1. 登记机构不对权属依据进行实质审查

不动产权属来源文件在基础法律关系为不动产交易的情形下以买卖合同为代表,此外赠与合同、分割协议、交换协议、继承等也比较常见;不动产权属证明文件更倾向于指有权部门向权利人出具的确权文件,比如"两规"

---

① 参见汪媛媛、覃敏:《公证文书证据效力的法律问题探析》,http://hnlxfy.chinacourt.gov.cn/article/detail/2014/08/id/1447940.shtml. 作者认为,证据是法庭判案的重要依据,而质证是庭审过程中的重要环节,是双方当事人对证据的真实性、客观性、关联性进行辩论的重要步骤,公证文书虽然具有特殊的证明效力,但同样不能避免"伪证"的出现。质证有利于人民法院对公证文书的审查,其与人民法院对公证文书证据效力的确认之间并不矛盾。如果公证文书不需要质证,实质是妨碍了人民法院依法独立行使审判权。

处理决定书、房改部门出具的房改批复、土地主管部门出具的用地批复等。除上述泾渭分明的两类外，还有介于两类性质之间的土地主管部门与当事人签订的土地出让协议，以及独立于两类性质之外的生效法律文书和行政征收文件。对于上述或私或公性质的文件，登记机构对其审查的方向和态度是基本相同的，即比对权属文件与申请人的一致性、比对申请材料的一致性、比对申请事项与不动产登记簿的一致性；但总归不会对不动产权属来源文件或不动产证明权属文件背后的法律关系进行审查，如审查当事人之间的交易行为是否真实、有效发生，相关部门将不动产确权至当事人名下是否合法、有效。不动产登记机构充分尊重和认可当事人的私法自治结果，尊重和认可有权部门履行职责形成的法律效果，并以其为基础构建登记行为。

2. 权属冲突显现时先期解决

不动产登记时申请人虽提交了权属来源文件或权属证明文件，但不代表该权属文件就一定是准确、合法、有效的，实务中对申请人的权属申请材料提出异议或反向证据的案例也不少。比如在一房多卖的情形下，其他购房人提供购房合同主张权属；在主张用地权益情形下，相关主体提供私权利主体之间签订的土地合同；等等。具体而言，权属材料冲突可归结为以下两类。

第一，申请人与异议人提交的权属材料形式、效力相等，如申请人提交的权属文件为房改部门出具的批复，异议人提供的权属材料也为房改部门出具的批复；或者申请人提交的权属文件为二手房买卖合同，异议人提交的权属文件也为二手房买卖合同。在此多份权属文件内容冲突的情况下，登记申请将予暂缓或者驳回，待有关部门对其出具的材料进行审查、复核并作出处理、权属争议解决后再登记；或等申请人和异议人通过司法途径解决民事纠纷后再根据民事纠纷处理结果登记。

第二，申请人与异议人提交的权属材料形式、效力不等，常见的有申请人提交了土地使用权出让协议书，异议人提交了其与私主体签订的土地使用权合同，此种权属文件内容冲突的情况下，以有权部门出具的权属文件为登记依据，驳回异议人的异议。

上述操作模式，兼顾了权利保障与效率原则，同时也尊重了公职部门行使职能的权益以及行政行为的效力。

(二) 司法处理模式——不动产确权（交易）在先审查、登记独立处理的处理机制

在行政纠纷领域，不动产登记纠纷在数量上一直保持高位，如深圳2015—2018年的不动产登记行政诉讼量分别为142宗、117宗、110宗和99宗。原告的诉讼请求集中在以下三点：一是要求确认不动产登记行为违法或撤销不动产登记行为；二是要求登记机构将不动产登记于其名下；三是赔偿损失。法院对此的处理方式是，如果登记行为本身程序或行为依据（如当事人提供虚假材料，登记机构审查疏忽）存在问题，则直接对登记行为的合法性进行审查并作出裁判；但如果因权属问题否定登记结果，处理方式则不同。

1. 对经过确权登记的确权文件的态度——为独立的行政行为，需先行诉讼

涉案不动产若是经历史遗留处理部门或者房改部门等权属部门确权为登记权利人所有，他人提起诉讼的，法官在裁判观点和理由上都是承认确权部门的确权结果，从而认定原告提供的其他形式的证据如收款收据、证明、证人证言等并不足以证明其是涉案房产的实际权利人，也不足以证明登记机构不动产登记侵犯了原告的合法权益，因此依照《中华人民共和国行政诉讼法》第二十五条第一款、《最高人民法院关于适用〈中华人民共和国行政诉讼法〉的解释》第六十九条第一款第（八）项之规定，裁定驳回原告的起诉①。此类案件中，法院更重要的功能是向当事人发挥司法释明作用，让原告认识到确权文件是独立的行政行为结果，该行为与登记行为分属不同的法律关系，原告的诉讼根本应是先循法律途径对确权事宜予以解决，再根据结果处理登记问题。

2. 行政诉讼与民事诉讼交叉时的做法——不敢直接否定登记结果

近年来，房屋、土地等不动产纠纷民事与行政交叉案件呈现逐年上升的趋势。审判实践中存在许多因涉及不动产登记产生民事与行政交叉的情形，如一方当事人认为登记的不动产权属错误，以登记行为违法为由提起行政诉

---

① 广东省盐田区人民法院（2019）粤0308行初427号。

讼，另一方当事人则针对导致不动产物权变动的原因行为的效力提起民事诉讼。无论是早期部分民事法官以登记的公定力为由，要求当事人先提出行政诉讼，中止民事案件的审理，待行政诉讼对登记行为的审查结论作出后，再依据行政判决结果来作出民事判决的做法；还是《最高人民法院物权法司法解释（一）》出台后，行政法官中止行政案件的审理，待当事人先完成民事诉讼，待民事诉讼对登记行为背后的民事基础关系理清得出审查结论后，再依据民事判决结果来作出行政判决的做法，都体现了司法部门对登记行政行为慎重对待的态度，即未经审判（民事或行政），不得否定不动产登记结果。

3. 登记独立处理

对于"要求登记机构将不动产登记于其名下"这项不动产登记行政诉讼中常见的典型诉求，法院会严守行政职能与司法职责的边界，要求当事人向登记机构提交资料申请办理。理由为在行政诉讼中，法院审查的是登记行为的合法性问题，至于不动产能否办理登记属登记机构的职责范围。当事人诉求法院责令登记机构为其办理不动产登记的请求实质是司法权代行行政权，已经超出了对登记机构作为或者不作为进行合法性审查的范围，依法不属于人民法院行政诉讼的审理范围。唯有在民事诉讼确认了权属，一方当事人不履行生效法律判决义务的情况下，法院才会依法要求登记机构协助办理不动产登记。值得一提的是，基于权属争议而提出登记行政诉讼的，当事人最终仍得通过民事诉讼解决其争议后方得对登记行为作出处理，因为登记行为作出时以当事人提交的权属证明文件为依据，而该权属证明的效力，非经司法途径难以判定其有瑕疵，而这也符合我国物权无因性制度的设定。

五、公证否定权属确认之完善路径

根据《中华人民共和国公证程序规则》第十八条的规定，自然人、法人或者其他组织申请办理公证，应当提交的材料包括申请公证的事项的证明材料，涉及财产关系的须提交有关财产权利证明。不动产权属证书（不动产登记簿记载结果证明）毫无疑问为财产权利证明，为公证的法定证明（申请）

材料,只要公证申请人对不动产登记结果无异议的,公证机构就应直接采信登记结果作为公证事项的申请材料。

公证申请人对不动产登记结果有异议而公证机构认为不动产登记的权属结果正确的,或者公证申请人对不动产登记结果有异议且公证机构也认为不动产登记的权属可能与真实权属状况不一致的,公证机构应当指引公证申请人依法向登记机构提出更正申请,并待登记机构对登记结果作出审查后再对公证事项进行处理。登记机构作出更正或者不予更正的审查决定后,公证申请人仍对不动产登记结果有异议的,公证机构应引导其循司法途径对登记结果的准确性进行处理。当且仅当司法部门对已登记的不动产从权属上作出最终认定的,公证机构可以根据生效法律文书确定的权利人证明不动产权利归属而不以不动产登记结果为依据。公证机构在公证申请过程中,得知不动产登记权属可能存在错误的情形的,如生效法律文书作出权属认定的、产权管理部门作出权属认定的、登记权利人办理登记时提交虚假材料等,可将相关事实和材料告知不动产登记机构,建议其自行对不动产登记作出处理。

值得一提的是,在公证内容以不动产权利归属为基础但不动产权利归属又非主线的公证事项上,公证机构或公证申请人认为不动产登记权属结果有错误但又需要完成公证主线事项的,可在公证内容中对事项作层级区分,同时对不动产权利归属涉及的物权效力和基础民事关系作出层级区分并对基础关系在法律框架内作出设计后对主线申请事项进行公证。以金融机构设立不动产抵押权的做法为例,在不动产登记权利人为一人的情况下,按照物权法律规定,金融机构承认登记权利人为适格、全部抵押权人,与其订立抵押合同并共同办理登记。但为了防止所谓"夫妻隐性共有人"的法律风险,抵押合同中往往设定了"知悉"条款,即明确配偶一方知悉并认可该抵押行为,并由配偶对该条款进行签名确认。如此,在承认物权效力基础上(其顺利办理抵押登记的前提),金融机构在法律制度框架内,通过对债权关系(合同条款)进行设计为自身利益设定了多重保障。参照上述,公证机构在对登记权利人为夫妻一方的不动产处分委托事项进行公证时,如果认为不动产属于"夫妻隐性共有"的,公证机构可在证明登记权利人在委托书上的签字的真实性的同时，证明配偶一方已共同到公证现场并知悉委托行为。

六、问题的解决

回归到开篇的登记案例，笔者认为，公证机构直接认定权属的做法有失妥当。基于前文确定的解决思路，建议公证机构可将对"例涉房地产张某强所有份额属于夫妻共有"的"有法律意义的事实"的证明转化为"例涉房地产张某强所有份额为张某强与某某（张某强配偶）在婚姻关系存续期间（建造、购买、由产权部门确权）取得"的"民事法律行为"或"有法律意义的事实"的证明，并由相关当事人持记载"例涉房地产张某强所有份额为张某强与某某（张某强配偶）在婚姻关系存续期间（建造、购买、由产权部门确权）取得，张某强的个人遗产由申请人继承"内容的公证文书向登记机构申请办理登记，从而将"夫妻关系存续期间（建造、购买）取得"是否构成登记结果的相反证据的判断主动权交给登记机构。登记机构将对公证书确认的继承人进行询问。在继承人认可被继承房产应为夫妻共有的基础上，登记机构认为该事实构成登记结果相反证据的，可要求配偶也共同到登记现场提出申请，同时完成房地产共有和房地产继承双重基础民事法律关系对应的两个登记——不动产变更登记和转移登记，以在登记程序、材料上符合登记法律法规的设定；也实现公证机构根据其内心确信的"客观真实"判定权属的本意；而更重要的是，让不动产权属确权、确认、证明行为各环节的成果实现互相承认和相互作用。

"区块链"在公证领域中的运用

陈吉栋　李晓宇[*]

摘　要：以互联网、大数据、人工智能为代表的新一代信息技术崛起，"互联网+"的各种平台、行业应运而生，对经济发展、社会进步、人民生活带来深刻影响和便捷福利。与此同时，党的十九大的召开，将"服务与信息共享"提上了日程。随着依法治国进程的深入推进，党和政府对于社会治理的导向从纠纷解决转向纠纷预防、源头治理。在这样的背景下，预防性司法制度、法定证明机构的公证行业应当认真思考自身在矛盾纠纷多元化解决、服务经济社会高质量发展中的定位、作用与路径，发挥好"防患于未然"的作用。区块链在公证领域中的运用无疑是顺应了大势，助力为人民提供优质的服务，为公证行业提供了良好的实践平台和有效途径。

关键词：区块链　公证　电子数据　信息管理

现如今，区块链（block chain）运用的领域非常广泛，金融、互联网、保险、公益等领域均有涉及。从狭义角度来看，区块链是一种按照时间顺序将数据区块以顺序相连的方式组合成的一种链式数据结构，并以密码学方式保证的不可篡改和不可伪造的分布式账本。从广义角度来看，区块链技术是利用块链式数据结构来验证与存储数据，利用分布式节点共识算法来生成和更新数据，利用密码学的方式保证数据传输和访问的安全，利用由自动化脚本代码组成的智能合约来编程和操作数据的一种全新的分布式基础架构与计算方式。其可应用的领域相当广泛，包括信息管理[①]、供应链管理、版权管

---

[*] 本文获 2019 年度"宝山公证"杯"产权、登记和公证"有奖征文一等奖。陈吉栋，上海大学法学院讲师、硕士生导师；李晓宇，上海大学法学院硕士研究生。

[①] 参见《区块链信息服务管理规定》，2019 年 1 月 10 日发布，自 2019 年 2 月 15 日起施行。

理、互联网金融、政务管理等各种场景。在司法领域诉前和诉中阶段体现在电子证据方面，主要特点是：存证、取证费用低；时间灵活、及时；权利保护更易得到实现。在流程管理方面，可以确认、保存相关信息，信息一旦上传确立，便不可更改，可以增强司法公信力。

一、公证领域中"区块链"与"电子存证"的关系

区块链是比特币的一个重要概念，本质上是一个去中心化的数据库，同时作为比特币的底层技术，是一串使用密码学方法相关联产生的数据块，每一个数据块中包含了一批次比特币网络交易的信息，用于验证其信息的有效性（防伪）和生成下一个区块。区块链通过哈希算法对一个交易区块中的交易信息进行加密，并把信息压缩成由一串数字和字母组成的散列字符串。区块链是分布式数据存储、点对点传输、共识机制、加密算法等计算机技术的新型应用模式。作为核心技术自主创新的重要突破口，区块链的安全风险问题被视为当前制约行业健康发展的一大短板，频频发生的安全事件为业界敲响警钟。拥抱区块链，需要加快探索建立适应区块链技术机制的安全保障体系。

电子证据是一种证据，需要满足《最高人民法院关于民事诉讼证据的若干规定》中规定的合法性、真实性（客观性）、关联性。电子合同作为一种电子证据，运用区块链存证具体内容如下。

2016年8月，法大大联合微软（中国）、Onchain发起成立了全球首个大规模商用电子存证区块链联盟"法链"，将电子文件的签署时间、签署主体、文件哈希值等的数字指纹信息广播到法链所有成员的节点上，信息一经存储便无法篡改，充分满足了电子证据司法存证的要求，迈出了中国探索区块链技术在法律场景应用的第一步。

2016年10月，阿里云邮箱联合法大大，推出全球首个基于区块链技术的邮箱存证产品，为用户提供一套低成本、高用户体验的存证服务方案。

存证出证是法大大电子合同平台给广大用户提供的法律服务之一。作为

一种电子证据，有了 CA 数字证书、时间戳技术、PDF 文档标准、非对称加密算法和标准哈希算法及区块链存证技术的加持，法大大出证报告可信度极高，法院容易采纳。

2017 年以来，"互联网＋"开始横扫司法界。法律科技的应用，让法律服务变得不受时间和空间限制、更易获取，大大改善了法律服务的用户体验。例如，杭州互联网法院的挂牌成立，全国法院系统首个微信服务平台的上线运行，以及法大大联合广仲上线的一站式网络仲裁服务系统。如今，杭州互联网法院电子证据平台的上线，区块链存证第一案的认可，都昭示了司法界"互联网＋"的决心。

2018 年 2 月，广州仲裁委基于"仲裁链"出具了业内首份裁决书。该"仲裁链"是由微众银行联合广州仲裁委、杭州亦笔科技三方基于区块链技术搭建，截至 2019 年底已经稳定运行 5 个多月。这是业内基于 FISCO BCOS 区块链的底层平台，意味着区块链应用在司法领域的真正落地并完成价值验证。但是，这份裁决书全文不足 150 字，对法律效力的认定，只有"符合《中国电子签名法》的规定""经合法存证，未被篡改"等简单表述，而对区块链是什么，以及审查认定此种新技术存证效力的具体逻辑推演则未有着墨。人们称之为被遗忘的区块链存证"第一裁"。

2018 年 9 月初，最高人民法院发布了《最高人民法院关于互联网法院审理案件若干问题的规定》，其中第十一条规定，"当事人提交的电子数据，通过电子签名、可信时间戳、哈希值校验、区块链等证据收集、固定和防篡改的技术手段或者通过电子取证存证平台认证，能够证明其真实性的，互联网法院应当确认"。这被认为是我国首次以司法解释形式对区块链技术电子存证手段进行法律确认，其运用将加速"区块链＋司法"应用场景落地。

工信部发布的《2018 年中国区块链产业白皮书》也指出，利用区块链技术存储电子证据可有效解决传统存证面临的安全问题。在电子证据生成时被赋予时间戳，电子证据存储固定时通过比对哈希值来验证数据完整性，在传输过程中采用不对称加密技术对电子证据进行加密保障传输安全，充分保障了证据的真实性和安全性。"在取证环节，由于区块链存证方式为分布式存储,允许司法机构、仲裁机构、审计机构等多个节点在联盟链上共享电子证据,理论上可以实现秒级数据传输,降低取证的时间成本,优化仲裁流程,提高多方协作效率。"

二、关于"区块链+电子存证"在公证领域中运用的个案反思

基本案情一: 2018年6月,杭州互联网法院针对"侵害作品信息网络传播权纠纷"一案适用简易程序进行了审理。原告杭州华泰一媒文化传媒有限公司(下称"华泰一媒")诉称,郑亿、林碧波系都市快报社记者,两人共同创作并在《都市快报》上发表《妈妈带4岁儿子进游泳馆女更衣室被管理员阿姨骂得眼泪都掉下来》(下称"涉案文章")一文,两名记者出具声明表明涉案文章著作权归都市快报社享有。都市快报社将涉案文章的信息网络传播权授权于华泰一媒。被告深圳市道同科技发展有限公司(下称"道同科技")在未获得授权的情况下在其运营的第一女性时尚网[①]中使用了涉案文章,华泰一媒通过浙江数秦科技有限公司(下称"数秦公司")运营的保全网的自动抓取程序对侵权页面和网页源码进行固证,并通过区块链技术对前述电子证据予以存证的形式对道同科技的侵权行为予以证明[②]。在案件审理过程中,杭州互联网法院首先从电子证据是否真实上传至网络、电子证据与本案的关系两个方面,审查了区块链存证方式的真实性和关联性,随后从侵权网页取证技术的可信度、区块链电子证据的保全以及区块链存证方式的合法性三个方面,具体审查了区块链证据的证明力和法律效用,最终确认原告提供之区块链证据的有效性,并确定了侵权事实。

案情一评析: 法院从存证平台资质、侵权网页取证技术手段可信度和区块

---

① 第一女性时尚网站,http://ladyfirst.com.cn/,2019年11月10日最后访问。
② 参见中国裁判文书网:《杭州华泰一媒文化传媒有限公司与深圳市道同科技发展有限公司侵害作品信息网络传播权纠纷一审民事判决书》(入选2018年互联网法律大会十大典型案例),杭州互联网法院,(2018)浙0192民初81号。

链电子证据保存完整性三个方面审查了区块链存证方式是否符合电子数据相关规定及证明力的大小，又从电子证据是否真实上传、是否为诉争电子证据两个方面审查了电子证据是否已上传至区块链，最终认可了原告区块链存证的方式。从该案件的审理情况来看，该案件并不复杂，但区块链存证方式的司法适用引发了法学界的深刻反思：一方面，我国《民事诉讼法》第六十三条将"电子数据"规定为法定证据类型，但未对区块链技术的证据化应用作出制度预期[1]。其言下之意是，区块链存证能否纳入电子证据的范畴，尚有待推敲。另一方面，作为一项新兴技术，区块链具有不可篡改性、去中心化以及去信任等特征，若需要修改块内数据，则需要修改此区块之后所有区块的内容，并对区块链网络所有机构和公司备份的数据进行修改。因此，在确认诉争电子证据已保存至区块链后，区块链作为一种保持内容完整性的方法具有可靠性，已经成为它区别于其他网络技术的标签[2]。

基本案情二：北京市东城区人民法院（下称"东城法院"）就中文在线数字出版集团股份有限公司（下称"中文在线"）诉北京京东叁佰陆拾度电子商务有限公司（下称"京东商务公司"）侵犯作品信息网络传播权纠纷案作出一审判决，认定京东商务公司的行为构成侵权，判令京东商务公司赔偿中文在线经济损失11万余元[3]。

案情二评析：该案是东城法院首次采用区块链云取证数据对知识产权案件进行判决，同时也是北京首例已判决的区块链存证案。该案中，中文在线通过第三方存证平台对京东商务公司的侵权事实进行了取证，并通过区块链储存电子数据的方式证明电子数据的完整性及未被篡改性。东城法院在审理中明确了如何对区块链电子存证的效力予以认定。这对于法院推广使用区块链电子存证具有一定参考和借鉴意义。

---

[1] 参见《杭州互联网法院电子证据平台规范》（试行），2018年6月28日。
[2] 参见《杭州互联网法院民事诉讼电子证据司法审查规则》，2018年6月28日。
[3] 新浪财经网：《中文在线起诉京东侵权一审：著作权起纠纷区块链取证》，https://finance.sina.com.cn/stock/s/2018-10-18/doc-ihmrasqr8772361.shtml，或《北京首例区块链存证案：中文在线诉京东侵权一审》，https://mp.weixin.qq.com/s/Wuxp30uJNXrFDOGnsJfgIg，2019年11月10日最后访问。

三、"区块链"在公证领域中的实践

（一）"区块链"在公证领域中的已有实践

区块链作为一种去中心化的数据库，具有开放性、分布式、不可逆性等特点，其作为一种电子数据存储平台具有低成本、高安全、稳定性的优势。对于采用区块链等技术手段进行存证固定的电子数据，应秉承开放、中立的态度进行个案分析认定，既不能因为区块链等技术本身属于当前新型复杂技术手段而排斥或者提高其认定标准，也不能因该技术具有难以篡改、删除的特点而降低其认定标准，在实践审判中应以技术中立、技术说明、个案审查为原则，对该种电子证据存储方式的法律效力予以综合认定。

北京互联网法院"天平链"的应用是智能法院审判实践的一个里程碑，而"互联网＋公证"也将成为公证行业的一个重大实践课题。"天平链"是法院与公证机构融合发展的重要技术平台，如何建立数字社会新型信任体系，护航数字经济发展，是公证行业发展的机遇和挑战。未来电子公证书将成为"数字社会新型信任体系基础设施"建设的引擎之一。

在知识产权保护中，实现网上存证、验证、取证，通过介入"天平链"，与区块链提供的去中心化、分布式数据存储方式的专业技术优势相结合，赋予电子证据取证与存证更高的权威性、中立性、专业性，使得公证机构对电子证据的核查有了更专业的技术支持，有利于提升公证法律服务价值。依托"天平链"取证便捷智能、存证安全隐秘、出证高效快速等技术优势，有效解决电子数据取证过程中遇到的取证手段有限问题，并提供中期存证以及后期出证的一站式证据服务。

对于采用区块链技术进行存证固定的电子数据，应以电子证据审查的法律标准为基础[①]，结合区块链技术原理，审查确认区块链电子存证符合

---

① 参见《电子签名法》第四条："能够有形地表现所载内容，并可以随时调取查用的数据电文，视为符合法律、法规要求的书面形式。"第五条："符合下列条件的数据电文，视为满足法律、法规规定的原件形式要求：（一）能够有效地表现所载内容并可供随时调取查用；（二）能够可靠地（转下页）

以下四个要素时，可认定该电子证据的法律效力：一是审查电子数据来源的真实性，包括产生电子数据的技术是否可靠、第三方存证平台资质是否合规、电子数据传递路径是否可查；二是审查电子数据存储的可靠性，包括电子数据是否上传至公共区块链、各区块链存放内容是否相互印证、区块节点生成时间是否符合逻辑；三是审查电子数据内容的完整性，即电子数据哈希值验算是否一致未修改；四是审查电子证据与其他证据相互印证的关联度。以区块链技术作为电子数据存储、确保数据完整性的方式，是互联网技术与审判实践的新融合，这种区块链电子存证方式的法律效力的确认，可能会给电子取证方式和运用带来新变革，具有极大社会影响力。

从公证执业实践看，包括涉知识产权保全证据公证在内的传统公证业务，在办证流程及人员储备、软硬件配置上已经不能完全适应互联网时代电子证据数据量大、产生和灭失速度快、时间和地域不确定等特征，传统纸质公证书也存在不易校验、不易传递、不易存储与备份、无法满足网上办公需求等弊端。与互联网相关的公证业务呈现逐年大幅增长趋势，内容涵盖纸质产权保护、互联网金融、网络购物和服务等各个领域。应借助区块链等信息化技术，尽快实现公证办证标准、规则、流程的再造，推广在线电子证据保全、保管，实现电子公证书的推送、债权文书网上赋予强制执行效力、执行证书在线推送等技术创新，促进公证服务和现代科技应用的深度融合，让电子公证书尽早投入实践应用①。

（接上页）保证自最终形成时起，内容保持完整、未被更改。但是，在数据电文上增加背书以及数据交换、储存和显示过程中发生的形式变化不影响数据电文的完整性。"第六条："符合下列条件的数据电文，视为满足法律、法规规定的文件保存要求：（一）能够有效地表现所载内容并可供随时调取查用；（二）数据电文的格式与其生成、发送或者接收时的格式相同，或者格式不相同但是能够准确表现原来生成、发送或者接收的内容；（三）能够识别数据电文的发件人、收件人以及发送、接收的时间。"第七条："数据电文不得仅因为其是以电子、光学、磁或者类似手段生成、发送、接收或者储存的而被拒绝作为证据使用。"第八条："审查数据电文作为证据的真实性，应当考虑以下因素：（一）生成、储存或者传递数据电文方法的可靠性；（二）保持内容完整性方法的可靠性；（三）用以鉴别发件人方法的可靠性；（四）其他相关因素。"

① 北京市方圆公证处课题组：《"区块链"在公证实践中的应用》，《中国公证》2019 年第 4 期。

(二) 区块链公证的优势

1. 区块链公证是服务实体经济的好产品

第一，区块链公证模式顺应了网络信息科技发展的趋势。区块链具有多方共识、交易溯源、不可篡改等技术特点，在确保信息可信、安全、可追溯等方面具有传统技术不可比拟的优势。"区块链+公证"的实质是科技与法律的结合，通过专业办证、同步存证固证的"公证公信力+技术信任力"双重增信作用，不仅能够顺应网络时代下信息传播快速、便捷、经济的趋势，而且能够解决网络时代下互联网金融司法救济难的问题。针对借款金额小、借款人地域分散、诉讼成本高等问题，运用区块链技术，借贷协议赋强公证在网络线上运作，一个平台、高效联动，相互制约又增强互信，极大方便了办证当事人和用证部门。法院将不履约、拒不执行者纳入失信人名单，可以有力促进社会信用体系建设。

第二，区块链公证作用体现在服务实体经济发展上。党的十九大提出，要把为实体经济服务作为出发点和落脚点，增强金融服务实体经济能力，让金融回归本源，更好地满足人民群众和实体经济多样化的金融需求。市场主体活动中企业、公民个人营商交易和资金需求量在逐步增长，便捷融资、安全可靠是其最大的需求。现实中，利用信贷手段服务实体经济存在结构不合理、融资难等许多的问题。一方面，市场主体尤其是实体经济的融资需求不断攀升；另一方面，银行和规模化金融机构信贷门槛、资质要求日益提高，导致融资难、融资贵成为普遍现象。银行偏向支持风险相对较小的成熟期企业，对初创期企业支持力度有限，小微和"三农"信贷服务占比更小、更显薄弱，普惠金融满意度并不高。一些小贷公司"补缺"运作的民间借贷又鱼龙混杂，给金融领域带来风险。那么，区块链公证解决什么问题？区块链公证恰恰顺应社会需求，以其信息科技优势加法律服务的专业优势，提供工序简、时间短、成本低、放款和回款安全有保障的特色服务，可以满足不同群体、不同层级的信贷产品和资金需求，实实在在服务实体经济企业所需。中信公证处搭建网络赋强公证平台，并通过与建设银行"小微快贷"合作，每年为数以万计的小微企业提供数千亿的贷款，尤其是帮助民营企业、小微企业解决"短、小、频、急"的融资需求；同时畅通了立案渠道，加大了执行力度，有效防范了金融纠纷和风险，以此助力银行机构守住风险底线，盘活信贷存量，腾出更多资金支持实体经济企业。这是公证发挥职能作用、改善便利化营商环境的创新之举。

第三，区块链公证的效应在于有效防范金融风险。借贷业务线上公证能够起到过滤不法因素的防火墙作用，不仅可以使借贷行为合法与否更加容易判断，而且使借贷行为有据可查、留有痕迹。中信公证处更是做到了与法院在执行环节的联动。正因为如此，银行等金融机构与专业的有信息技术实力支撑并能与法院实现执行案件快立、快审、快执的公证机构合作愿望明显，而目前线下借贷双方的约定并不规范、相关证据无处可查，给金融领域埋下了风险隐患。倡导和运用线上公证，有利于把那些原本隐藏在线下角落里的灰色甚至黑色交易行为显性化，更有利于保护借款人权益。

2. 区块链公证营造参与各方合作多赢局面

区块链公证使参与各方在一个共同的平台上建立公开透明、相互信任、高效服务与互相制约的关系，营商环境得以大为改善。这可以从公民个人、企业、金融机构、用证部门、人民法院和公证机构多个维度得到验证。

公民个人、企业和金融机构获得了实实在在的红利。人民群众办理公证不用再多次往返公证机构，只需在手机、电脑等客户端申请办理、提交材料、电子签名等，最多跑一次公证处便可完成办理。未来，伴随着电子公证书的推广和适用，只需当事人把二维码提供给使用部门，就可以直接使用，公证书出具即可当场使用，连邮寄环节都可以省略，办证和使用更加方便、安全。区块链公证的引入，让企业之间的合约关系更加清晰确定，即使发生司法纠纷也能够以更经济的成本去解决。尤其网络赋强公证运用，大大增强了借款方的信用，使融资途径变宽、门槛和成本降低，及时解决生存发展之急需。这一产品使得金融机构与借款企业或个人间的纠纷能够更便捷地解决，也促使金融机构更有意愿开展小额借贷业务，这对于中小企业融资而言也是重大利好。作为出借方的金融机构因为有赋强公证的背书，也不再"挑肥拣瘦"，防控风险水平、权益实现最大化，一定程度上解决了呆账、坏账的后顾之忧。

用证部门核实验证更加便捷高效。秒扫确认、核实，真正实现信息共享，也改善了对当事人的服务，使当事人少跑腿等，提升服务效能，解决行政管理部门难办事、难落实等棘手问题。人民法院既减负，还起到了公信与效率叠加的作用。公证机构是法定的证明机构，公证员是法律专业人士，债权文书赋予强制执行效力，基于这三要素，通过区块链公证完全可以把住市场民事主体交易安全的第一道关口。理论上，公证机构与法院构成了非诉讼纠纷预防与诉讼完整的司法体系。通过债权文书赋强公证减少和预防纠纷，一旦发生不信守承诺事件，则通过平台的联动机制快立、快审、快执，必要时公证机构参与和配合赋强公证的执行事务，能在一定程度上解决法院"案多人少"、执行难等问题，优化司法资源配置，使法官专注审判。

对于公证机构而言，提升与优化的意义凸显。尽管北京市中信公证处开展这项业务时间不长，还存在不少需要改进完善之处，但它带来的变化是显而易见的。一是拓宽服务领域，增加了业务量。在传统业务需求下降的不利条件下，区块链公证能够有效拓展新兴业务，增加公证法律服务的市场份额。对于一些业务好的公证处，还可以解决"证多人少"的矛盾。比如，中信公证处与国家体彩中心合作，在目前在售的高频游戏中加入开奖公证流程，涉及全国31个省（区、市），完全靠人力进行保全证据公证难以完成，引入区块链存证，不仅能保证开奖结果的公平、公正和有效，而且大大提高了工作效率。二是与法院和执行部门互动，有利于债权文书公证质量改进。债权文书具有强制执行效力，公证含量和要求高，通过建立公证与法院诉讼的衔接反馈机制，在法院指导下共同探索公证债权文书的完善，进一步明确强制执行公证债权文书的范围、公证机构签发强制执行证书前的核实程序、强制执行公证与法院审判（包括诉讼与执行环节）的衔接等内容，会极大提高债权文书公证质量。再比如，公证机构通过参与送达，可以进一步完善公证债权文书送达地址的确认条款；通过参与保全和执行（包括催告），可以实现公证债权文书的快速联动审查与执行，及时启动保全、执行程序，保护金融机构权益实现。三是能够提升公证人员综合素养。通过开展区块链公证业务，加强与法院的深度合作，可以充分汲取、借鉴和运用法院审判与执行部门的思维,对于公证机构、公证员转变作风、改进工作,提升专业化水平及公证文书制作内在质量,是显而易见的利好。四是促使公证机构对信息化建设更加重视,把减证便民、减少迂回跑腿真正落到实处。

3. 区块链公证注入行业转型升级的新动能

近些年,随着我国金融市场的发展,金融风险、纠纷预防、控制与化解的要求越来越高,金融对公证法律服务的需求也水涨船高,债权文书强制执行公证业务获得较大发展,公证在维护金融市场秩序和保护当事人合法权益方面发挥了显著作用,且越来越受到金融机构的重视。实证数据表明,公证在预防和迅速化解纠纷、替代和分流诉讼上起到了极为显著的作用。

说到底,公证是法律服务行业,生存发展之基重在创新中发展。公证行业在缺乏创新意识和能力方面有过深刻的教训,比如《司法部、建设部关于房产登记管理中加强公证的联合通知》被废止,上海涉外商品房买卖合同公证被取消,甚至公证行业存在被其他行业替代之虞,比如不断兴起的互联网技术公司开发的证据保全软件、在线合同签订软件等,对保全证据公证业务进行"跨界打劫"。我们公证同仁当自省自警、自我加压,努力实现跨越式发展。概而言之,公证是具有一定垄断性的服务行业,进入新时代,再不能养尊处优、囿于"以证换证""坐堂办证"等带"官办"色彩的传统手段和方式提供服务。作为法律服务业的重要一员,在互联网已经成为覆盖全社会的重要资源和在基础设施、经济社会中扮演越来越重要角色的新形势下,公证业当以对市场、用户、产品和公证制度专业优势的多维角度,重新审视和思考如何提供适销对路、优质高效的公证服务产品。这一共识已经成为中信公证处每个公证人员的行动准则和实践动力。只要尊重互联网行业发展的规律,把握区块链公证的特点,借助国家重视公共法律服务体系构建的有利时机,秉持守正、创新并重,做大做优,必能促进公证行业改变观念、增强自身改革的内生动力,进而推动整个行业的转型升级。

4. 制定业务规则,谨防区块链公证业务无序"裸奔"

互联网公证带来的服务方式革新、跨区域业务、竞争、隐私保护等一系列问题,希冀得到各级管理机关的关注和研究。对于这个行业的创新能动发

展,上级和同行应予包容支持。具体的建议如下:

第一,及时修订完善相关法律法规。创新需要有安全的制度与环境。当务之急是修订《公证法》《公证程序规则》《公证机构执业管理办法》等,使执业区域、电子公证书、远程网络办证有所遵循,形成共识,不能无序竞争、业内相煎,影响行业声誉和改革发展的外部环境。实践已经远远超前,除了财富传承等法律关系复杂、一些需要出现场的证据保全公证外,大量的公证事项运用远程视频、网络线上办理就能做到,然而公证的程序规则已经严重滞后,并且已经落后于法院、检察院系统的数字化水平和规则制定及其运用,亟需更新、完善。

第二,理性客观对待竞争关系。互联网平台的竞争与传统行业有很大不同,高频率、短周期,充满创新活力。对一些创新能力强、服务体验好的公证机构,慕名前来寻求优质服务的金融机构、银行包括找寻融资的客户会越来越多,甚至形成一家公证处市场份额独大、跨区域竞争的情况。也正因为如此,必然会出现对客户收费优惠、平均成本呈现递减的情况,这些都对传统办证规则、竞争逻辑提出了挑战。这就是经济学家所说的"网络效应"①、供给侧规模经济效应的规律性反映,本身并无过错,不能人为在政策方面强制性地加以时空上的限制,以致有损正当竞争和效率、当事人体验和获得感。对于业内有人担心业务集中流向少数公证机构,影响以传统方式提供债权文书赋强公证的公证机构平等参与和收入的想法,其实并不可取,因为一则潜在市场份额很大,一方面,对于借款数额较小的网络借贷,即使没有网络赋强公证,办理线下赋强公证业务的也较少,几乎不存在线上公证侵蚀线下公证业务一说;另一方面,仅以北京为例,因不了解赋强公证作用等因素,数千家金融机构、蓬勃发展的消费金融领域中申请办理赋强公证的比例相当低,公证市场前景广阔。二则对于担心有公证机构利用金融机构总部多地处北京的地理优势垄断全国其他地区公证业务的观点,现实中,线下的借贷及债权

---

① 《网络效应》,https://baike.baidu.com/item/网络效应/2127594? fr=aladdin,2019 年 11 月 5 日最后访问。

文书公证数量上远远高于线上公证。从借方当事人、企业和公民个人角度看，他们更不会舍近求远。

第三，公证机构及其公证员要谨慎作业。一是申请办理业务的金融机构以及投资公司、担保公司、咨询公司、小额贷款公司必须是政府清单上的，公证绝不能给非法民间借贷"背书"。二是开展线上业务过程中须以法律专业人士的角度谨慎审查合同协议、借据收据、欠条凭证，注意询问款项来源、交易习惯、经济能力、款项用途及当事人关系等事项，做到流程留痕。三是畅通网络、搭建平台，投入一点资金组织软件开发，增强安全性。还可以通过与法院联通的大数据分析，进行分析预警，防范非法借贷、"套路贷"等问题发生。四是应当组织精干力量，有条件的要设立专门部门，并开展人员专业培训。五是收费必须符合相关的办法和标准。

第四，总结可复制做法面上推广。作为先行先试的北京市中信公证处、杭州市互联网公证处、杭州市临安公证处等为数不多的公证机构，要注意总结提炼区块链公证业务规则，提供案例式指引，形成可复制推广的做法经验。建议司法行政主管机关、公证协会鼓励更多公证机构参与区块链公证业务，加强与人民法院之间的互动协作，引导广大企业和公民、金融机构深入知晓、更多选择运用区块链公证，享受其便捷精准、安全可靠、成本低廉的优质服务，同时扩大公证业务份额和公证工作的社会影响力。

当下，应当主动拥抱互联网时代，适应市场化、社会化、信息化的变革趋势，抱团作为，协力营造机会均等、合规服务、有序竞争、百舸争流好业态，为公证行业改革前行同步营造有利环境[①]。

四、区块链在公证领域实践中存在的问题

随着区块链技术在我国的迅速发展，其应用场景也愈加广泛，其中在金

---

① 闫雅强、施扬、解庆利：《北京市中信公证处区块链公证的实践和思考》，《中国公证》2019年第7期。

融应用方面最受关注，区块链整体来说是一个巨大的革命机遇，同时面临着巨大的挑战，并不是区块链技术本身的问题，而是法律方面的问题。区块链技术在金融领域的应用实践中出现的法律问题以及如何对其进行规制，是我们待讨论和研究的问题。

(一) 区块链在公证领域运行过程中所面临的挑战

自我信用背书——"证据自证"模式。在司法领域，区块链的证据属性究竟来自区块链技术的载体身份——这种情况下，电子数据往往转变为"书证"——还是基于区块链特性而成为一种实体证据？区块链证据具有何种法律效力？最引人注意的一个事实就是，区块链基于自身的技术特征实现了自我信用，即"证据自证"模式。这是法院承认区块链的证据效力的前提，也是区块链同其他电子数据的关键性差异。围绕这一客观情况，区块链证据的法律效力能否重塑电子数据证明力弱的缺陷，就成为区块链技术司法适用的最大疑问。

(二) 区块链法律服务缺失问题

随着区块链在各个行业尤其是金融领域的广泛应用，越来越多的企业开始投资区块链项目，利用区块链技术为企业带来新的契机和发展，把全国乃至全球区块链从业机构和企业整合到一个生态系统中。目前我国在医疗、电子政务、交通、供应链、金融、教育、文化等行业多有涉及，但相关企业提供的法律服务却是凤毛麟角，许多学者也正在倡导与相关的区块链行业研究机构、相关的区块链企业一起，专注研究和探索区块链行业法律服务模式。

涉及区块链企业的法律服务与一般的企业法律服务相比，既存在着共同之处，也存在着特殊之处。一是在建设涉区块链企业相关法律服务本身方面，孵化区块链技术企业，离不开政府政策的扶持，扶持政策的申请和落实，这一部分本身就需要法律服务。二是在涉区块链技术的具体法律服务方面，企业在对外合作过程中涉及具体项目时，律师需要具备相关法律知识，同时应该懂得区块链行业本身的运作模式，才能设计出符合行业要求的框架。比如委托开发合同，律师需要对区块链技术的应用有所了解和掌握，才能设计符合实际开发需求的合同。目前区块链的应用还处于尝试阶段，对于初创的企业而言，更加关注的是区块链企业的落地应用，相关的法律服务市场若要形成规模，还需要相当长的一段时间。

（三）区块链应用试点缺乏政策支持

区块链技术作为比特币最底层的技术被发现和挖掘，受到了人们的广泛关注。然而，随着七部委联合发布风险通知，明确比特币不具有合法地位，至此，区块链技术也开始备受质疑。实质上，比特币只是区块链的开场应用，针对以比特币为首的虚拟货币的取缔，并不能完全影响区块链技术在我国金融领域其他方面的应用。我国目前的政策趋向于将区块链与数字加密货币分开对待，但针对区块链具体应用情况，仍然因为政策扶持的缺乏限制了其广泛应用。《人民日报》曾分别以《三问区块链》《抓住区块链这个机遇》《做数字经济领跑者》为标题，讨论和赞赏区块链作为一种技术的先进性。可以看出，区块链应用试点的推行，必须加以政策扶持，否则将不利于此项技术在公证领域的长足发展①。

五、关于区块链在公证领域运用中的构想

（一）区块链在公证领域运用时的注意要点

第一，由公证机构承担起区块链技术证据保全应用的职责，将技术优势与国家公信力相结合，共同保障证据的客观、真实性。同时，公证机构也需将区块链技术运用流程提交人民法院备案，用"披露＋备案＋技术说明"的程序替代司法鉴定的高成本方式，保障证据保全程序的公正性。当然，公证机构在开展区块链存证业务时，需从社会需求角度出发设定合理的收费，降低取证成本。

第二，公证机构需按互联网法院《电子证据平台规范》的规定，实时将证据数据传输至电子证据平台，做好两个数据平台的对接工作。

第三，互联网法院在诉讼案件当中涉及电子证据平台证据调取的，应明

---

① 刘莹：《我国区块链技术在金融应用中的法律问题研究》，河北经贸大学 2019 年硕士学位论文。

确证据调取形式,按照《电子证据平台规范》规定的程序要求,由诉讼当事人向法院申请调取。

第四,互联网法院在办理涉及电子证据平台证据案件时,应在数据经证据平台传输至诉讼平台后,充分做好诉讼平台上的证据展示工作,设定合理的质证流程,保障案件当事人的质证权利。

(二)实施网络证据提取、保存、传输、下载、展示等工作所形成的优势

第一,国家公信力与司法公信力合力保障证据效力。

第二,公证处在技术保障资金上可获得国家财政支持,相比第三方存证企业主体来讲更能保证证据保全相关工作的纯粹性。

第三,证据从网络到区块链再到证据平台,最终运用在诉讼平台,全程均未下线,符合互联网审判的基本需求,更有利于互联网审判工作的开展。

第四,证据链条上主体简单、清爽,更能达到降低维权诉讼成本的初衷,避免市场化价格变动的影响①。

四、结语

法治的进步总伴随着科技与法律的相互摩擦。在区块链技术证据化应用实践的推动下,最高人民法院审判委员会制定并公布了《最高人民法院关于互联网法院审理案件若干问题的规定》。该规定第十一条第二款明确肯定了区块链的证据定位:"当事人提交的电子数据,通过电子签名、可信时间戳、哈希值校验、区块链等证据收集、固定和防篡改的技术手段或者通过电子取证存证平台认证,能够证明其真实性的,互联网法院应当确认。"这意味着,关于区块链技术的个案判断经由最高人民法院的司法解释,已经上升为司法职业共同体的共识性标准。虽然司法实务界目前还无法检验最高人民法院司法解释的合理性、科学性,但必须认真反思区块链证据合法化的系统性影响。

---

① 童丰:《公证介入区块链技术司法运用体系初探——从杭州互联网法院区块链存证第一案谈起》,《中国公证》2018年第9期。

例如，区块链证据的合法化是否会改变当事人的存证类型、存证态度；区块链证据是否会取代其他证据类型；受区块链技术证明力的驱使，电子数据内部将产生何种分化。对于上述设想，单纯地分析一起信息传播案，难免引发样本不足和判断失衡的嫌疑。为此，引入电子数据的系列性裁判，以及传统电子数据与区块链证据的比较分析，不失为一种更为科学和可信的方案[1]。

区块链证据的司法审查。由于缺乏审查区块链证据的有效经验，杭州互联网法院对区块链证据的可采信性保持了审慎的审查态度。该法院分别从"区块链的法律性质""存证平台的资质审查""取证手段的可信度审查"以及"区块链证据的完整性审查"四个方面，对涉案区块链证据的有效性进行了系统论证[2]。与此同时，杭州互联网法院仅将区块链证据作为证据链中的一个普通证据——技术公证与存证平台资质似乎发挥了主要证据作用——却未真正体现区块链技术的去中心化存储、去信任等特点。

作为一项新兴技术，区块链最有法学价值之处在于，其为法学界和法律实务界引入了一种有别于传统电子证据论证模式的"证据自证"模式。在不久的将来，"所有涉及记录和验证的领域，包括司法过程中的证据保存、提交和验证，都可以借助区块链技术来完成"[3]。区块链能够清晰地展现出交易物品的真实存在状态及其流转过程。可以说，区块链技术的不可篡改性和安全性共同建立起一个互联网系统的"信用共识机制"，甚至成为"下一代全球信用认证和价值互联网的基础协议之一"[4]。因此，区块链在公证领域中的运用前景值得翘首期盼。

---

[1] 张玉洁：《区块链技术的司法适用、体系难题与证据法革新》，《东方法学》2019年第3期。
[2] 童丰：《公证介入区块链技术司法运用体系初探——从杭州互联网法院区块链存证第一案谈起》，《中国公证》2018年第9期。
[3] 郑戈：《区块链与未来法治》，《东方法学》2018年第3期。
[4] 张波：《国外区块链技术的运用情况及相关启示》，《金融科技时代》2016年第5期。

论不动产登记机构登记错误赔偿责任性质

刘 果[*]

摘 要：近年来，各级人民法院尝试解决不动产登记机构登记错误赔偿问题，目前的以行政诉讼为主、先国家赔偿后追偿的方式，既有其合理性，亦存在缺陷。讨论登记错误赔偿责任的性质，需以"登记错误"的界定为前提；"登记错误"非为结果意义的错误，登记机构的过错是其承担责任的基础。从登记错误类型来看，混合侵权下的责任性质更为复杂，也是需要解决的核心问题。本文结合涉及不动产登记错误赔偿责任立法变迁与司法实例，借鉴域外对权利登记与管理登记的区分和审查模式的要求，围绕我国物权变动模式和不动产登记以形式审查为主的特点，探讨不动产登记机构登记错误赔偿民事责任合理性，以期有益于民法典物权编的完善与理解。

关键词：不动产登记 登记错误 赔偿责任

一、问题的提出

《民法典分编草案》第十八条规定："当事人提供虚假材料申请登记，给他人造成损害的，应当承担赔偿责任；因登记错误，给他人造成损害的，登记机构应当承担赔偿责任。登记机构赔偿后，可以向造成登记错误的人追偿。"该条文承继《中华人民共和国物权法》（简称《物权法》）第二十一条

---

[*] 本文获2019年度"宝山公证"杯"产权、登记和公证"有奖征文二等奖。刘果，中国政法大学2021级民商法学博士研究生，德国汉堡大学联合培养博士研究生。

的规定，重申了不动产登记机构登记错误之责任承担，未予任何修改。从条文描述来看，所谓"登记错误"似乎为结果意义上的错误；条文虽未明确登记错误赔偿责任性质，立法及其释义倾向认定其属国家赔偿，属行政诉讼受案范围。

上述认定，暂时为不动产登记机构登记错误赔偿提供了一条相对较为合理的解决路径，细究下却存在诸多问题。结果意义上的"登记错误"，不当地扩大了登记机构赔偿范围，而在现有资源框架内，也很难妥当解释登记错误归责问题；除此之外，赔偿责任性质的不明确，使得司法实践认定标准不一、法律适用混乱。

纵观近几年关于登记错误赔偿的案例，司法实践对如何认定责任性质犹疑不定[①]。

甘肃省高级人民法院（2014）甘行赔终字第 2 号行政赔偿判决书虽未直接审理民事侵权纠纷，但在认定平凉市人民政府存在审查过失、者清芳系直接侵权人前提下，酌情认定平凉市人民政府承担百分之五十的国家赔偿责任，实质是按过错由侵权人承担百分之五十的民事责任；该裁判以行政诉讼确定各侵权方造成损害的原因力大小并确定责任份额，受害人若另行提起民事诉讼，也要受到该"百分之五十"份额划分之既判力的限制。由此，当事人分别提起行政诉讼、民事诉讼各自追偿的诉讼模式，无法合理确定各责任方责任份额，也容易产生行政诉讼审理民事侵权、民事诉讼判断行政机关违法性与责任大小的怪异之事。类似案例见安徽省安庆市中级人民法院（2017）皖 08 行赔初 6 号行政赔偿判决书。

河南省高级人民法院（2016）豫民申 376 号民事裁定书则认为，不动产登记损害赔偿责任性质为国家赔偿责任，不属民事诉讼主管范畴。持相同观点认为不动产登记错误系国家赔偿责任的类似案例见青海省高级人民法院（2016）青行申 17 号行政裁定书、黑龙江农垦中级法院（2016）黑 81 行终 4

---

① 以《物权法》第二十一条原文为关键词，或以不动产、登记错误、赔偿责任为关键词在无讼网搜索，共得裁判文书 369 篇，法院直接认定应属行政责任的有 101 篇，认定应属民事责任的有 9 篇。

号行政判决书、(2015) 靖民一初字第 385 号民事判决书、(2015) 盘中民终字第 00227 号民事裁定书、(2015) 商民终字第 1600 号民事裁定书、(2016) 桂 1102 民初 2214 号民事判决书、(2017) 川 11 民终 1643 号民事裁定书、(2017) 粤民申 1598 号民事裁定书、(2015) 商民终字第 2111 号民事裁定书、(2017) 川 11 民终 1037 号民事裁定书和 (2017) 渝 04 民终 418 号民事裁定书。

江苏省高级人民法院 (2015) 苏审三民再提字第 00001 号民事判决书认为，依据《中华人民共和国民法通则》(简称《民法通则》) 第一百二十一条之规定，国家机关因执行职务造成损害的未被排除民事侵权事由范围之外，因登记机构过失导致不动产登记错误提起的侵权之诉属民事案件受理范围，并以《中华人民共和国侵权责任法》(简称《侵权责任法》) 第十二条分别确认登记机构与其他侵权人之责任份额，该判决将不动产登记错误赔偿纳入民事侵权领域之内，认为其性质为民事责任。持相同观点判决参见 (2015) 徐民终字 02361 号民事判决书、(2017) 浙 0603 民初 854 号民事判决书、(2015) 抚中民终字第 00357 号民事判决书、(2014) 北民初字第 890 号民事判决书、(2015) 石民终字第 1006 号民事判决书。

值得一提的是，仅少部分判决认定登记错误赔偿系民事责任，而绝大多数判决，或认为登记为具体行政行为，违法登记属行政责任，或依照《中华人民共和国国家赔偿法》(简称《国家赔偿法》) 第一条至第四条，认为登记错误违法的属国家赔偿，并应以国家赔偿构成要件判断责任是否得以成立。前者参见 (2016) 桂 1102 民初 2214 号民事判决书、(2015) 杭经开行初字第 6 号行政判决书；后者参见 (2017) 桂 01 行终 239 号行政裁定书、(2017) 黔 02 行赔终 28 号行政赔偿赔偿判决书、(2013) 穗中法行终字第 711 号行政判决书、(2017) 皖 15 行赔终 9 号行政裁定书、(2016) 鲁 0104 行赔初 1 号行政判决书、(2016) 青行申 17 号行政裁定书。

有判决认为，起诉登记机构的行政诉讼，登记错误被认定行为违法的，应依据《物权法》第二十一条先予赔偿，后向责任人追偿。参见 (2016) 黑 81 行终 4 号行政判决书、2017 粤 18 行终 112 号行政判决书、(2014) 菏行终字第 115 号行政判决书、(2017) 琼 96 行赔终 3 号行政判决书、(2017) 粤 71 行终 278 号行政判决书、(2016) 黑 81 行终 5 号行政判决书、(2017) 黔 02 行赔终 28 号行政判决书、(2014) 安中行终字第 81 号行政判决书、(2017) 黔 0221 行赔初 4 号行政判决书、(2016) 皖 17 行赔终 1 号行政判决书、(2014) 安中行终字第 81 号行政判决书、(2016) 鲁 0283 行初 146 号行政判决书、(2016) 豫 10 行终 44 号行政裁定书、(2018) 赣 09 行终 51 号行政判决书。

尚有部分民事判决，认为登记错误属行政责任，不属民事主管范围，但多未明确依据，笼统地说"属于国家赔偿"并驳回起诉或驳回诉讼请求；或说明应依据《国家赔偿法》第二条。参见 (2015) 靖民一初字第 385 号民事判决书、(2015) 盘中民终字第 00227 号民事裁定书、(2015) 商民终字第 1600 号民事裁定书、(2016) 桂 1102 民初 2214 号民事判决书、(2017) 川 11 民终 1643 号民事裁定书、(2017) 粤民申 1598 号民事裁定书、(2015) 商民终字第 2111 号民事裁定书、(2016) 豫民申 376 号民事裁定书、(2017) 川 11 民终 1037 号民事裁定书、(2017) 渝 04 民终 418 号民事裁定书。

除此之外，绝大部分判决并未言明判决性质，而直接以行政违法判决登记机构负赔偿责任。

此外，在认定为行政责任前提下，各法院认定"直接损失"范围标准亦不尽相同，责任形态的认定亦殊值商榷。最高人民法院出台《最高人民法院关于审理房屋登记案件若干问题的规定》与《最高人民法院关于适用〈中华人民共和国物权法〉若干问题的解释（一）》后，多将不动产登记错误纠纷纳入行政诉讼范畴，赔偿上采先国家赔偿后追偿的方式。

事实上，以行政诉讼解决不动产登记错误赔偿案件，不可避免地要涉及行政机关与其他侵权人承担责任的份额问题，该问题直指造成侵权损害原因力大小的判断与过失大小的衡量，本质属民事侵权案件审理的范围。现今判例在行政诉讼不审理民事纠纷的前提下，"酌情"判断行政机关因过失造成损害而应承担的份额，不甚妥当；2015 年《最高人民法院关于适用〈中华人民共和国行政诉讼法〉若干问题的解释》第十八条、第十九条规定行政诉讼可以一并审理民事争议，但该规定并非认同所谓"行政附带民事"的诉讼模式，而仅是在行政诉讼中赋予法院一并审理民事纠纷的权力，相应的民事纠纷仍应单独立案。该规定似为行政诉讼审理不动产登记错误纠纷提供了可行之道，但自本文完成之时，似尚无实例。尚有行政诉讼起诉条件、国家赔偿构成、赔偿范围等与民事责任的不同，也使不动产登记机构登记错误赔偿责任属行政责任的合理性受到质疑。

综上，问题产生的根源在于现有立法对"登记错误"的界定不清不楚，赔偿责任性质也未作具体规定，由此带来司法适用中的模糊；除此之外，司法实践中行政责任国家赔偿的责任模式是否合适，相较民事责任有何优劣，亦是值得探讨的问题。本文尝试以解释论为基础，结合不动产登记错误赔偿责任立法变迁，围绕我国物权变动模式和不动产登记以形式审查为主的特点，兼从立法论的角度探讨针对不动产登记机构登记错误采用民事赔偿方式的合理性，以期有益于《民法典》物权编的完善与理解。

二、登记错误概念界定与责任性质

（一）登记机构登记错误概念界定

1. 解释论下的"登记错误"

依《物权法》第二十一条第二款之规定，所谓登记机构"登记错误"，未明确要求登记机构存在主观故意或过失，似乎为结果意义上的登记错误，即无论登记机构工作人员是否存在过失，登记机构应先行向受害人赔偿，并有权向造成登记错误的人追偿。事实上，结果意义上的"登记错误"，概念过于宽广，使得凡登记机构记载于登记簿的权利内容与客观事实不一致时，皆属于《物权法》第二十一条的规制范围，如多人出资共有房屋登记在一人名下，或不动产作为遗产被继承但尚未变更登记等。如此解释，既不利于纠纷的解决，也扩大了登记机构承担责任的范围。由此，"登记错误"应至少要求登记机构工作人员存在过失。具体的解释途径或可存在两种：

对"错误"进行限缩解释。一方面，《物权法》第二十一条第一款要求"提供虚假材料"，即要求申请人主观故意，依体系解释，第二款之登记错误，

"错误"即指过失①。另一方面,《侵权责任法》中无过错责任有明确规定,在《物权法》未明确为法定无过错责任时,仅以条文不存在"过错"等主观状态描述即认定为无过错责任,论据稍显匮乏。事实上,在专家建议稿及诸多学者论述中,皆认为应要求登记机构工作人员有过错②。除此之外,司法判例中也多要求登记机构工作人员存在过失乃至重大过失③。由此,《物权法》第二十一条第二款所谓"登记错误",应限缩解释为"工作人员至少存在过失导致登记错误"。

当然,严格遵从条文之文义,也并非不存在解释途径。有观点认为,该条款所谓"登记机构应当承担赔偿责任",是指登记机构之替代责任,该责任以工作人员过错侵权为前提;"替代责任"本身不要求登记机构存在主观过错,系无过错责任④。

《民法典分编草案》第十八条对《物权法》第二十一条只字未变。应当指出的是,上述两种解释途径,前者稍显勉强:一是法律条文款项间同一法律概念含义也可能不尽相同,前款以过错归责,后款不必然得出以过错归责的结论;二是《侵权责任法》第七条授权"法律规定的参照其规定",《物权法》也可以创设无过错责任方式的具体情形。后者解释理由相对较为合理,但仍然需要遵循"登记机构工作人员存在过错"这一前提性条件,且登记机构"替代责任"的责任范围也以"工作人员过错"为基础,所谓"登记机构责任"与"工作人员责任"基本等同。

由此,依据现有的《物权法》及《民法典分编草案》对"登记错误"的规定,解释论上得出"工作人员过错导致登记错误",论据稍显匮乏且不甚明了;《民法典分编草案》或可于第十八条第二款直接明晰"因过错登记错误……",更易理解与适用。

---

① 参见杨立新:《论不动产错误登记损害赔偿责任的性质》,《当代法学》2010年第1期。
② 参见梁慧星主编:《中国物权法草案建议稿:条文、说明、理由与参考立法例》,社会科学文献出版社2000年版,第139页;姚辉:《不动产登记机构赔偿责任》,《法学》2009年第5期。
③ 如上文所举案例。
④ 参见刘保玉:《不动产登记机构错误登记赔偿责任的性质与形态》,《中国法学》2012年第2期。

2. 登记错误赔偿的程序选择

从"登记错误"的外延来看,可分类如下:一是单独由登记申请人故意或过失造成登记错误并致人损害。在此种情景下,登记机构尽到了合理的审查或注意义务仍未发现错误登记,由申请人单独承担全部责任。二是单独由登记机构故意或过失导致受害人损失。三是由登记申请人与登记机构工作人员混合侵权,表现为双方恶意串通损害第三人利益,或共同过失,或一方过失一方故意。此种情形下的赔偿责任性质的确定也最为棘手,是下文主要探讨的内容。除此之外,在任意情形下,受害人自身未尽合理注意义务亦应担责。

就前两种情形,单独走行政诉讼或民事诉讼,在构成要件、赔偿范围等有所不同,但并无程序法上的障碍;而在混合侵权的情形中,受害人主张何种诉讼程序却有较大争议,其实质是对登记错误登记机构赔偿责任性质的不同主张。有学者认为,单独由行政机关登记错误的,是纯粹的行政争议,应由行政诉讼解决①。事实上,造成受害人损害的原因来自多方,各方应承担责任的比例如何,需要进入诉讼程序,由法院实体审理后方能知晓,若将不同类型的登记错误设定以不同的诉讼方式解决,既浪费司法资源又增加当事人诉累。由此,为了建立统一的赔偿方式,明确司法适用、减少当事人诉累,各情形下的诉讼程序亦应当相同;混合侵权下受害人以何种诉讼模式主张权利,直接影响到前两种类型下受害人应提起何种诉讼②。因此,下文主要探讨混合侵权下赔偿责任的性质。

(二) 赔偿责任性质的争议

1. 立法变迁评析

早在 1986 年,《民法通则》第一百二十一条即对国家机关工作人员执行职务致人损害作出规定,认为由国家机关或工作人员承担民事责任,最高人

---

① 参见张步峰、熊文钊:《行政法视野下的不动产物权登记行为》,《行政法学研究》2009 年第 1 期。

② 从立法论的角度,即使是单独由登记申请人造成的损害,受害人也可以行政诉讼的方式主张权利;即使单独由登记机构造成的损害,受害人也可以民事诉讼要求获得赔偿。立法或司法的选择,主要取决于对混合侵权下赔偿责任性质的确认,并以此确立前两种情境下的诉讼方法,以期最终建立起统一的登记错误登记机构赔偿模式。

民法院《关于贯彻执行〈中华人民共和国民法通则〉若干问题的意见(试行)》第一百五十二条规定由国家机关承担民事责任。1994年，《国家赔偿法》(2012年修改)第四条对国家赔偿的范围作出规定，并在第四项以"其他违法行为"的方式留下解释的空间，立法小组编纂的释义将其解释为"行政机关违法的裁决行为、检查行为、命令行为以及不作为行为可能侵犯公民财产权的行为；行政机关怠于履行法定职责和法定义务的行为也是典型违法行为"①，严格限定了国家赔偿的范围。即使在2012年修法中，在总则第二条删除了饱受争议的"违法"二字，法条在涉及具体的责任类型与责任承担上，仍然含有"违法"要件。而登记机构登记错误，工作人员登记行为是否在任何情境下均具有"违法性"，仍有待商榷，如申请人恶意提供虚假材料、工作人员尽到合理审查仍不能发现错误时办理的登记②。实务界亟需针对登记错误赔偿责任的专门立法。

在《物权法》立法过程中，针对赔偿责任的性质及其诉讼方式有较多的讨论，学界观点不一，在立法者综合考量下，形成了较为原则性的第二十一条规定③。该规定明确了行政机关先行赔偿，虽未明确赔偿责任的性质、登记行为的含义、诉讼方式的选择，但宽泛的规定也为司法解释或专门的不动产登记规定留下了空间。但从《物权法》对"登记错误"的定性上看，倾向于结果意义上的错误，并未强调登记机构工作人员登记行为的"违法性"，与《国家赔偿法》的赔偿范围不甚相符。随后，2009年《侵权责任法》颁布，针对第三十四条第一款的"用人单位"，法工委释义认为包括"国家机关"，同时认为"对于属于国家赔偿范围的，适用国家赔偿法的规定"。但相较于《民法通则》的规定，《侵权责任法》并未更进一步就登记错误作出专门规定，也

---

① 参见马怀德主编：《中华人民共和国国家赔偿法释义》，中国法制出版社2010年版，第42页。

② 如《国家赔偿法》第三条、第四条、第十七条、第十八条、第三十六条和第三十八条，尤其是第四条所谓"其他违法行为"，"违法"如何界定亦有一定争论(见杜仪方：《行政赔偿中的"违法"概念辨析》，《当代法学》2012年第3期)。从另一个角度来说，在《侵权责任法》中，过错是否一定具有违法性本身就是一项极难判断的问题。

③ 参见王利明主编：《中国物权法草案建议及说明》，中国法制出版社2001年版，第188页；梁慧星主编：《中国物权法草案建议稿——条文说明、理由与参考立法例》，社会科学文献出版社2000年版，第180页，及相关物权法草案。

仅是原则性地指出存在两种分别适用的情形。至此，涉及不动产登记机构登记错误赔偿责任的法律已基本成型，但并未从实务上解决该问题。

2010年最高人民法院《关于审理房屋登记案件若干问题的规定》第一条、2014年《不动产登记暂行条例》第二条对"登记行为"作了定义，认定其是指不动产登记机构将法定事项记载于不动产登记簿的行为。官方释义认为，登记行为是由国家干预的行政行为，登记错误应寻求国家赔偿[1]。从《不动产登记暂行条例》第二条对不动产登记的定义来看，倾向于视登记行为为具体行政行为。与此相对应的，2016年《最高人民法院关于适用〈中华人民共和国物权法〉若干问题的解释（一）》第一条，将适用民事诉讼的不动产登记纠纷限定在因买卖、赠与、抵押等不动产物权基础行为产生争议范围之内，并明确可以在行政诉讼中一并审理民事纠纷。该条隐含了其他非因基础行为引起的不动产登记纠纷应以行政诉讼解决的意蕴。由此，立法与实务中，将登记行为认定为具体行政行为，主要以行政诉讼处理不动产登记机构登记错误纠纷似已成定局。

《民法典分编草案》物权编第十八条重申了《物权法》第二十一条之规定，未予任何修改。两部法律皆肯定了行政机关先行赔偿的责任承担方式，但并未明确赔偿责任性质；而混合侵权下赔偿责任性质的明确，直接影响诉讼模式的选择及相关配套措施的建立，仍是一个需要探讨的问题。

2. 理论争议

就混合侵权下赔偿责任的性质，各学者角度不同，得出的结论各不相同。综合来看，主要有民事责任说、行政责任说和责任不明说。有学者为更准确、方便地体现各性质赔偿责任导致的诉讼方式的不同，以可选择的诉讼方式将其划分为民事诉讼说、行政诉讼说、民行区分说与行民统一说[2]。笔者期以赔偿责任为核心，在理论争议方面着重探讨责任的性质，而诉讼方式的选择在

---

[1] 国土资源部政策法规司国土资源不动产登记中心编著：《不动产登记暂行条例释义》，中国法制出版社2015年版。

[2] 参见龙卫球：《不动产登记性质及其纠纷处理机制问题研究——兼评〈物权法司法解释（一）〉第1条》，《法律科学（西北政法大学学报）》2017年第1期。

下文结合案例进行更为详细的讨论。

民事责任说认为,登记行为只是对法律事实的确认,而非创设一项权利,起到公示公开的作用;不动产物权变动的前提是当事人产生合意,登记仅为公示①。也有学者从不动产登记制度的功能角度出发,认为登记仅"间接的具有行政管理的因素",并将登记机构的登记行为定性为当事人申请登记的基础行为的补助行为②。有学者从立法论的角度,借鉴日本学者的观点,在区分权利登记与管理登记的基础上,肯定权利登记的独立性,注意不动产物权登记"两体两面"的特性,将不动产权利登记的相关问题纳入民事领域③。

行政责任说认为,登记机构的登记行为是具体行政行为,造成的损害属国家赔偿的范围;有学者认为登记行为体现的是国家对不动产物权变动的干预,此种干预旨在保护当事人合法权益,是国家公权力的体现,如房地产管理部门依其职权实施权属登记,当事人就其侵害应寻求国家赔偿④。

责任不明说认为,不动产登记机构赔偿责任的性质,需根据其主管部门、管理方式等的不同确定,有待行政管理制度改革后加以明确;也有学者从国家赔偿的构成要件的角度,认为登记机构登记错误的行为是否属于国家赔偿法中的"违法行为"尚无定论,责任不明⑤。

从上述可知,不动产登记机构登记错误赔偿责任性质争论的核心是登记行为概念界定。站在中立的立场上,因登记行为涉及当事人申请登记与登记机构记载登记簿两方面的内容,着重论述任一方面或突出一方面的作用,将使"登记行为"偏向于民事行为或行政行为。而纵观立法与司法实务的发展,

---

① 参见王利明主编:《物权法》,中国人民大学出版社 2015 年版,第 66 页。
② 参见刘保玉:《不动产登记机构错误登记赔偿责任的性质与形态》,《中国法学》2012 年第 2 期。
③ 参见龙卫球:《不动产登记性质及其纠纷处理机制问题研究——兼评〈物权法司法解释(一)〉第 1 条》,《法律科学(西北政法大学学报)》2017 年第 1 期。
④ 应当注意的是,诸多学者的相关论著多出现于《国家赔偿法》(2010)、《不动产登记暂行条例》(2015)颁布之前,自完稿之时,尚未发现有新观点。见吴汉东、陈小君主编:《民法学》,法律出版社 2013 年版,第 229 页;梁慧星主编:《中国物权法草案建议稿——条文、说明、理由与参考立法例》,社会科学文献出版社 2000 年版,第 139—141 页;陈华彬主编:《民法物权论》,中国法制出版社 2010 年版,第 122—123 页。
⑤ 参见江必新、梁凤云:《物权法中的若干行政法问题》,《中国法学》2007 年第 3 期;胡康生编:《中华人民共和国物权法释义》,法律出版社 2007 年版,第 64 页。

视"登记行为"为具体行政行为似已无异议,并因此顺理成章地将不动产登记错误纠纷纳入行政诉讼范畴,同时通过对《物权法》第二十一条的相关解释,先国家赔偿后追偿的救济模式较多为法院所认可。

事实上,登记行为是否体现较强的国家干预,以及此种干预是否应当承担相适应的责任,应当综合干预的方式、范围、程度等因素,从不动产行政管理部门对不动产物权变动的审查方式上确定。

三、不动产登记机构登记错误赔偿民事责任证成

随着行政体制改革的深入,专门的不动产登记法律法规的健全与司法实务的实践,逐渐形成如今的不动产登记机构登记错误赔偿纠纷解决模式;《最高人民法院关于适用〈中华人民共和国物权法〉若干问题的解释(一)》亦体现了最高人民法院对该问题的态度。但如上文所述,以行政诉讼为主、先国家赔偿后追偿的诉讼模式,仅暂时为该问题的解决提供了一条较为合理的路径,赔偿责任性质的讨论仍具有一定的现实意义,本文兼从立法论的角度讨论登记错误赔偿民事责任的合理性。

(一)不动产物权变动模式与赔偿责任的关系

对比我国不动产物权变动模式及登记审查方式与域外不动产登记制度,登记行为在不同物权变动模式下对物权变动的影响亦不甚相同,而各国对不动产登记申请材料审查方式的差异化对待,也体现了行政机关对不动产物权登记干预的程度,以及对公示信息信用担保程度的轻重。

1. 不同不动产物权变动模式下登记的作用

形式主义强调除当事人意思表示外,应有登记以公示,两者具备则发生物权变动,较意思主义,其体现的国家干预较强;登记生效与登记对抗在法律效果上的区别,主要体现在物权变动节点的不同,因而导致"登记"的公信力对第三人的保护不同。比较而言,登记对抗模式中,当事人意思表示或实际权利人与记载于登记簿的内容可能存在更多的不一致。对第三人而言,登记生效模式中,国家对交易信息进行信用担保的程度较高,国家就其信用

担保承担更高的义务与责任。

2. 不同登记模式下登记审查方式对赔偿责任的影响

一般来说,形式主义或托伦斯登记采取实质审查的方式,如澳大利亚对不动产登记进行实质审查;德国不动产登记要求当事人在申请登记前就相关事项进行公证,该公证审查亦为实质审查。而"契据登记模式下,登记机构多以形式审查,国家并未以其信用作保证"[①]。

我国主要采债权形式主义的物权变动模式,但登记机构对登记申请材料的审查以形式审查为主、实质审查为辅[②]。由此可知,我国不动产登记既体现国家信用对公示效力的担保(即公信力),又因无实质审查导致其公信力度十分有限。不动产权利人、权属内容一般以公示信息为准,但真实权利人有证据证明时,由真实权利人享有权利,《最高人民法院关于适用〈中华人民共和国物权法〉若干问题的解释(一)》第二条亦予以印证。综上,不难看出,我国不动产登记管理部门在形式审查之下可能未就不动产登记权利人及相关事项进行全面、真实的记载,却又给予其较重的对登记信息公信力的担保。由此观之,形式审查为主的模式下,不宜赋予登记机构过重的行政责任。

事实上,登记机关仅进行"形式审查"或仅履行行政管理性职能,逐渐成为大多数国家的做法。美国法上的登记制度或可作为极端例子的表现:登记机关几无审查职责,其责任仅在于保障登记系统正常运行[③]。相对应的,若由行政机关进行实质审查——如我国《物权法》第十二条规定"登记机构必要时可实地查看",涉及对物权范围甚至种类的确定,当然应由司法机关进行确认,行政机关即使"实地查看",亦无权力确权。由此,不动产登记形式审查应是登记机构主要职责,并无不当。即使如此,也并非任由国家公信力为"形式审查"买单,登记机构在登记之前,可由申请人就其提供材料的真实性作担保,要求当事人就材料真实性提供司法判决、仲裁或公证[④]。究其本质,

---

① 参见楼建波主编:《域外不动产登记制度比较研究》,北京大学出版社2009年版,第142页。
② 参见魏振瀛主编:《民法》(第四版),北京大学出版社2010年版,第230页。
③ 参见高圣平:《动产抵押登记的审查责任——基于裁判分歧的分析和展开》,《法学评论》2018年第1期。
④ 参见李鹿野:《比较法视域下中国不动产登记制度之建构》,《学习与实践》2016年第1期。

是将不动产登记去行政化，并区分权利登记与管理登记。

（二）区分权利登记与管理登记之实益

区分权利登记与管理登记，既是行政管理的需要，也是实务区分对待基础关系引发的民事诉讼与登记引发行政诉讼的基石。权利登记为设权性登记，登记机构往往要确保真实权利人及相关客观事实与登记簿的记载完全一致，因此登记具有完整的公示公信力。也正因此，登记机构对申请材料的审查较为严格，即使在登记时采"形式审查"，也往往通过前置审查程序，如仲裁、公证等对申请材料真实性进行确认。在仅为"形式审查"的"权利登记"中，公权力一般较多地介入私权利变动中。非设权性登记或注册登记、管理登记，登记仅客观记载，更类似于备案，仅起到公示作用，以对抗善意第三人。我国的不动产登记具有公示公信力，偏向权利登记，但也更为强调国家的登记管理功能。登记机构在"形式审查为主"的大前提下，无法对当事人申请材料真实性进行确认；行政机关对私权利进行确认与变动，本就超越了行政权力的范畴，而在我国未建立相应的前置审查或其他制度进行实质审查以实现完整的权利登记前，不得已赋予公权力较大的权力介入私权利变动中，使得我国不动产登记制度颇为独特。

从目前的立法与司法实务中看，偏向于认定登记是具体行政行为并以行政诉讼解决相应的登记纠纷，也体现国家公权力对不动产物权变动较大的干涉。在我国不动产登记制度逐渐完善，权利登记内容完整之后，当事人申请登记材料的真实性问题，要么由当事人保证，要么交由公证或仲裁机构确认，而登记机构仅就登记的合法性审查进行单纯的"形式审查"。由此，不动产登记机构登记错误之赔偿，应由担保申请材料"真实性"之责任主体即提供申请材料的当事人或公证机构承担，从而将登记错误赔偿责任纳入民事责任的范畴之中。

除此之外，完善权利登记制度，认定不动产登记错误赔偿为民事责任，不影响登记机构先行赔偿。登记机构的性质不应成为决定登记错误赔偿责任性质的唯一因素，即使是统一的不动产登记机构由行政机关设立或登记管理职责由行政机关承担，也可以由民事诉讼解决相应的登记错误纠纷，权利登记下,登记机构的登记仅为"形式审查"下的"备案"。登记机构先行赔偿,是实现尽快保护受害人利益的最好方式;同时,按比例抽取登记费用建立登记赔偿基金,或增加不动产登记赔偿保险、职业责任险等,以使登记机构先行赔偿的费用独立于国家财政,对此,有地方已先行试点[①]。

(三) 不同赔偿责任利弊比较

应当说,在现有制度框架下,民事责任与国家赔偿各有优劣;从登记错误赔偿制度与民法典的完善来看,民事责任对该问题的解决要远优于国家赔偿。结合案例,就主要的四个方面探讨不同赔偿责任利弊,并提出登记错误民事责任在诉讼中的特殊性。

1. 维权时间

从维权时间来看,国家赔偿存在前置程序且时效期间较短。虽然依据相关规定,当事人向义务机关直接申请赔偿以两个月为限、一审行政诉讼程序以三个月为限[②],要少于民事诉讼一审审理期限六个月的规定,但就上述实践案例,登记错误损害赔偿的诉讼一般是由当事人先行提起行政诉讼确认登记机构具体行政行为违法或查明登记错误事实后,当事人另行提起国家赔偿,一般少则两年多则四年以上,才能拿到国家赔偿,如前述案例安徽省高级人民法院(2016)皖行终268号行政判决书、安徽省安庆市中级人民法院(2017)皖08行赔初6号行政赔偿判决书。

为实质性解决行政争议、节约司法资源,《最高人民法院关于适用〈中华人民共和国行政诉讼法〉的解释》第一百三十七条至第一百四十四条规定了所谓"行政诉讼一并审理民事争议",或可减少当事人维权时间。在行政诉讼中,被告为不动产登记管理机构,民事被告为提供虚假材料等造成登记错误的民事主体,即使限于行政审判的专属管辖,行政审判仍应以民事诉讼的结果为前提。此或许亦是登记错误民事责任在诉讼中的特殊性。

[①] 不动产登记赔偿基金如深圳、台湾。深圳市《深圳经济特区房地产登记条例》第五十四条要求深圳建立赔偿基金,2013年修订后,该赔偿基金另行规定,并逐步试点职业保险基金。

[②] 《最高人民法院关于审理行政赔偿案件若干问题的规定》第二十二条:"赔偿请求人单独提起行政赔偿诉讼,可以在向赔偿义务机关递交赔偿申请后的两个月届满之日起三个月内提出。"

除此之外，诉讼时效系权利实现的重要因素。行政法上的诉讼时效，系法定起诉条件之一，法院可径行援引；民事诉讼上的诉讼时效经过，采抗辩权发生说，当事人仍有救济的可能。在笔者整理的判决中，当事人寻求国家赔偿，一般以确认行政违法为前提，多有时效经过以驳回之情形发生。

2. 举证责任

行政赔偿遵循行政诉讼程序，采被告举证，即由被告行政机关就其具体行政行为合法举证，较民事"谁主张谁举证"更易保护受害人利益；但在过错责任的框架下，考虑登记信息等多由登记机构保存、受害人难以获取证据等因素，可设立过错推定化解双方信息不对称的问题。

事实上，倘若将申请材料的真实性交由当事人负责或由其他前置司法程序解决，建立完整的权利登记制度，则登记机构可进行"纯粹形式审查"，大大减少登记机构的职责，登记错误的责任将大多转移到公证或当事人方，登记机构在登记错误赔偿案件中扮演的将多是辅助受害人寻找证据、弥补损失的角色。设置过错推定，促使登记机构与受害人共同维权更利于登记错误纠纷的解决。

3. 归责方式

依《国家赔偿法》第二条，国家赔偿采"违法责任原则"，其与民事侵权中的归责方式亦多有不同。如前文所述，《物权法》第二十一条第二款应采过错原则，但过错是否属于"违法"情形，仍需深入考察。事实上，在我国"形式审查为主"的不动产登记审查模式下，审核的事项较少，登记机构工作人员的职责较轻；若由登记机构对不动产登记进行实质审查，本质是要求登记机构对不动产登记的真实性负责，当登记簿记载的权利事项与实际不一致时，登记机构多未尽到审慎职责，属"违法"，符合国家赔偿要求。但在形式审查下，材料真实性、合法性的责任非由登记机构承担，登记机构须存在"重大且明显违法"时才承担行政赔偿责任[①]。相较于民事侵权过错责任，其要求要严格许多。

---

① 参见江必新、梁凤云：《物权法中的若干行政法问题》，《中国法学》2007 年第 3 期。

纵观各地案例，当事人以行政赔偿要求登记机构承担国家赔偿的，多为登记机构存在明显过错。例如：就同一房屋颁发两个以上权属证明，因行政机关内部文件取消开发商资格却直接注销当事人房屋所有权，未查明司法判决或公证证明即颁发证书的，办理权属分户登记申请时提供不实信息而未审查，如（2014）穗花法行初字第 31 号一审行政判决书；房屋出卖人未到场即颁发权属证书，如（2010）浙温民终字第 1036 号二审民事判决书；明知共有却未确认到场，如（2016）皖 17 行赔终 1 号行政赔偿判决书。综合各类情况，表现为要么工作人员对当事人提交材料审查不明，要么因行政机关内部问题导致权利人不能登记，或工作人员主观恶意等，相较于民事侵权中的"过错"，行政赔偿所要求的"重大且违法"的审查，要严格得多。

4. 赔偿范围

关于赔偿范围的讨论，主要集中在财产损失赔偿的计算方法上，即是否包括间接损失及其具体的计算标准。《国家赔偿法》第五条将赔偿范围明确限于直接损失。对民事赔偿而言，通说认为，尽管现行法并未明确规定，我国民事侵权赔偿为完全赔偿；但就直接损失与间接损失是否都应以完全赔偿原则计算，亦有争论①。从均衡侵权人与被侵权人利益的角度，对间接损失应采用适当赔偿原则而非完全赔偿，这主要是考虑到对间接损失的计算本身就难以确定具体数字，多为依据一定的客观环境与条件进行估算，如当时的市场价格、市场需求环境及时代变迁导致的货币贬值、升值等，因而适用适当赔偿更易于司法实践。但无论如何，民事侵权财产损害中，将间接损失纳入赔偿范围已是不争的事实。

国家赔偿中，"直接损失"的界定及司法适用亦存在不同意见。在制定《国家赔偿法》时，考虑到国家财政负担，立法者借鉴民法相似概念引入"直接损失"②。事实上，由于民法学界对"直接损失"与"间接损失"的具体衡

---

① 主要争议的是间接损失是否应适用完全赔偿原则，相关讨论见杨立新主编：《侵权责任法》，法律出版社 2010 年版，第 144 页；张新宝主编：《侵权责任法》（第四版），中国人民大学出版社 2016 年版，第 99 页。

② 参见皮纯协、冯军主编：《国家赔偿法释论》（修订本），中国法制出版社 1996 年版，第 24—25 页。

量标准及计算方式尚有争议，在《国家赔偿法》中引入这样一个未明确界定的概念，不可避免地导致实务适用的困难。例如，对财产损害中利息损失是否赔偿，通说认为利息损失非既得财产，属间接损失，不应纳入国家赔偿范围，但实务中却态度不一：有判决将其纳入"直接损失"范围，亦有除外的判例①；有判决认为律师费应归直接损失内，参见（2014）晋行初字第 65 号行政判决书；也有判决认为，因登记错误导致房屋无法租赁的租金，不属于直接损失，参见（2015）洛行初字第 2 号行政判决书。由此，民事财产侵权损害赔偿中对赔偿范围、标准及具体计算方式实务的可操作性要远大于国家赔偿，也更利于对受害人利益的保护。民事赔偿较国家赔偿范围要广得多。

5. 责任形态的错误认识

行政赔偿的优势就是方便被侵权人直接获得救济，而实践中却多有以登记机构承担补充责任的判决，如（2017）皖 08 行赔初 6 号行政裁定书、（2017）皖 08 行赔初 6 号行政判决书、（2017）湘 01 行赔终 2 号行政裁定书、（2017）黑 0811 行初 12 号行政判决书、（2016）川 0823 行初 16 号行政判决书、（2017）湘 03 行终 6 号行政裁定书和（2018）粤 71 行终 310 号行政裁定书等。具体情形包括：当事人无力还款后可以提起国家赔偿；其他救济提起穷尽后再提起国家赔偿；责任人承担民事责任后尚不足的提起国家赔偿；执行程序尚未完成不得直接提起国家赔偿。笔者认为实难符合行政赔偿之本意，尝试探究司法实践如此做法的理由。有判决认为，得先以穷尽其他民事救济途径后仍不得赔偿的部分，"损失金额才确定"，得以主张国家赔偿。如（2017）川 1603 行赔初 12 号行政判决书认为：诉讼中原告并未提交民事执行程序中就第三人以及案外人杨淬兰的财产进行执行是否穷尽司法途径的事实依据及相关的法律文书，应认定原告在提起本次行政赔偿诉讼之前还未穷尽司法救济途径进行债务追偿，故原告是否造成损失及损失金额均不确定。在此情况下，

---

① 参见管君：《论国家赔偿中的"直接损失"》，《甘肃政法学院学报》2015 年第 1 期。笔者在整理判决时发现，直接认定利息属直接损失的，仅（2016）黔 0201 行赔初 18 号行政判决书持此观点；但关于"直接损失"的认定，尚有其他问题，如有判决认为，若有其他责任人，须穷尽其他仍不得受偿后，以该不能受偿的数额为直接损失，见（2017）川 1603 行赔初 12 号行政判决书。

原告的请求缺乏充分的事实根据，亦不符合《国家赔偿法》的相关规定，对其诉讼请求依法应不予支持。究其根本，认为所谓国家赔偿中的"直接损失"之"损失金额"，得以其他途径救济不得时确定；并依据《最高人民法院关于审理行政赔偿案件若干问题的规定》第二十一条第三项关于"有具体的赔偿请求和受损害的事实根据"的规定，认定在责任当事人执行完毕前，"具体的赔偿"不确定，不得直接提起国家赔偿，如（2017）湘01行赔终2号行政赔偿赔偿判决书。

笔者以为，首先，《物权法》第二十一条第二款之用意，乃为保护受害人之利益，将追偿的义务及负担，交由存在违法登记的登记机构承担，绝非以登记机构承担补充责任。其次，认为"直接损失"系以其他途径救济完全为前提，更将行政赔偿在登记错误赔偿的优势完全舍去。如此一来，行政赔偿在登记错误中存在的合理性令人怀疑。

6. 执行

就执行而言，国家赔偿以各级政府财政作为支撑，民事执行中可能存在被执行人隐匿、非法转移财产等导致无法执行的情形，国家赔偿较民事执行更易保护受害人利益。但如上文所述，建立登记机构登记错误民事赔偿机制，不影响登记机构"先赔偿后追偿"的设定：一是在民事多方侵权情境下，存在"中间责任"，得以使一方或多方享有追偿权[①]；二是在建立登记错误赔偿基金的前提下，由赔偿基金先行赔付并非没有先例，如劳动纠纷中劳动者就工伤索赔的，由工伤保险基金先行垫付；三是尝试建立登记机构工作人员职业保险的情境下，登记机构的追偿主要针对虚假材料提供者，在职业保险制度尚未建立时，针对工作人员的追偿亦较为轻松——从《物权法》第二十一条对追偿对象的规范来看，"造成登记错误的人"并未排除登记机构工作人员；四是从方便受害人诉讼及保护受害人利益的角度，由登记机构"先赔偿后追偿"

[①] 就登记错误责任形态有多种观点，如不真正连带、补充责任、按分责任等，有立法者认为属"中间责任的按分责任"。因本文着重讨论登记错误赔偿责任性质，对责任形态不作讨论。见赵大光、杨临萍、王振宇：《〈关于审理房屋登记案件若干问题的决定〉的理解与适用》，《人民司法》2012年第23期；杨立新：《论不动产错误登记损害赔偿责任的性质》，《当代法学》2010年第1期。

的制度设计亦是衡平各方利益的必要选择,也更符合现行《物权法》精神。由此,就执行而言,国家赔偿或民事赔偿并无差别,甚至民事赔偿免去了各级政府财政负担,也利于登记机构去行政化。

可以看出,从权利登记的完善、配套制度的建立,及《民法典》物权编的完善与理解来看,将登记机构登记错误赔偿责任界定为民事责任并以民事诉讼加以解决利大于弊,亦远优于国家赔偿,可以更好地衡平各方利益;而就国家赔偿在举证责任、执行等方面的优势,在民事侵权诉讼中,亦可设置过错推定、保险或基金先行赔付等配套措施予以平衡。

四、结语

本文通过总结不动产登记机构登记错误赔偿责任的立法变迁与司法实例,肯定了我国目前以行政诉讼为主解决登记错误纠纷的合理性,指出行政诉讼无法解决私法纠纷的缺陷。我国不动产登记在以形式审查为主、尚未完全区分权利登记与管理登记的前提下,登记机构对申请材料的真实性作出了与其职责不甚相符的担保,导致登记机构承担过重的责任;可以借鉴域外权利登记制度的发展,将不动产登记机构"形式审查"与确保申请材料真实性的"实质审查"相分离,使登记错误之赔偿责任由担保材料真实性的当事人或其他仲裁、公证机构承担,并将不动产登记错误赔偿纠纷纳入民事诉讼的范畴,以完善我国不动产权利登记制度。本文还比较了国家赔偿与民事赔偿保护受害人利益的优劣,指出不动产登记机构登记错误采用民事赔偿方式的合理性。

[企业产权法治研究]

"混改"企业治理中非公产权保护的法律检视与修正

李立新 唐晨博[*]

摘 要：在推进国企混合所有制改革的过程中，强化对非公产权的保护，充分保障民间战略投资者的公司治理参与权是极为关键的部分。但实际是这部分投资者的公司治理参与权的实现还停留在政策宣示阶段，制度层面尚未得到有效执行的法律保障。尤其是在理论上，薄弱的资本制度基础导致非公产权参与公司治理（尤其是治理决策）的法理空间仍然不足；现实中牢固的国有资本控股格局又使得企业治理决策依然多处"政企不分"之状态。未来应试行多重股权架构等夯实资本制度之基盘，并以产权平等保护、决策价值均衡等基本法理为础石，加快弥补法律规范体系的不足，增强科学自主决策的法律保障，推进"混改"企业决策人员选拔任免机制的法治化、市场化，使非公产权保护首先在"混改"企业的公司治理层面得以真正落实。

关键词：非公产权保护 混合所有制改革 公司治理 治理决策

一、问题的提出

（一）多重政策目标的理想指引：不同所有产权的平等保护

中共十八届三中全会作出的全面深化改革决定提出发展不同所有制资本

---

[*] 李立新，上海大学法学院副教授、硕士生导师。唐晨博，浙江银保监局杭州地区处主任科员。

交叉持股的混合所有制经济。这其中既包括公有资本入股民营企业，也包括非公有资本入股国有（集体）企业或者参与国有资本投资项目（PPP项目）等。在改革已进入深水区域的新时代背景下，时隔十多年政府再次提出混合所有制改革（下文称"混改"），其核心指向之一，应是吸引非公有的资本进入国有企业，以利于国有资本放大功能、保值增值、提高竞争力，以利于各种所有制资本取长补短、相互促进、共同发展[①]。而要想推动非公投资者积极主动地参与入股这些重要大型国企并实现既定预设的"混改"效果，离不开投入资本所要求的相应的权益保障，即民间投资者特别关注的产权保护问题。

完善的产权保护制度，是社会主义市场经济的核心基础，能有效推动经济社会的可持续发展。经过长期努力，我国已初步建立起可为各类产权提供保护的法律制度体系，但同时亦应清楚地看到，我国产权保护制度依然存在不少漏洞，故而近年来产权保护成为新时代改革发展的重要内容之一。为此，中共中央、国务院在2016年出台了《关于完善产权保护制度依法保护产权的意见》，对推进落实产权保护提出了指导性方针政策。意见提出，当前时期产权保护改革应着重于不同所有制产权的平等保护，包括不同财产实现形态在内的全面保护。这一提法恰恰抓住了现行产权保护制度的突出问题，即非公产权的保护与公有产权相比处于不平等地位，这种不平等的保护状态，一方面表现为原先的单一所有权保障，另一方面表现为非公产权遭遇现有法律规范各种显性或隐性的歧视，无法全面充分地行使表决权等产权权能，使其在与公有产权的合作或竞争的过程中处于天然不利的局面。可以说，此次进行的产权保护改革，很重要的一部分是提高保护的视野和格局，强化对非公产权在市场合作、竞争中有效行使权能的制度保障。

过去"混改"经常出现国企借助民间投资获得充裕资本，非公投资者却不能以拥有股权为基础有效参与公司治理决策的尴尬局面，即非公投资者无法直接或间接参与到企业整体层面的生产经营决策，包括战略发展、

---

① 参见《中共中央关于全面深化改革若干重大问题的决定》（2013年）。

财务安排及内部管理等多个方面。公司治理决策权保障的缺失,事实上是产权没有得到平等保护的重要体现。强化产权权能落实的当前产权保护政策,抓住了推进"混改"的关键问题,使"混改"企业的公司治理决策本身亦成为非公产权保护的重要方面,对本轮"混改"起到了重要指导作用。

(二)"混改"试点实践的现实问题:非公投资者参与治理决策难

在为出台的产权保护政策提供正确导向之际,政府在重要大型国企"混改"时着力强化对非公投资者参与公司治理决策的基本保障,以此展现保护非公产权的坚定决心。如被称作属于央企层面"混改试点标杆"的中国联通"混改",在引入腾讯、阿里等民营战略投资者几百亿巨额资本后,联通对外公告将明确董事会在公司的核心地位,落实董事会重大决策、选人用人、薪酬分配等权力,认真履行决策把关、内部管理、防范风险、深化改革等职责,接受股东大会、监事会监督①;并且举行了临时股东大会对董事会进行重大改组,保障民营投资者获得相应董事席位等。

重要国企"混改"中对非公产权保护的实践,起到了一定示范效应,但这并不足以消除非公投资者参股国企的疑虑。近年不少"混改"合作出现难产,大量民间战略投资者仍持观望态度。为此,2018年11月习总书记在中央组织召开的民营企业家座谈会上向大家郑重强调当前"混改"绝不是新一轮的"公私合营"。这一现状背后的缘由,很大程度上是我国对非公产权的保护长期处于政策主导状态,非公投资者的权益保护更多依赖于政府机关、国有企业等的自觉性,具有很强的偶然性与个案性特点,没有很好地将产权保护政策转化为完善的、可预期的法律制度。因此,我们需要认真审视"混改"企业非公投资者参与公司治理决策的制度障碍,及时调整"混改"企业公司治理决策的法律规范,让非公产权保护更好地纳入法治化轨道,促进混合所有制经济发展。现实中,不同类型的国有企业和非公投资者情况有异,本文

---

① 周玲:《联通"革命性"混改方案六看点:780亿、BAT和同股同权》,https://www.thepaper.cn/newsDetail_forward_1765288,最后访问日期:2019年7月1日。

基于篇幅的限制，只针对其中的特殊商业类国有企业①和民间战略投资者②展开探讨。

二、非公投资者参与治理决策的传统制度藩篱

此次混合所有制改革的主要目标是吸引非公资本入股关系国家安全、国民经济命脉重要行业和关键领域的大型国有企业③即特殊商业类国有企业。作为政策要求必须坚持国有经济主导地位的中坚力量，这些企业在引入非公投资者时，需要维持国有控股股东的地位，但按照现行单一普通股制度，这就意味着非公资本的持股比例及背后的决策权益会受到有形或无形的限制。同时，国有资本为主的单一所有权架构，以及不少国企需要承担国家专项公共任务的性质，使得非公投资者参与决策难以摆脱政府的巨大身影，饱受诟病的"政企不分"问题依然严重。这些均使得非公投资者入局"混改"企业参与治理决策面临多重制度障碍。

（一）单一普通股制度中的决策参与局限——决策权利基础薄弱

根据商事法律规范的基本原理，投资者参与企业决策必然以资本制度作为重要基础。在本轮"混改"吸引非公资本入股重要大型国企的过程中，我国现行薄弱的资本制度基础人为压缩了非公投资者参与企业治理决策的法治空间。

众所周知，我国《宪法》明确将国有企业等组成的国有经济规定为国民经济中的主导力量④。而关于主导力量的判断标准，我们从中共十八大以来相

---

① 《中共中央 国务院关于深化国有企业改革的指导意见》《关于国有企业功能界定与分类的指导意见》等政策文件将国有企业统一分为三类：（一）普通商业类国有企业；（二）主业处于关系国家安全、国民经济命脉的重要行业和关键领域、主要承担重大专项任务的商业类国有企业；（三）公益类国有企业。本文所分析的是第二类企业，文中简称为特殊商业类国有企业。

② 民间战略投资者指投入资本数量对原有股权结构有不小影响的民营企业等，属于非公投资者中的重要类型之一。本文无特别说明，非公投资者即指代民间战略投资者。

③ 本文所分析的国有企业由于目前基本已经完成公司化改造，无特别说明等同于国有公司。

④ 《宪法》第七条规定："国有经济，即社会主义全民所有制经济，是国民经济中的主导力量。国家保障国有经济的巩固和发展。"

关重要政策文件的表述中可以看到，逐渐从关注其经济总量（例如社会总资产中的数量优势）转向关注经济控制力①。且经济控制力主要强调指向属于关系国家安全和国民经济命脉的重要行业和关键领域，其中的大型国企正是当前改革吸引非公资本进入的重点。这也表明国家基于公共安全福利、意识形态等方面的需要考虑，依然坚持这些企业控制权的政策基调。而从现有理论和域外实践来看，掌握控制权（如将控制权覆盖到更加具体、微观的经营管理事务表决权）的路径，早已不简单依赖于股权数量的多少。黄金股、优先股等多层次资本制度的出现，可以让控制权的掌握并不必然在股权结构中彰显②。但我国现有《公司法》等法律规范依然实行较为单一的普通股制度，尤其是股份公司中表决权比重与投入资本数量多少有着近乎等同的关系。这也意味着这些"混改"企业的国有资本需要始终保持更多的股权比例，无形中压缩了非公投资者基于资本增强参与决策的制度基础。

实践中不少实行"混改"的特殊商业类国企都面临这一制度束缚，如上文提及的联通A股公司便是其中的典型。单一普通股制度下基于继续保持国有控股的政策要求，联通公司原绝对控股方联通集团在大幅下降自身持股比例时必须引入不少国资背景的投资者。最终结果来看，由联通集团、中国人寿以及国有企业结构调整基金三方组成的国有资本处于绝对控股地位。亟须资本的联通公司与拥有充沛投资资本的腾讯、阿里等公司之间形成巨大的阻隔，也使这些民间战略投资者丧失了以股权为基础主导企业治理决策的可能。

（二）多重资本所有制下的潜在冲突——决策目标价值悖反

在我国，对政府投入公有资本建立的国企，不少理论和实践认为虽然在市场经济条件下难以完全剥离其营利目的的法律属性，不过其本来意义不应该是追求利润最大化，而是提供特殊的社会功能服务③。特别是对本轮"混改"所重点指向的、处于自然垄断行业等的非完全竞争性大型国企，它们更

---

① 蒋大兴：《合宪视角下混合所有制的法律途径》，《法学》2015年第5期。
② 周游：《资本市场多元化发展视角下混合所有制改革路径的法律分析》，《证券法律评论》2018年刊。
③ 缪因知：《从国企到公共企业的法律调整与所有制调整》，《交大法学》2017年第3期。

受到政府在承担公共义务上的约束性要求：相关企业经营决策，必要时应放弃盈利目标来实现政府主导下的特定公共目的。这常导致企业产品服务的生产供应在数量、价格等方面不完全由企业独立判断，而是被政府强力调控甚至直接决定。然而非公资本具有天然逐利性，其决策目标始终以产权扩增为导向。在非公投资者进入这些国企后，其提出的决策目标会面临不小的价值性冲突。

当前时期，不少非公投资者进入"混改"国企会面临这一问题。如作为三大油气公司之一的中石化集团对下属油品销售公司实行"混改"，引入民间战略投资者入股。然而，油品作为牵涉公共安全的重要经济资源，其价格机制被发改委等政府部门以规范性文件或行政命令等方式进行管控，这极可能让油品销售的内部经营决策无法完全以市场为导向，非公投资者的决策目标价值受到阻碍。

（三）经营决策判断的外部控制——决策权限隐性缺失

在本轮"混改"之前，这些特殊商业类国企不少已通过前几次的改革完成了股份制改造，部分国企的各级子公司甚至集团公司本身已实现上市成为公众公司。同时，这些企业也按照《公司法》等普通商事法律规范的要求，设立了董事会、监事会等公司法人决策结构所必需的内部机关。然而，不管是显性的法律制度还是隐性的传统习惯，这些企业的非公投资者在作出经营决策判断时会遇到来自外部行政力量的强力控制干涉。

首先，就显性制度层面，《企业国有资产法》等规范赋予作为行政机关的国资委直接代表履行国有股权出资责任，并在相关条款规定①国有资本达到控股以上程度的公司，其所涉及的公司重大经营决策事项需要获得国资委或政府的批准，甚至可以跳过基本的资本法制基础使重要子企业本身的重大经营

---

① 《企业国有资产法》第三十四条规定："重要的国有独资企业、国有独资公司、国有资本控股公司的合并、分立、解散、申请破产以及法律、行政法规和本级人民政府规定应当由履行出资人职责的机构报经本级人民政府批准的重大事项，履行出资人职责的机构在作出决定或者向其委派参加国有资本控股公司股东会会议、股东大会会议的股东代表作出指示前，应当报请本级人民政府批准。"《企业国有资产监督管理暂行条例》第二十四条规定："所出资企业投资设立的重要子企业的重大事项，需由所出资企业报国有资产监督管理机构批准的，管理办法由国务院国有资产监督管理机构另行制定，报国务院批准。"

决策也应获得国资委批准方可实施。这些条文的规定表明,现行法律并不讳言政府及国资监管部门自身可以作为终极所有人(而非股东本身)实质性地参与企业的重大决策①。但这可能让经营决策链条过分延长且变成实质上缺乏专业商事活动判断能力的行政行为,严重影响经营决策的效率和质量。实践中这种情况可谓层出不穷,如云南白药案即从侧面反映了此问题。自然人陈发树与云南红塔集团之间对云南白药股权进行转让,复杂多层次的国有资产受托关系使得股权转让需要经过中烟总公司还有财政部的双重批准。缺乏审批期限约束的漫长报批加上不完善的股权转让协议,使得将近两年时间还未完成股权转让从而引发纠纷。尽管对于股权出让方红塔集团而言由于市场股价的提升而事实上获益,但可明显看到企业自身经营决策由于高强度的行政介入而缺少稳定预期。

其次,在隐性习惯上,允许非公资本入股的这些国企由于其产品服务具有强烈的公共性,更易受到政府的影响乃至把控。如前文所涉开放民间战略投资者进入的通信行业,跨省漫游通话和流量费用事项对移动、电信和联通三家通信企业业务经营影响巨大;而两者取消收费的情况正是按照这两年总理政府工作报告提出的要求直接限期执行,没有看到太多企业自主经营决策的身影。对已经入股联通A股公司的几大民间战略投资者而言,某种程度上便是隐性缺失应有的决策判断权限。

(四) 人事任免考查的行政介入——决策人员管理失权

非公投资者除作为股东直接参与决策外,还可以利用企业人事权通过董监高等间接参与企业治理决策的形成与监督。而在这部分特殊商业类国企中,董监高人员的管理由于浓厚行政化色彩的保留而事实上使非公资本失去话语权。这当中既包括人事的选任程序,也涉及有关职位人员的选拔考核标准。

首先,在人事选任程序上,便可发现党政机关事实上在充当着超越股权比例的绝对主导角色。对公司董监高等高层管理人员而言,虽然《企业国有

---

① 缪因知:《从国企到公共企业的法律调整与所有制调整》,《交大法学》2017年第3期。

资产法》明确要求①国有资本处于控股或参股地位时只能够向股东（大）会提出建议人选，以及《公司法》规定经理等应当由董事会选举产生，然而现实中他们往往由所属的国资委或者上级党组织凭借所谓国有股的主导地位直接任命，全然不顾高管人员选任的公司法律规定。当存在多个国有股东时，高管的人事任免权也可能会按照"惯例"由某个少数股东行使（如当地国资委），并排斥非多数国有股东（如资产管理公司）依照股权行使权利②。而公司下属各部门或者分公司等负责人的任免，很多由公司内部设置的党组织与董事会、经理层等通过党政联席会议等方式商讨决定后履行任命程序，这些公司法人内部机构只是起到形式上的作用。

其次，在相关职位具体人员的选拔考核中，与党政机关内部选拔考核方式有着高度的关联性：对公司董事经理等企业主要领导人员的最初挑选，往往优先考虑其已有的行政级别而非真实的运营企业的水平。最终被委任的人员不少拥有国家干部身份，甚至来自政府部门且拥有很高的行政级别。而随后的考核评价及相应的薪酬安排，依据国资委等党政部门制定的规章实行。如果企业领导人员的行为存在违法违规，还可以适用相关行政处分规范③。

这种非市场化与自主化的人事制度，使非公投资者的人事决策权事实上面临虚置局面。事实上，它已体现在当下不少"混改"企业中。如去年便由国资委、证监会等部门批准完成引入非公投资者的联通A股公司，决策人员的业绩评价制度并没有充分面向市场转变，薪酬制度方面仍然受到中央企业工资总额管理规范的巨大约束，由此导致非公投资者无法以提供相应薪酬为条件选任真正符合企业经营发展所需要的职业经理人，进而在国资控股联通A股公司背景下使人事决策权利成为空谈。

---

① 《企业国有资产法》第二十二条规定："履行出资人职责的机构依照法律、行政法规以及企业章程的规定，任免或者建议任免国家出资企业的下列人员：……（三）向国有资本控股公司、国有资本参股公司的股东会、股东大会提出董事、监事人选。"

② 吴越：《国企混改中的问题与法治追问》，《法治论坛》2015年第3期。

③ 参见监察部、人力资源和社会保障部、国务院国有资产监督管理委员会《关于国有企业领导人员违反廉洁自律"七项要求"政纪处分规定》。

三、治理决策中非公产权保护制度建构的法理依据

从上述制度问题可见,对作为本次"混改"的重点国企而言,企业治理决策中非公产权保护相关制度的多重问题,无疑给非公投资者入局产生了不小的阻碍作用。因此,想要大力吸引民间战略投资者,需要为他们参与企业治理决策构建完善的法律保护。而落实这一变革目标,首先便要夯实基础性的法理依据。

(一)不同所有产权的平等保护

真正以市场发挥配置资源基础性作用的现代市场经济,离不开完善的产权保护制度。在整个产权保护法治体系中,产权平等保护原则、理念尤为重要:它要求至少在微观经济活动层面,不同产权主体都应当根据相同或相等保护程度的法律规则维护自己的产权权益。同时,平等保护并非绝对无差别化的保障,从企业产权领域而言,是指一方面不论主体公私性质的资本比重如何,各投资主体都应当依法拥有参与企业治理决策的权益;另一方面,内部不同投资主体的股权权益,可以在合理合法的情况下进行调整分配。

目前我国在产权平等保护方面,《宪法》《物权法》等法律规范条款存在诸多不当,而国家也已充分意识到其中的问题,在近年开始进行改革完善。中央层面于 2016 年 11 月出台专门的产权保护文件,以政策形式弥补了我国宪法和法律的不足,强调在法律法规中将平等保护作为规范财产关系的基本原则[1]。而在政策指引之下,随后颁布实施的《民法总则》正式确立了财产权平等保护原则[2]。而在企业产权这一更为具体的领域,《公司法》等规范也已初步确立科学的产权平等保护法律理念:比如《公司法》第四条[3]表明任何性质的股东都拥有参与企业决策的权益,同时在有限责任公司中允许通过章程

---

[1] 程德文:《产权保护的法治化——"完善产权保护的法律制度"智库研讨会综述》,《法治现代化研究》2017 年第 4 期。

[2] 《民法总则》第一百一十三条规定:"民事主体的财产权利受法律平等保护。"

[3] 《公司法》第四条规定:"公司股东依法享有资产收益、参与重大决策和选择管理者等权利。"

约定自主分配各项决策权限,以及股份公司可以通过国务院批准发行的种类股来调整(法律依据为《公司法》第一百三十一条)。

(二) 企业治理决策目标的价值均衡

企业法人治理的价值目标,其本质内涵是法人治理应当体现谁的意志和利益[1]。伴随着经济社会复杂化多样化的发展,企业治理决策所涉及的不同性质主体利益也逐渐增多。对这些实行"混改"的特殊商业类国有企业而言,自然也不例外。在内部层面,首先是不同所有制资本合作以及各个股东出资金额比例差异等背景下,日益多元化的股权结构产生不同的股东利益;其次,现代企业运营的专业化等原因使所有权与经营权分离的同时,又会产生所有者与经营者之间的利益冲突与代理成本[2]。在外部层面,由于这些企业经营决策内容具有较强的公共性特征,往往引发企业盈利目标与社会公共利益目标的冲突。

基于此情况,企业治理决策开始出现利益相关者理论,即决策的目标价值不再是简单粗糙地追求股东利益最大化,而是均衡考虑企业员工、债权人及社会公共等企业内外部其他主体的相关利益。具体对这些混改的特殊商业类国企而言,特别要考虑非公投资者与社会公共两大类主体的利益。前者可通过落实有效的制约平衡机制,防止控股国有股东与其所掌控的董事会经理层联合以内部人控制的方式影响非公投资者的产权利益;后者则可通过强化外部调控规制等路径,使经营决策不损害承担特定公共职能之国企背后的公共利益。

(三) 适度干预下的独立决策

现代市场经济活动过程中不可避免地会产生唯利性问题,导致提供公共物品和维护公共利益方面存在明显不足。由于唯利性缺陷的存在,决定了国家必须通过投资经营的形式进行弥补[3]。因而国家往往出资设立诸如特殊商业类国有企业等承担特定公共任务的企业,并通过干预来缓解市场缺陷。

---

[1] 张国平:《公司治理的法理学分析》,《江苏社会科学》2004年第2期。
[2] 朱伯玉:《公司法人治理结构的法理学分析》,《江苏社会科学》2002年第3期。
[3] 漆思剑:《论国家投资经营法在经济法体系中的地位》,《经济法论丛》2009年第2期。

不过现有法律规范已经表明这种形式的干预也是适度的，不应当破坏企业自主决策理念下自身独立决策地位。如《宪法》第十六条①赋予国有企业自主经营的权利，则在引入非公资本成为混合所有制企业之后此项权利更不应减损。另《民法总则》明确将法人作为独立拥有民事权利和承担民事义务的组织②。企业法人作为营利法人，非常强调其在市场经济条件下独立支配企业财产权，自主开展经营活动并承担相应的组织责任。

在政府适度干预的原则之下，干预目的与方式自然需要得到相应约束。在干预目的上，依法严格限定在防止国有资产流失和实现特定公共职能方面；干预方式上，减少审批指令等行政行为，更多利用出资人角色通过企业法人内部机构形成决议。

（四）决策人员合法合理配置

现代企业运营专业化等背景因素下，在企业决策制度中资本所有者往往并非唯一的企业决策人员群体。诸如在公司中，《公司法》关于董事会、经理层等内部组织机构职能的规定表明董事经理等与公司股东一样作为重要的内部具体决策人员，参与到部分涉及企业整体层面的决策事项中去。不过这些决策人员的产生并非完全依照股权结构，很大程度上可以依法由不同股东自主协商确定。比如对于董事，在有限责任公司中股东可以不按照出资比例选举产生，股份公司则能够选择实行累积投票制（《公司法》第一百零五条）。还有正副经理，其由董事会通过一人一票方式表决聘任而非股东会根据股权比重任命，使得是否大部分董事（职工董事除外）事实上代表股东利益依然有商讨空间。

四、完善非公投资者参与治理决策的具体建议

面对非公投资者参与"混改"企业治理决策缺乏相应法律制度保障的现

---

① 《宪法》第十六条规定："国有企业在法律规定的范围内有权自主经营。国有企业依照法律规定，通过职工代表大会和其他形式，实行民主管理。"

② 《民法总则》第五十七条规定："法人是具有民事权利能力和民事行为能力，依法独立享有民事权利和承担民事义务的组织。"

实问题，我们需要以基本的法律理念原则等法理为指导及时加以规范完善。着重应从几方面推进：既要改革对股东参与企业治理决策发挥基础作用的资本制度，又要构建对参与治理决策起到实质作用的具体机制，最终使"混改"企业中的非公产权通过参与企业治理实现对自身产权的保护。

(一) 打破股比限制，试行多层股权架构制度

传统单一普通股的资本制度，使得这些处于重要领域和关键行业的大型国企基于继续保持企业控制力的政策背景始终面临非公资本比重的"紧箍咒"。股权比重的限制，事实上也破坏了民间战略投资者更大程度参与企业治理决策的可能性。

1. *优先股、黄金股的制度排除*

建构多元化的股权构架成为助力"混改"企业决策的有效措施。从"混改"企业中的各类特殊股来看，比如优先股不管是国有股东还是民间战略投资者持有，都不符合让不同所有制投资者通过共同参与企业决策来促进企业更好发展的政策目的；还有只保留象征性股份的黄金股制度，国有资本的撤退和相应收益的丧失在我国特殊国情下也难以实现。而实行双层股权结构，相比于运用以上类别股更适合作为"混改"企业的改革方向。

2. *双层股权结构的选择导入*

双层股权结构是指特定事项的表决权与股权适度分离，这部分表决权的比重不与相应股权比例等同。就国企"混改"而言，即是赋予国有股东在某些涉及公共目的经营决策事项上拥有超越出资份额的表决权利，使得国家控制与国有资产之间恒定关系得以改变[1]。通过这一多层次股权架构，能够有效协调不同所有制资本目标性冲突：确保涉及公司经营目标等关键事项上，经营方向不偏离预定的社会目标以及特殊社会经济职能的实现[2]；也为非公投资者参与企业治理决策提供更大的制度性空间，保障非公资本投入获得应有收益。

---

[1] 周游：《资本市场多元化发展视角下混合所有制改革路径的法律分析》，《证券法律评论》2018年刊。

[2] 冯果：《国企二次改革与双层股权结构的运用》，《法律科学》2014年第6期。

3. 不同公司形态的双层股权规范

具体落实双层股权的制度规范方面，两种法律形态的公司所处的阶段有所不同。首先，对有限责任公司，《公司法》第四十二条规定公司章程可以约定不按出资比例进行表决①，这事实上已经为实行双层股权结构提供现实可行性方案。国资委等部门应当出台相应的部门规章，指导国有股东能够与非公投资者对特别事项脱离资本比重确定表决权大小进行协商，并将股东合意的结果放入公司章程之中。其次，对于股份有限公司，《公司法》目前仍明确规定同股同权原则，且作为公众公司还可能涉及证券法等更多规范领域。在这种现状下，股份公司应当以《公司法》第一百三十一条为依据②，由国务院授权几家大型央企进行试点，并在实践中总结经验转化为完善的规范。另外需要注意的是，国有股东不当的超额表决权反而会加剧其话语权的垄断地位，不利于非公投资者参与决策。因此，特定事项必须涉及公共目的，且相应表决权的超额幅度也应有所限制。

(二) 平衡决策价值，强化企业外部调控路径

这些特殊商业类国企基于实现特定公共职能的需要，在实行"混改"时被官方强调需要始终保持控股地位。虽然可以借此牢固保障企业治理决策的公共价值，却对非公投资者参与决策产生不利影响。而要想同时更大程度保障他们的决策权益，前文所提的试行多层次股权架构并非唯一方法。通过强化从企业外部对其商事行为进行调控规制，我们也能够摆脱单纯依靠资本控制的路径依赖。由此使企业特定公共职能无法履行的忧虑很大程度上得以削减，让民间战略投资者能够与在其他普通企业中一样参与治理决策。

详细来说，即以保证实现原有国企承担的特定公共目的出发，制定具备特定行业普适性的企业行为规范体系。其中法律层级上以在行业法中放置原则性目标条款为主，行政法规和部门规章则进一步细化规定。当然，这种外

---

① 《公司法》第四十二条规定："股东会会议由股东按照出资比例行使表决权；但是公司章程另有规定的除外。"

② 《公司法》第一百三十一条规定："国务院可以对公司发行本法规定以外的其他种类的股份，另行作出规定。"

部规制总体上仍应当符合宏观性与必要性等标准，不能过分限制企业的商事行为自由。

（三）弱化行政干预，增强自主决策法律保障

1. 落实内部平衡制约机制

民间战略投资者入股的这些大型国企当中，目前由于受到本轮"混改"政策对于资本结构的限制，基本上还无法获得所投资企业的控股地位。在公司决策层面这也使非公投资者面对国有股东往往处于弱势地位，非常需要利用内部有效平衡制约机制来保障自己的正当权益。而落实这一内部平衡机制，需要根据混合所有制企业特性完善相关强制性法律规范，将公司治理决策的形成、监督等不同阶段的权力合理有效地分配给内部相应组织机构。它们之间互相配合又彼此制约，以避免处于控股地位的国有股东直接操控公司运营。

当前阶段需要着重做好以下几个方面的工作：一是按照《公司法》规定的法定程序，积极推动公司决策机构的完善，使各个机构能够按照自己的职能定位实现其功能[1]。即董事会、经理层及监事会严格按照《公司法》等规范产生并履行相应特定的职能，不能由处于控制地位的国有股东以会议文件等方式随意安排。二是依照"混改"企业特点创新完善监事会。应根据混合所有制企业的特点创新改善监事会行使监督权，以此更好地保障非公投资者的正当权益。现有规范下如果缺乏另行约定，拥有控股地位的国有股东将获得监事会内更多的股东代表席位乃至事实上主导监事会[2]。这对非公投资者冀望于利用监事会的监督权制约国有股东不当行为而言，显然产生巨大的阻碍作用。因此立法者可以效仿《公司法》中关于职工代表的规定，在混改企业监事会中为非公投资者设定相应最低比例的股东代表。三是切实保障非公投资者的知情权。国有股东控制企业营运之下非公投资者的知情权经常缺乏坚实保障，使国有股东更易滥用控制权而招致损害。相关公司法规范应当面向股东强化董事会、经理层及监事会的信息披露机制，使这些民间战略投资者能够及时

---

[1] 王军：《混合所有制改革中控制股东法律规制研究》，《河北法学》2015年第5期。
[2] 《公司法》第三十七条规定："股东会行使下列职权：……（二）选举和更换非由职工代表担任的董事、监事，决定有关董事、监事的报酬事项。"

有效了解有关信息进而保障自身合法权益。

2. 构建党委合理参与规范

关键领域的重要大型国企"混改"前，基于发挥领导与政治核心作用的原则要求下需要实行"双向进入，交叉任职"① 的政策规定，董事经理等企业高层人员多具有党员身份。这使得过去长期的经营决策过程中，企业党委成为主导的角色之一：经营决策事项往往在党组织内部便形成统一意见，再交付相应法人机构履行法定程序。甚至直接代替董事会、经理层等作出决定后以下发文件方式要求执行。显然，这对非公投资者入股后的决策权益造成非常不利的影响。因而现行《公司法》第十九条规定②及不少政策文件已经肯定党组织参与决策的前提下，我们有必要推动混合所有制企业党委合理参与经营决策。

具体来说，首先，不管企业党委应当如何参与"混改"企业的经营决策，必须要从法律制度层面明确混合所有制企业党组织的作用边界和职责清单③。其次，应当根据不同类型混合所有制企业特点，科学确定党组织的职能内容和实施方式。关于职能内容，这些企业由于主营业务处于关系国家安全、国民经济命脉的重要行业和关键领域而具有较强的公共性，相关规范应当侧重允许企业党组织判断经营决策是否利于其实现特定公共职能或者国家宏观调控目标，这也是起到政治核心作用的必然要求。同时，可以赋予党组织判断董事会、经理层经营决策合法合规的权利，与多为事后监督的监事会错位协同发挥监督的作用。在落实路径上，由于党组织在单一所有制企业中的决策体系都还存在较大争议而尚未达成完全的共识④，笔者认为当前阶段以上这些职能的实行不能在内部直接形成介入效力，而是以建议权等方式最终由传统

---

① "双向进入、交叉任职"是指企业党委成员可以通过法定程序分别进入董事会、监事会和经理班子，董事会、监事会、经理班子中的党员可以依照有关规定进入党委会。
② 《公司法》第十九条规定："在公司中，根据中国共产党章程的规定，设立中国共产党的组织，开展党的活动。公司应当为党组织的活动提供必要条件。"
③ 苗小玲、田子方：《混合所有制企业健康发展的一个重大问题——基于党组织与法人决策结构的视角》，《毛泽东邓小平理论研究》2015年第9期。
④ 参见蒋大兴：《走向"政治性公司法"——党组织如何参与公司决策》，《中南大学学报》2017年第3期。

法人决策结构完成较为妥当。

3. 改革国有资产监管制度

现行的国有资产监管规范体系下，各级国资委作为承担监管职能的行政机关同时又往往被法律授权直接在企业中全面履行出资人职责。致使在强化保护国有资产的初衷下，监管机构深度参与到本应自主的内部经营决策当中。这让非公投资者在参与"混改"企业经营决策的过程中，遭受"政企不分"引发的各种消极影响。因此，需要加快改革国有资产监督管理制度。

推进国有资产监管机制变革，需要从以下几个方面来落实。一是重新科学确定政府授权国资委应当行使的出资人职责，以更加符合其发挥监管作用的本质要求。现有的《企业国有资产法》等规范授予国资委的出资人职权较为全面，各类经营决策事项的判断自然也都包括在内。而事实上对国有资本投入企业后获得的经营权，国资委作为政府部门缺乏行使此权利必要的法理依据和充足的专业能力。应当依照涉及国有资产管理体制的政策文件[①]要求制定条款合理划分界定所有权与经营权，使其依法主要对资本回报、资本安全等方面履行职责。另外尤其注意需要将现行国有资产监管法规中国资委对子企业决策事项的审批权限条款废除，回归给上一级企业。二是填补国资委职责调整留下的空缺，在企业国有资产规范中将出资人对企业的经营决策权授权给国有资本投资、运营公司。由这些公司作为国有资本的代表股东，与非公投资者一起平等适用公司法规范参与到企业的经营决策当中。三是随着国有资本投资、运营公司的进入，其与国资委的关系需要及时立法进行规范。当然，前提是明确两者关系性质。综合官方政策及职能特点来看，国资委与国资运营公司、投资公司的关系形成监管与被监管的关系[②]。国有资产法规范应当修改进行明确，并且进一步通过行政法规和部门规章细化监管的权限内容和程序方式等。

（四）落实人事法治，推动决策人员市场导向

民间战略投资者参与"混改"企业决策当中，在董监高等相关决策人员

---

① 参见国发〔2015〕63号《国务院关于改革和完善国有资产管理体制的若干意见》。
② 顾功耘：《论国资国企深化改革的政策目标与法治走向》，《政治与法律》2014年第11期。

的任免机制方面往往受到国有股东及背后党政机构的强势控制。作为决策权益的重要组成部分,这事实上是属于违反非公产权保护的做法。在此情况下,强化对该部分决策人员的任免权制度保障不可或缺。一是推进"混改"企业董监高主体人事管理的法治化。要严格以现行资本法律制度为基础行使人事任免权,避免出现实质同股不同权的情况。比如在董监事人员的产生上,股东没有特别约定则应当按照各自股权比例进行提名表决。代表国家履行国有资本出资人职责的机构只能依据《企业国有资产法》向股东(大)会提出建议人选而非直接任免,即使国有资本在"混改"企业当中具有较大的股权比例优势;还有经理层的正副经理及财务负责人等高级管理人员需要依据《公司法》规范由董事会商讨决定。二是探索党组织领导人事工作的法治化。这些"混改"企业处于特殊领域且国有股东占据控股地位,现实政策表明党组织仍然要发挥领导作用。相关规范可以赋予党组织对董监高职位人选进行考察力,将认为符合担任相应职务条件的党员向股东(大)会或者董事会建议,并最终按照法定程序作出决定。

除了人事任免机制层面以外,董监高等这部分相关决策人员选拔考核制度的行政化也对民间战略投资者的人事管理权益造成消极的影响。因而需要立足当前这些"混改"国企高层管理人员现状,探索构建面向市场经济的选任考核制度。在人员任职条件方面,可将董监高分为"董事监事"和"经理层高管"两类企业内部机构人员进行改革。首先,针对第一类即董监事人员,《企业国有资产法》等规范应当调整履行国有资本出资人职责机构所考察提名的董监事人选条件。即一方面减少乃至禁止政府部门等处具有一定行政级别的人员调任这些混合所有制企业成为董监事;另一方面则要充分增加外部董监事特别是专职外部董事的比重,可以充分借鉴央企董事会专职外部董事管理办法[①]的立法经验,制定规范由履行出资人职责的机构选拔聘用具有丰富企业经营决策经历经验的人员。其次,针对第二类即企业经理层人员而言,他们相比于董监事应当具有更强的职业化特征,正副经理及财务负责人等高级

---

① 参见国资发干二〔2009〕301号《董事会试点中央企业专职外部董事管理办法(试行)》。

管理人员应当完全摆脱行政级别和干部身份,以市场化条件进行选聘。而相应的绩效考核及关联的薪酬制度方面,即使是所谓代表国有资本的董监高人员,也不应直接继续适用国资委等以部门规章形式制定的经营业绩考核办法。当然这些原有办法仍然具有一定的合理性,可以提交到股东(大)会或者董事会进行参考,并最终通过非公投资者和国有股东内部共同决策形成符合企业状况且平等适用企业高层人员的考察评价制度。

五、结语

混合所有制企业的治理决策与非公产权保护互相成为彼此的一面镜子:非公投资者参与治理决策的权益保护成为完善我国"混改"企业治理决策法律制度的核心内容,同时"混改"企业治理决策规范体系也成为展现非公产权保护制度状况的重要观察视角。政府应当将两者现有的政策文件和法律制度结合起来统筹考虑,加快在资本制度基础、经营决策和人事管理等方面的法治建设。相信经过不断实践总结,充分保障非公投资者决策权益的企业治理决策制度能够得以规范形成和普遍适用。

(2020)

公司对外担保中审查义务分配研究

——从规范分析法的批判到利益衡量和规范分析

谢江东[*]

摘　要：规范性质分析法既背离大陆法系国家传统路径，又存在结构和循环论证的缺陷，应该选择以《合同法》第五十条和《担保法司法解释》第十一条关于对外代表签订合同的效力判断规则，通过审查义务的分配是一条较佳的路径。本文通过梳理司法实务和理论界对公司对外担保中的合同效力判断规则，确立审查义务分配是对公司对外担保中相关主体利益衡量的方法，应该以审查义务这个"公因式"分析各种观点之间的内在逻辑，重新解读对外担保的相关法律法规。对外担保审查义务的有无及程度一直是较为争议的话题，对此应该在我国法律制度基础上，基于特定的价值基础对不同具体利益主体、制度进行利益权衡，再得出更为妥当的审查义务分配的方法。

关键词：对外担保　审查义务　利益衡量　合同效力

一、对外担保合同效力判断的一般路径

1993年《公司法》第六十条禁止董事、经理以公司资产为公司股东或者其他个人提供担保。但是，实践中经常发生公司为股东或者他人提供担保的情形，由此对于公司是否有担保能力或者违反该法第六十条是否导致担保合

---

[*] 谢江东，民商法专业，上海证券交易所经理。

同无效产生诸多讨论①。随后，2000年《最高人民法院关于适用〈中华人民共和国担保法〉若干问题的解释》（下称《担保法司法解释》）第四条规定，若董事、经理违反1993年《公司法》第六十条则担保合同无效。并且在"中福实业担保案"中，法院认为《公司法》第六十条为强制规范，当法律有禁止规定时，任何人不得以不知法律或者对法律有不同理解而免于适用，因此认为担保合同无效②。而在后来有些案件中，最高人民法院却认为，从价值取向的角度考量，在平衡公司债权人与公司股东利益冲突时，应优先保护公司债权人的利益③。在该案中，最高人民法院确认经过股东会或者董事会批准，可以以公司名义为股东或者其他人提供担保。

其后，经过十多年的司法实践和理论探讨，催生了2005年《公司法》第十六条的规定④，取代了原1993年《公司法》第六十条的表达。概括地讲，该条是对此前的司法实践和理论分析的总结，事实上承认了公司对外担保的权利能力，但也规定公司对外担保应该履行相应的程序性规定。基于私法自治的尊重，该条第一款将非关联性担保赋予公司章程自治，而第二款则规定对关联性担保必须经过股东会或者股东大会决议，另外第三款是对控股股东进行表决权排除或者回避。

---

① 参见徐燕：《公司法原理》，法律出版社1997年版，第84—86页；叶林：《中国公司法》，中国审计出版社1997年版，第111—112页；王保树、崔勤之：《中国公司法原理》，社会科学文献出版社1998年版，第44—46页。

② 参见"闵都支行诉中福公司、中福实业、九州公司借款担保合同纠纷案"，（2000）经终字第186号民事判决。

③ 法院认为，1993年《公司法》第六十条三款是对公司董事、高管人员未经公司批准，擅自为公司股东及其他个人债务提供担保的禁止性规定。但该规定并非一概禁止公司为股东担保，对有限责任公司而言，符合公司章程，经过公司股东会、董事会批准，以公司名义进行关联担保，修订前公司法并未明确加以禁止。上述条款的立法目的是为了限制大股东、控股股东操纵公司与自己进行关联交易，损害中小股东的利益，以维护资本确定原则和保护中小股东权益。对经公司股东会、董事会同意以公司资产为小股东进行担保当不属禁止和限制之列参见"中国进出口银行与光彩事业投资集团有限公司、四通集团公司借款担保合同纠纷案"，（2006）民二终字第49号。注意，本案审理发生在2005年公司法出台其后，虽然裁判依然适用旧法，但不得不说2005年新公司法对此审理的重要参考作用。

④ 2005年《公司法》第十六条规定："公司向其他企业投资或者为他人提供担保，按照公司章程的规定由董事会或者股东会、股东大会决议；公司章程对投资或者担保的总额及单项投资或者担保的数额有限额规定的，不得超过规定的限额。公司为公司股东或者实际控制人提供担保的，必须经股东会或者股东大会决议。前款规定的股东或者受前款规定的实际控制人支配的股东，不得参加前款规定事项的表决。该项表决由出席会议的其他股东所持表决权的过半数通过。"

本以为由此便可止息有关公司对外担保的讨论，但是由于《公司法》第十六条没有直接规定违反程序性规定的担保合同的法律后果，理论和实务上便从公司是否具有担保能力转变为若违反对外担保的程序事项的法律后果。于是在司法实践中，由于专业角度和价值衡量的不同，形成了两种不同的分析进路。

(一) 规范性质分析

1. 司法实务

规范属性分析法，是以分析一般民事合同效力方法为裁判进路，将公司对外担保合同作为一般民事合同对待。这种路径依据《合同法》第五十条和《最高人民法院关于〈中华人民共和国合同法〉若干问题的解释（二）》（下称《合同法解释二》）第十四条为中心，通过分析《公司法》第十六条的规范属性来判断担保合同效力。然司法实践中，基于这种分析路径，不同法院的法官对规范属性存在不同理解，进而出现对违反《公司法》第十六条之规定存在不同的判决。

针对《公司法》第十六条第一款，一种观点认为，公司未按照《公司法》第十六条的规定经董事会或股东会决议通过而对外提供担保的，人民法院应当认定担保行为无效[1]。一种观点认为，《公司法》第十六条的规定并非效力性强制规定，在《公司法》没有明确规定公司违反第十六条对外提供担保无效的情形下，对公司对外担保的效力应予确认[2]。这种观点以《合同法解释二》第十四条关于效力性强制规范的规定为基础，通过反面排除，认为既然《公司法》没有明确规定违反《公司法》第十六条会导致担保合同无效，基于内部决议不约束第三人的原理以及保护交易第三人的目的，应该认定担保合同有效。此外，还有法院认为，如果相对人非处于善意情形，则属于越权代表，应该类推适用无权代理规则，担保合同效力待定[3]。根据有关统计，实务

---

[1] 参见"中国信达资产管理股份有限公司深圳市分公司诉深圳市赛臣软件科技有限公司、江西省翠林山庄有限公司等借款合同纠纷案"，(2012) 粤高法民二终字第19号。

[2] 参见"浙江经发实业集团有限公司与杭州弘悦实业有限公司借款纠纷再审案"，(2011) 民提字第351号；"林艾乔诉厦门杏林斯太尔重型汽车有限公司等民间借贷案"，(2015) 厦民终字第1078号；"成都市誉容融资担保有限公司诉任双蓉等追偿权纠纷案"，(2015) 锦江民初字第2602号等。

[3] 参见"罗玉琴与常州友邦担保有限公司、于志宏民间借贷纠纷案"，(2015) 常商终字第460号。

中各地法院倾向认为《公司法》第十六条第一款为非效力性强制规范①。

针对《公司法》第十六条第二款，有观点认为该条款是效力性规范，违反该规定担保合同无效②。也有观点认为该条款是管理性规范，即使违反该规定担保合同依然有效③。还有观点则认为应该考虑公司类型，认为上市公司和非上市公司应该区分不同的合同效力判断④。可见，在规范属性分析法下，法院对于《公司法》第十六条第二款的理解存在差异，以至于出现同案不同判的情形。根据有关统计，各地法院倾向认为第十六条第二款为效力性强制规定⑤。

2. 学理观点

学理上对于公司对外担保的合同效力探究基本保持与司法实务的进路相吻合，就《公司法》第十六条的规范性质而言，形成不同的观点。

(1) 统一论

统一论是指对《公司法》第十六条第一款、第二款、第三款有关的非关联担保、关联担保、表决权回避担保的法律规范性质采相同性质的观点，也就是对《公司法》第十六条整款采同一种规范性质的态度，在统一论视角下又分统一效力性规范与统一管理性规范两种态度。

统一效力性规范的代表学者有赵旭东、刘俊海、李金泽、叶林、华德波等⑥。

---

① 罗培新：《公司担保法律规则的价值冲突和司法考量》，《中外法学》2012 年第 6 期。
② 参见"彭涛与浙江汇联担保股份公司、伊君等借款纠纷案"，(2009) 浙湖商终字第 49 号。
③ 参见"中国邮政储蓄银行浙江东阳市支行与厉小菊等借款纠纷案"，东商初字第 938 号；"中建材集团进出口公司诉北京大地恒通经贸有限公司、北京天元盛唐投资有限公司、天宝盛世科技发展 (北京) 有限公司、江苏银大科技有限公司、四川宜宾俄欧工程发展有限公司进出口代理合同纠纷案"。
④ 参见"中国工商银行杭州湖野支行与程虹、淳安千岛湖环球印刷有限公司借款合同纠纷案"，(2010) 杭拱商再字第 3 号。
⑤ 朱珍华：《公司对内担保的债权人审查义务》，《中南民族大学学报》（人文社会科学版）2014 年第 6 期；最高法院也是采如此立场，即《公司法》第十六条第一款为管理性规范，第 16 条第 2 款为效力性规范，参见罗培新：《公司担保法律规则的价值冲突和司法考量》，《中外法学》2012 年第 6 期。
⑥ 持这种观点的学者认为，法律的规定应当是所有人应当知晓的，因为公司法已经对公司担保做出了规定，它产生了当事人知道或者应当知道的后果，任何人不得以其不知道公开的法律规则而进行抗辩。根据法律规定，当事人应知道签订担保合同时，应当要求对方提供股东决议或者董事会决议。并且，尽管法定代表人享有广泛的代表权，但是《公司法》第十六条已经通过法律的规定限制了法定代表人的代表权，法律推定当事人知晓限制，如果当事人审查决议没有发现代表权的瑕疵将承担不利的后果即担保合同无效。参见赵旭东主编：《商法学》，高等教育出版社 2007 年版，第 222 页；刘俊海：《新公司法的制度创新：立法争议与解释难点》，法律出版社 2006 年版，第 108 页；李金泽：《〈公司法〉有关公司对外担保新规定的质疑》，《现代法学》2007 年第 1 期。

采这种观点的学者以法律的公知力为基础,认为法律一旦公开就有对世的效力,推定任何人都应该知晓的法律规定,并应当按照法律的规定行为。值得注意的是,尽管华德波认为,"从《公司法》第十六条规定的具体性质和立法目的来看,该规定属于法律的效力性规范而不是管理性规范……对担保法律关系的所有当事人都有拘束力"①。但他进一步提出,担保债权人应该负有审查义务,且该审查义务为形式审查义务,若形式审查没有发现瑕疵,即使其后公司决议被宣告无效或者撤销也不影响担保合同的效力。这样看来,在某种程度上法律规范性质为效力性规范不影响赋予相对人以形式审查义务。

统一管理性规范代表学者有王涌、冉克平、罗培新等②。持这种观点的学者认为,该第十六条主要是通过约束董事或者经理等代表人的行为,以保证交易安全,并非否定合同效力。如王涌教授认为,该条本质上是规范公司内部机关的权力范围,不是效力性强制性规范,但是法定的决策程序不仅是对公司的限制和要求,要求公司注意自己行为维持资本充实,保护股东利益,还要求第三人考虑交易对公司等相关利益者的影响,所以相对人负有一定审查义务③。冉克平则认为:"除非公司证明债权人知道或者应当知晓公司董事违反公司章程的情况下还接受公司的对外担保,否则公司的对外担保行为有效。"④ 他还认为债权人只负有形式上的审查义务,并以此作为判断主观善意与否的标准。值得注意的是,尽管罗培新教授认为违背《公司法》第十六条即便只属于违背管理性强制规定,也应该认定担保无效⑤。

(2) 区分论

区分论认为《公司法》第十六条第一款为管理性规范,第二款、第三款

---

① 华德波:《论〈公司法〉第 16 条的理解与适用——以公司担保债权人的审查义务为中心》,《法律适用》2011 年第 3 期。
② 赵旭东主编:《公司法(第四版)》,高等教育出版社 2015 年版,第 143—147 页;罗培新:《公司法担保法律规则的价值冲突与司法考量》,《中外法学》2012 年第 6 期。
③ 赵旭东主编:《公司法(第四版)》,高等教育出版社 2015 年版,第 143—147 页。
④ 冉克平:《论公司对外担保合同的效力——兼评〈公司法〉第 149 条第 3 款》,《北方法学》2014 年第 2 期。
⑤ 罗培新教授认为《公司法》第十六条是赋权性与强制性结合的规范,但是在目前的中国司法体系下,无法将其作为判断合同效力的依据,不过其退一步表达了管理性规范下担保合同的效力。

为强制性规范，代表学者有王保树、耿林、施天涛、朱珍华、朱晓娟等①。持这种观点的学者认为第十六条第一款将决议程序交给当事人自治决定，基于尊重当事人意思宜理解为管理性规范，但是第十六条第二款、第三款为关联性担保，可能存在股东损害公司或者债权人利益的情形，并且第二款规定必须通过股东会或者股东大会决议，第三款则是关联控股股东表决权排除，应当为效力性强制规范。

在区分论的前提下，朱珍华教授认为，担保债权人在符合第十六条第一款情况下担保合同有效，但对于第二款规定的担保应该根据《合同法》第五十条的规定赋予债权人形式审查义务，以此判断当事人的赔偿责任。按照该理解，对于第十六条第一款不需要履行审查义务，而第十六条第二款则结合《合同法》第五十条的规定通过形式审查义务确定赔偿责任。并且，其还提出针对不同的主体赋予不同程度的注意义务。朱晓娟教授认为《公司法》第十六条第一款为任意性规范，违反该款的合同不必然无效，而第十六条第二款、第三款为强制性规范，违反该两款则导致担保合同无效②。其判断依据主要通过"可以""必须""不得"等模态动词以及担保是否涉及其他股东利益，还包括需要股东会或者股东大会决议为权力配置规则，因此违反第一款不必然导致合同无效，但是违反第二款、第三款则导致担保行为无效③。

规范属性分析法很大程度上是承袭以前司法审判的传统思路，在这一进路下，将对外担保合同作为一般民事合同处理，通过对法律规范的强制性与任意性的区分来判断合同效力，这也是实务中法院经常采用的方法④。

---

① 参见王保树、崔勤之：《中国公司法原理（第三版）》，社会科学文献出版社2006年版，第42页；耿林：《强制规范与合同效力：以合同法第52条第5项为中心》，中国民主法制出版社2009年版，第246页；施天涛：《公司法论》，法律出版社2014年版，第152页；朱珍华：《公司对内担保的债权人审查义务研究》，《中南民族大学学报（人文社会科学版）》2014年第6期；朱晓娟：《论我国公司担保制度的规范属性与司法适用》，《中国政法大学学报》2012年第5期。

② 在文章中该作者的任意性规范与管理性规范意义类似，而强制性规范也与效力性规范雷同。

③ 她进一步认为债权人应该承担形式审查义务，担保人在进行形式而非实质审查，在与公司发生担保关系时，只要相对人履行了这种审查义务，代表公司签订合同有公司的合法授权，即使文件系伪造，公司也不得以此为由进行抗辩，应承担相应的担保责任。参见朱晓娟：《论我国公司担保制度的规范属性与司法适用》，《中国政法大学学报》2012年第5期。

④ 参见钱玉林：《寻找公司担保裁判的规范》，《法学》2013年第3期。

(二) 越权代表分析

越权代表分析法，是以法定代表人对外代表为逻辑起点，将公司对外担保合同当事人集中于公司法定代表人与相对人的外部关系，根据公司对外代表人的越权规则判断合同效力。其以《合同法》第五十条为依据，认为《公司法》第十六条作为公司决议的程序性事项，通过相对人主观状态来判断合同效力。这一分析进路，通过对法定代表人的代表权分析，将对外担保合同置于法人视角下进行分析，在一定程度上体现了商事审判的思维，将公司对外担保合同置于法定代表人对外权限角度，以越权代表的理论和法律规范为依据，在此基础上，再对《公司法》第十六条进行解读。

这种裁判思路将《公司法》第十六条的规定作为内部意思形成程序，而法定代表人原则上代表公司，法定代表人事实上是作为公司的意思表意人，那么对外担保的合同效力应该以法定代表人对外代表规则为基础，也就是《合同法》第五十条作为中心裁判依据，而判断相对人是否善意则需要回归到相对人是否对《公司法》第十六条的意思形成程序尽到审查义务。

但是在司法实务中，这一思考进路的难点在于相对人善意如何有效判断，不同法院或者法官对相对人是否对公司决议存在审查义务以及存在何种程度的审查义务存在不同的见解，不过最终对善意的判断也依赖对《公司法》第十六条的理解。有法院认为，公司的担保是否经过公司内部决议程序，不得约束善意相对人，否则不利于维护合同的稳定和交易的安全①。也有法院认为，法律一经公布即具有公开宣示效力，理应成为担保权人应当知道的内容，相对人未能证明自己查阅公司章程，仅仅以法定代表人签字、公司公章就信赖公司的担保行为，属于未尽慎重注意义务，不属于法律保护的善意相对人②。

学理上支持越权代表分析法的代表学者有朱广新、钱玉林、梁上上、高

---

① 参见"吴坤威诉黄志炎、柳州市鼎盛房地产开发有限公司借款合同案"，(2015) 柳市民二终字第 418 号；"中建材集团进出口公司诉北京大地恒通经贸有限公司、北京天元盛唐投资有限公司、天宝盛世科技发展（北京）有限公司、江苏银大科技有限公司、四川宜宾俄欧工程发展有限公司进出口代理合同纠纷案"。

② 参见"吴文俊与泰州市天利投资发展有限公司等借款合同纠纷"，(2014) 苏民终字第 0009 号。

圣平、吴越等①。他们基本认为，应该从代表权限制与合同效力来分析对外担保问题，而不是把重点放在以《公司法》第十六条之规范性质来判断合同效力。在他们看来，《公司法》第十六条为公司内部意思形成机制或者内部决策程序，法律或者章程对此进行公示，其具有一定的约束力，相对人有义务去审查公司决议内容。因此，在公司对外担保过程中，通过对相对人审查义务的课定，在具体案件中审查相对人义务履行情况，以此判断相对人是否为"善意"即"知道或者应当知道"，最终判断担保合同效力。

二、裁判路径的评价

（一）两种路径的总体特征

1. 规范性质分析法渐趋转变

通过对司法实践和学理的总结及分析，可以看出通过规范分析的方法很普遍甚至是主流方法，各地法院主要还是通过规范分析的裁判方法对公司对外担保合同效力进行分析，而学理上以《公司法》第十六条为中心作规范属性分析的学者数量比重较大。从历史演变角度看，规范性质分析方法受到了1993年《公司法》第六十条以来的理论和司法审判实践的影响，是对以往思路的遵循和延续。同时，实务界和理论界对规范性质的认识总体上渐趋"软化"特点，很多不再简单认为违反公司法或者章程规定的对外担保绝对无效，而是有条件地进行区分，体现对公司法自治的尊重，由此产生区分论的观点，更为"激进"的判决或者学说甚至认为《公司法》第十六条为管理性规范。

而且，即使是采用规范性质分析思路，也开始受到越权代表路径的影响。比如朱珍华教授就在其文章中注意到《合同法》第五十条的作用，认为该条

---

① 参见朱广新：《法定代表人的越权代表行为》，《中外法学》2012年第3期；钱玉林：《公司担保中债权人"善意"的认定》，《扬州大学学报（人文社会科学版）》2013年第5期；梁上上：《公司担保合同的相对人审查义务》，《法学》2013年第3期；高圣平：《公司担保相关法律问题研究》，《中国法学》2013年第2期；高圣平：《公司担保中相对人的审查义务——基于最高人民法院裁判分歧的分析和展开》，《政法论坛》2017年第5期；吴越：《法定代表人越权担保行为效力再审——以民法总则第61条第三款为分析基点》，《政法论坛》2017年第5期。

为债权人审查义务的依据。法院在司法裁判中也开始将《公司法》第十六条的规范属性分析和《合同法》第五十条的代表规则相结合进行审判论证①。

同时，通过上文的梳理，发现由于实务或者理论界对法律规范性质的认识方法和角度不同，对《公司法》第十六条的理解有统一论和区分论的不同看法。并且，即使在统一论下，由于对规范性质认识存在差异和混乱，也存在担保合同无效和有效的区分，由此造成大量的同案不同判现象。这不仅有损司法统一和权威，也对个人或者法人行为自由缺乏导向作用，还不利于对案件当事人利益的公正保护，值得反思。

2. 越权代表分析法受重视

明显，通过上述研究整理发现，《合同法》第五十条在公司对外担保中的作用逐渐受到重视②。尤其是"光大银行深圳分行等上诉案"，法院更是通过越权代表分析法更为深入和精彩地探讨了公司对外担保过程中的裁判思路。在理论上，朱广新、钱玉林、梁上上、高圣平、吴越等学者通过对规范性质分析的方法批判和反思基础，对越权代表的思路进行了有力开拓，形成了一定理论体系，影响力逐渐增强。

(二) 规范性质分析方法的反思

1. 效力性规范与管理性规范区分困难

效力性规范与管理性规范区分困难，难以提供有效的判断方法，是以在这样的路径下出现对《公司法》第十六条规范性质的不同理解。就《公司法》第十六条而言，高圣平教授认为："若根据法律法规的意旨，权衡相互冲突的权益以及规范所规制的对象之后，再来判断强制性规定的类型，为何不直接去规定违反强制性规定导致合同无效的考虑因素。"③ 的确，在规范性质分析角度下，不论是认为属于任意性规范、管理性规范还是效力性强制规范，论

---

① 参见"杭州萧山临浦镇资产经营公司诉浙江加兰节能科技股份有限公司等企业借贷案"，(2015) 浙杭商终字第 1084 号。

② 参见"吴坤威诉黄志炎、柳州市鼎盛房地产开发有限公司借款合同案"，(2015) 柳市民二终字第 418 号；"中建材集团进出口公司诉北京大地恒通经贸有限公司、北京天元盛唐投资有限公司、天宝盛世科技发展 (北京) 有限公司、江苏银大科技有限公司、四川宜宾俄欧工程发展有限公司进出口代理合同纠纷案"。

③ 高圣平：《公司担保相关法律问题研究》，《中国法学》2013 年第 2 期。

证者进行的一番目的性说明或者理由解释,事实上是研究者基于背后的利益权衡和价值选择所做出的选择,是一种基于结果主义的判断,本质上是解释者利益衡量和价值选择的结果。也正是由于不同的衡量标准和目的选择,实务和理论上对《公司法》第十六条规范性质的认识存在差异。因此,由于管理性规范和效力性强制规范区分困难,这影响这种路径的合同效力判断。

2. 循环论证

史尚宽教授认为,"效力性规范着重于违反法律行为价值,以否定其法律效力为目的,管理性规定着眼违反行为之事实行为价值,以禁止其行为目的"①。效力性规范和管理性规范区分是探究"立法目的"后的解释结果,效力性规范是指违反其即导致合同无效,而管理性规范是指法律、行政法规没有规定违反其即导致合同无效。因此,形成合同之所以无效是违反了效力性规范。朱庆育教授就此提出:"很明显,公式化的思维过程是:先就规范性质作出是否是管理性规范规定的判断,然后据此推出违反后果,解释结果变成了推理前提。"在效力性强制规范和管理性规范难以区分的情形下,关于《公司法》第十六条的讨论便容易陷入循环论证的思维,以至于为论证而说理。

3. 结构性缺陷

退一步讲,即使是效力性强制规范与非效力性规范能够达到逻辑的周延性,但是在具体判断过程中也无法容纳所有私法规范性质。就《公司法》第十六条而言,第一款赋予当事人有限的选择,既有任意性特点,又是对股东会或者董事会的赋权,体现了对对外担保行为的管控,具有任意性、赋权性、管理性的特点,更趋向非效力性强制规范。而第二款规定必须通过股东会决议,第三款规定控股股东必须回避,这究竟是效力性规范还是非效力性规范,一方面其的确具有强制性特征,但问题在于在具体情况下违反其并非定要否定担保合同效力。因此,在具体的法律规范分析下,虽然效力性强制规范应该与非效力性强制规范具有逻辑上的二元区分,但是某些具体法律规范可能游离在两者之间,需要通过具体条件、规范目的或者其他法律规范进行考虑,

---

① 史尚宽:《民法总论》,中国政法大学出版社 2000 年版,第 330 页。

也即本身不是能够独立判断合同效力的规范。

(三) 审查义务分配: 一条较佳的路径

1. 审查义务分配问题是核心

主流方向上, 两种分析进路在实务和学理上产生交融, 越权代表分析方法是在批判规范性质分析方法基础上展开, 而规范性质分析思路也受到越权代表分析思路的影响, 这是本文通过前述研究的基本判断。一个有趣的现象却是, 司法实务或者学理讨论上, 无论是规范性质分析方法 (包括统一论和区分论) 还是越权代表分析方法, 审查义务经常在论述中被提及。采用统一的效力性强制规范分析思路的代表者如华德波、赵旭东都在他们的文章中表达了审查义务的必要性, 华德波教授甚至旗帜鲜明地提出担保债权人承担形式审查义务。而采用统一的管理性规范学者王涌、罗培新、冉克平都提出相对人负有审查义务, 其中罗培新教授提出合理的审查义务, 冉克平教授提出形式上的审查义务。还有, 采用区分论的朱珍华、朱晓娟两位学者也在他们的文章中表达了相对人或者债权人的形式审查义务, 并且这种审查义务影响合同效力。

可以观察到, 有些学者虽然对规范属性存在不同的见解, 但赋予相对人以审查义务的观点与越权代表的观点惊人地一致, 尽管对审查义务的内容和标准存在不同的见解。又如, 主张越权代表分析进路的代表梁上上教授认为。不能视违反《公司法》第十六条的法律效果为无效, 该条款为规范公司对外担保或者投资行为, 该规范为内部管理规范[①]。而高圣平教授则认为:"综上,《公司法》第十六条在规范性质上应当属于效力性强制规定, 即使将其认定为管理性规范, 违之亦应认定无效。"[②] 这并不意味着他认为违反其即合同无效, 而是仅仅从规范性质分析下的结论, 他认为在对外担保合同效力判断中, 这种区分毫无意义。

从这些学者的观点可以总结, 不管是规范性质分析还是越权代表分析路

---

① 参见梁上上:《公司担保合同的相对人审查义务》,《法学》2013 年第 3 期。
② 高圣平:《公司担保相关法律问题研究》,《中国法学》2013 年第 2 期。

径,绝大多数最终都以"审查义务"为切入点,在不同层次分析审查义务的有无或者内容及标准,以及由此给担保合同效力带来的影响。在这种程度上,审查义务的权衡是对外担保合同效力判断的核心。

2. 回归传统路径

从规范性质展开分析的方法一开始就背离了传统对公司对外担保的路径,是我国法律发展过程中的独特现象。公司对外担保合同不同于一般的自然人之间的合同,而需要考虑法人机构的独特性,简而言之,需要从法人权利义务结构归属的一般规则来讨论。在法人对外担保情形下,公司对外担保由公司法定代表人行为,法定代表人是法人的对外代表机关,与相对人订立对外担保合同,效果归属公司。因此,对公司对外担保合同效力的判断应该从法人权利义务结构出发,探究若法定代表人超越公司经营范围、超越代表权限、滥用代表权,其法律效果是否归属法人。朱广新教授经过研究总结认为:"关于法人权利义务的归属规则,英国、美国、日本等国的立法最终确立了像德国法那样的观念:法人章程关于经营范围的规定,只是对法人行为能力或者权利义务之现实归属的限制。由于法人只能经由代表机关实施交易,所以在法人的外部关系上,代表权或者代理规则是一种概括的,不受限制的权限,唯有在第三人恶意才显露于外。"①

是以,以规范性质进行推导的方式脱离了对法人担保结构的认识,将公司对外担保的合同作为一般民事合同加以对待,没有认识到法人和自然人的差异,忽视了公司的内部关系和外部关系的区分,对此问题的判断应该参照国外经验按照代表或者代理规则来判断才更符合法律的一般传统。

三、对外担保中审查义务中的利益分析

(一)以利益衡量分析审查义务

公司对外担保的合同效力判断中,规范性质分析思路存在结构性缺陷,

---

① 朱广新:《法定代表人的越权代表行为》,《中外法学》2012年第3期。

规范性质区分困难，在论证方式上又陷入循环论证的困境，由此本已造成司法适用的混乱和学理的分歧。更为重要的是，规范性质分析思路背离传统对公司对外担保的路径，事实上应该如绝大多数国家那样通过代表或者代理的规则来判断对外担保合同的效力，如此方符合法人对外担保的结构要求。

通过对我国实务和学理的梳理，也容易发现，即使采用规范性质分析路径的一些学者也主张担保债权人或者相对人承担合理的或者形式上的审查义务，由此可见对规范性质的认定事实上是对相关主体利益平衡的选择。学者表面上是讨论规范性质，但是显然仅仅《公司法》第十六条无法提供足够的规范依据，学者的观点在论证规范性质的过程中显然是对相关当事人义务的分配，本质是在对这一复杂的利益关系进行梳理和权衡，再作出关于规范性质的结论。对此，钱玉林教授有非常精辟的总结："第 16 条究竟为任意性规范抑或强制性规范，或者效力性强制性规范还是非效力性强制性规范，并不能直接成为认定公司与第三人之间法律行为效力的裁判依据。试图仅从规范性质的角度分析公司对外担保或投资行为的效力，有悖于第 16 条的立法目的。"① 由此可见，应该选择以《合同法》第五十条和《担保法司法解释》第十一条关于对外代表签订合同的效力判断规则，通过审查义务的分配是一条较佳的路径。

按照这一规则，重点在于如何判断相对人善意。那需要释明的是：相对人是否应该承担审查公司内部决策程序的义务，相对人善意是推定还是需要通过审查义务的履行来证明，这涉及公司内外部相关利益的平衡。公司内部治理结构的问题，应该考虑这种治理缺陷或者风险该如何分配给交易相对人，而不是无条件施加给相对人。在商事领域，风险分配事实上都是成本核算问题，应该跳出公司内部规范，从整个交易行为主体的利益角度衡量，通过法律解释的方法赋予不同义务主体义务规范或者程序安排，达到整体社会效益的最大化。除此以外，如果认为当事人承担审查义务，审查义务的内容、标准、违反后果是什么？甚至包括审查义务在公司对外担保中的具体适用问题，

---

① 钱玉林：《公司法第 16 条的规范意义》，《法学研究》2011 年第 6 期。

诸如是否应该基于主体类型不同赋予不同程度的审查义务，违反公司章程的对外担保合同效果等。对于上述问题的回答应该通过利益衡量的方法，在越权代表规则的路径下寻找较佳的系列解释规则和裁判方法。

（二）公司对外担保中的利益衡量

1. 公司对外担保中的利益冲突

（1）公司治理结构中的利益冲突

所有权和经营权分离为现代公司的一般特征，这有利于充分发挥专业管理人员的经营才能，实现公司的专业化管理，同时也有利于所有者从经营事务中解放出来，有更多的精力和时间专注其他事务。这种"两权"分立的现象是技术进步、市场开拓、社会分工细化等的产物，促进了企业运行效率，有助于提高企业的经营管理水平。但是，所有权和经营权分离的情况下，公司的所有者可能不参与日常经营管理，只保留重大事项的决定权，经营者掌握着公司日常经营事务的运转，这种分离现象为利益冲突的前提。尽管经营者和所有者、公司利益通常具有一致性，但是随着经营者逐渐管理公司，容易发生经营者为了自身利益而损害所有者利益的情形，这种可能便称之为"风险"。同时，一般情形下，公司股东实行"资本多数决"原则，而在现实生活中每个股东手里的股权或者股份通常并不均匀分布，公司会出现大股东与少数股东。在此基础上，大股东可能会为了自己的利益，利用表决权多数规则，滥用权利损害少数股东利益。

同时，公司债权人为公司提供资金，也需要承担风险。尽管债权人只是将资金投入公司，收取固定收益，但是当公司经营失败，债权人同样要承担资金无法收回的风险。不过，尽管债权人与股东都对公司提供了资金，但是他们获得的收益和承担的风险不同，股东是在公司清偿债务以后才考虑分配红利，而债权人在公司正常经营的情况下，所获本息与公司经营状况无关。由于这种风险和收益，公司法通常将公司的控制权交给股东，作为外部人的债权人不直接参与公司的经营管理，两者利益在特定情况下会存在冲突，如增资、减资、合并、分立等情形下，股东可能会削减或者不当干预公司资本制度，以此损害债权人利益。在此情形下，股东和债权人存在利益冲突的可能。

公司治理从本质上便是对公司相关利益者的权利义务关系进行安排，以此平衡彼此利益，总体上包括董事高管等经营者、职工、股东、债权人等。围绕公司运转的一系列参与主体对公司都有自己的利益诉求，保护的手段就是通过公司治理的途径，合理配置他们的权利义务关系，合理分工，相互制衡，以实现公司的最大利益，最终实现自己的利益①。

因此，在公司存续期间，公司相关利益主体之间有利益冲突的可能。公司法便通过法律规则的设立约束相关主体行为，赋予相关主体积极义务或者消极义务，明确某些情况利益主体需要履行某些程序或者实体性要求，缓解这些利益冲突，以最大限度地实现公司利益。公司法或者公司章程所规定的约束性内容就是公司治理内容，所形成的公司治理结构其实是权力配置关系，也即利益平衡规则。

委托代理理论认为，投资人股东是委托人，而经营者是受托人，解决代理成本问题是公司治理的重要问题，核心便在于设立一套怎样的规则，将这种代理成本降至最低②。而其实公司治理结构不仅仅调整所有者和经营者之间的关系，还通过对组织机构的权力配置，相关事项的程序或者实体规定，以平衡不同利益关系。因此，公司治理实质在于通过约束性规则的设立，平衡不同利益，以促进各利益最优化，对此付出的总体成本是制度成本或者规则成本。

因此，从利益衡量角度，公司法规范之目的在于通过法律规范集合减少利益冲突的损耗，降低企业运行和市场交易成本，以实现社会资源的最优化。公司只要存续便存在不同主体的利益，不同利益主体之间会存在差异甚至冲突，公司治理结构的实体或者程序性安排和权力配置关系会产生相应的成本，在解释和适用法律的过程中，应该对利益进行权衡，降低利益损耗，达到效益的最优化。

(2) 对外担保中的具体利益冲突

公司对外担保制度是一把双刃剑。担保制度的产生，恰恰在于通过降低

---

① 参见谢江东：《从常态公司治理到破产重整中的公司治理——基于利益衡量的公司控制权分析》，《研究生法学》2017年第1期。

② 罗培新：《公司法的合同解释》，北京大学出版社2004年版，第24—25页。

信贷风险,即扩大债务人的责任财产范围,有效降低债权人之债权不能实现的风险从而保障债权的实现,进而加强整个市场的信用,促进商品的流通与资金的流转,最终达至市场经济的全面繁荣①。担保制度降低了债权人的监督和审查成本,在增强市场信用的同时,促进了交易的安全与效力,是市场信贷的润滑剂。但同时,公司对外担保是以公司财产为他人提供担保,如果债务人无法偿还到期债务,公司需要以自身财产提供担保并清偿债务,这样会减损公司资产和信用,而公司资产或者信用遭受损失,势必会影响到公司相关利益者的利益。

具体到公司对外担保过程中,可能会存在几类利益冲突:① 经营者与股东的利益冲突。② 大股东与小股东的利益冲突。③ 担保债权人与股东的利益冲突。④ 担保债权人与一般债权人的利益冲突。担保债权人实现担保债权时,可能减损公司资产或者信用,在某种程度上将影响一般债权人利益的实现。

以公司为中心的相关利益主体包括股东、董事高管、职工、债权人等,在公司对外担保过程中,以《合同法》第五十条为中心的担保合同效力判断规则,其核心在于相对人是否具有审查义务,如有,还应该考虑赋予何种程度的审查义务,这便在于担保债权人与公司相关利益主体的利益权衡问题,关键点在于进行最优的义务分配才能最大限度降低整体利益损害。公司的法定代表人与担保债权人签订担保合同,如果认为代表人或者代理人违反《公司法》第十六条导致担保合同无效,则侧重保护公司利益;如果认为违反第十六条不会导致合同无效,则侧重保护担保债权人利益。其实这两种观点走向了两个极端,没有具体平衡不同主体间的利益,也即没有考虑如何均衡利益主体之间的关系,以实现效率的最优。

在分析具体利益时,应该注意比较担保债权人的审查成本和公司治理结构下的内部监督成本、一般债权人的风险防范成本。如果担保债权人的审查成本高于公司治理中内部关系人的约束成本加上其他一般债权人的风险防范成本,那这样的审查义务分配便是不效率的。相反,如果担保债权人没有任

---

① 黄友良:《担保法教程》,对外经济贸易大学出版社2008年版,第5页。

何审查成本,而公司内部治理的约束成本和一般债权人风险防范成本之和非常高,这也是不效率的。所以,在衡量具体利益的过程中,应该考虑如何配置不同主体之间的义务或者规定程序性安排,才能降低在对外担保过程中的内部监督成本、一般债权人风险防范成本、担保债权人的审查成本。

2. 利益层次结构中的制度利益

(1) 担保合同效力与制度利益

梁上上教授将利益分为当事人的具体利益、群体利益、制度利益和社会公共利益,这些利益形成一定的层次结构。他认为这种层次结构要求法官在判案过程中遵循这样一种思维过程:以当事人的具体利益为起点,在社会公共利益的基础上,联系群体利益和制度利益,特别是对制度利益进行综合衡量,从而得出妥当的结论,即对当事人的利益是否需要加以保护[①]。在公司对外担保合同效力判断过程中,涉及当事人的具体利益冲突,上述已经对此展开分析并提出衡量具体利益时当事人审查义务应该按照怎样的原则分配。还需要考虑的是对制度利益的影响,即是否能够实现制度价值。

我国公司法最初对公司对外担保本身便持否定的态度,其后经过理论和实务的努力才肯定了公司对外担保的能力[②]。因为从制度层面不能否定公司对外担保能力,否则会阻碍资金的融通和市场交易的发展,但也不能放任公司随便提供担保,不然会侵蚀公司资本维持制度。尤其是我国目前存在中小企业融资困难的情况,银行和各类金融机构所拥有的大量资金需要借由信贷的方式到达急需资金的企业手中,而担保制度可以降低企业的信贷成本,同时保障银行贷款的正常回收[③]。同时,与市场经济和公司治理机制更为完善的发达国家相比,我国公司为他人提供担保的现象十分普遍,公司董事、经理等

---

① 梁上上教授认为,具体利益是个案中的当事者利益,群体利益是类似案情下的群体利益。就制度利益而言,由于法律的价值在于追求安定性和妥当性,要考虑未来类似案件的判决后果,特别是利益衡量往往因法律空白而出现,必然对未来类似案件产生影响。参见梁上上:《利益的层次结构与利益衡量的展开——兼评加藤一郎的利益衡量论》,《法学研究》2002年第1期。

② 参见闫秀红:《论公司对外担保中的相对人审查义务》,吉林大学2014年硕士学位论文,第4页。

③ 彭媛媛:《论公司担保的效力——以非关联担保为中心》,中国政法大学2016年硕士学位论文,第1页。

高管随意对外担保,严重损害公司和股东利益①。

由此,除了具体的利益衡量外,还应该考虑抽象的制度利益。由于立法过程本身就是一个利益衡量的过程,并且各种利益经综合衡量已较好地固定在了制度利益上②。对于抽象的制度利益考量应该分析制度运行的现状,分析裁判结果对制度本身的影响。在法律解释和适用的过程中,需要理解法律规范背后的立法精神和制度利益,而不论我们对制度利益进行评价还是完善建议,我们需要在把握制度运行的具体情况下,综合制度存在的政治、经济、文化等各种因素,从维护社会公共利益出发进行权衡。

在公司对外担保过程中,对担保合同效力的判断需要考虑公司资本维持制度,防止侵害公司利益行为的发生,还要保障担保制度的有效运行,以发挥活跃市场资金的作用。在权衡制度利益时,既要分析对外担保过程中内部治理机制的缺陷,也要分析外部交易制度的缺陷。如果由于内部治理机制缺陷影响合同担保效力,应该考虑内部治理结构的相关因素,而非直接否定担保合同效力;如果因为外部交易规则缺陷,应该完善交易制度,而非简单将风险防范推给公司内部治理。因此,在衡量制度利益的情况下,除非制度本身违反社会公共利益,阻碍社会进步,否则应该从完善制度利益出发,而不是因为制度缺陷而直接认定合同无效。

(2) 公司组织行为与公司交易行为的制度利益差异

公司法重点在于保护公司、股东、债权人利益③。在公司对外担保的过程中,由于担保行为是对公司财产的处分,为了防止公司内部主体权利滥用导致的风险,《公司法》第十六条规定了公司对外担保的程序性要求。如果违反公司对外担保程序性规定,解释者往往会将公司决议效力与担保效力联系起来,认为公司决议瑕疵影响担保合同效力,以维护公司中小股东和公

---

① 参见梁上上:《公司担保合同的相对人审查义务》,《法学》2013年第3期。
② 梁上上:《利益的层次结构与利益衡量的展开——兼评加藤一郎的利益衡量论》,《法学研究》2002年第1期。
③ 参见《公司法》第一条规定:"为了规范公司的组织和行为,保护公司、股东和债权人的合法权益,维护社会经济秩序,促进社会主义市场经济的发展,制定本法。"

司利益。与此不同，担保机能在于促进资金融通和商品流通，因此要求交易的安全和效率①。持交易效率优先立场的观点一般会选择切断公司决议效力与担保合同效力的关系，甚至否认公司决议的对外效力，直接按照担保法和合同法的规则解释公司对外担保合同的效力判断。

担保法重在约束交易行为的规则，追求交易的安全和高效，而公司法对公司对外担保的规定侧重组织行为的规制，以保障股东和公司利益。不过，公司对外担保行为并非独立于公司法或者担保法之外，而是存在于公司法和担保法之中。事实上，《公司法》第十六条为公司组织行为的规则，而对外担保行为则是交易行为。由此，本质上在公司担保过程中，是公司组织行为与公司交易行为的制度利益存在差异。而《公司法》第十六条没有规定违反组织行为的交易行为的效力，因此需要对公司组织行为与公司交易行为作具体权衡分析后再决断。令人困惑的是，如何权衡公司组织行为与公司交易行为的异种利益冲突。梁上上教授认为："异质利益衡量的求解路径存在于从抽象命题到具体情境的转变中，其在具体案件的法律适用层面是可解的。除了对不同利益本身的内容与形式作透彻分析之外，客观存在的基本共识为妥当的利益衡量提供了合理性论证的坚实基础。"②

因此，对该制度利益的平衡首先需要结合具体案例的不同情况，对法律规范作清晰的梳理和分析后，再根据客观存在的基本共识作出权衡。

四、公司对外担保中的法律规范意义

（一）《公司法》第十六条的规范意义

1. 法人结构的特殊性

理论永远是服务于现实需要的，承认公司对外担保能力也是社会经济生

---

① 参见《担保法》第一条："为促进资金融通和商品流通，保障债权的实现，发展社会主义市场经济，制定本法。"

② 梁上上：《异质利益衡量的公度性难题及其求解——以法律适用为场域展开》，《政法论坛》2014年第4期。

活的要求，前文已经说明，此不赘述。但与自然人相比，公司法人的对外担保却存在特殊之处，公司不像"自然理性中的人"，可以自由地形成和表达自己的意思。公司作为团体上的法人，公司的意思需要通过某种特殊程序或者方法形成，如股东会或者董事会决议。同时即使公司形成了自己的意思，也无法自己表达已经形成的意思，依然需要具体的自然人去代表公司的意思。但是公司事项千差万别，如果事无巨细都需要特别程序来体现公司意思，这既不符合效率的要求，还会徒增成本，因此公司必然会将很多事项概括授权给公司对外代表人。

当公司与外部第三人发生交易行为之时，公司法人结构的特殊性就会暴露判断公司意思内容的复杂性。由于与外部的交易第三人直接接触的是公司的对外代表人，交易第三人在与之磋商时便需要考虑对外代表人所表达的意思是不是公司的意思。由于信息不对称，倘若要求所有交易第三人真实、充分、完全审查不同类型的意思内容，显然不符合交易效率的要求。那如果对外代表人与交易第三人签订了协议，但是不符合公司意思，该如何认定合同效力，此亦即公司意思形成瑕疵对合同效力的影响问题。要对这个问题作出回答，需要从公司与公司对外代表人的关系角度出发。关于公司与公司对外代表人的关系有代表法和代理说的观点[①]，但本质上这种差异只是对公司本质认识的差别，大多数情况两者适用类似的规则，起码在法律行为的领域是如此。因此，如果对外代表人违反公司意思，应该通过代表或者代理的规则去分析公司意思形成瑕疵对合同效力的影响问题。

在法律技术上，法律会将事项的重要程度交给特定的意思机关，除此以外事项概括授权给公司的对外代表人，基于意思自治的尊重，法律还会授权公司可以在公司章程中对某些事项约定意思形成机制，这其实就是公司机关权力配置的由来。当法律强制性地保留部分重大事项的意思形成权，那么对于保留部分的事项就不属于概括授权范围；基于对意思自治的尊重，有时候

[①] 李捷：《我国公司法定代表人权力滥用与制约研究》，中国政法大学2013年硕士学位论文，第15页。

法律还会允许公司就某些事项由公司章程或公司决议限制对外代表人的权限。由此形成法定的限制、公司章程的限制、股东会和董事会限制等复杂的对外代表人权限的限制结构。

因此，从公司与法定代表人的关系上看，对法定代表人的法定限制是公司对部分公司意思形成机制的保留，也即公司特别保留部分重大事项的意思形成权；而在特别保留的权限以外，法定代表人享有概括的授权，对保留事项之外的公司对外事务，法定代表人的意思即公司的意思；而对于公司章程或者股东会和董事会决议的限制，属于公司内部治理结构的约定，其游离于保留授权和概括授权之间，虽然也是对公司意思形成的限制，但是这种限制与法定限制相比对世效力较弱。从公司与授权代表人的关系来看，授权代表人通过公司具体授权，对公司的特定事项享有对外代表权。授权代表人具有意定性和特定性的特点，授权代表人一般在特定事项结束以后代表权就失效。因此，在分析公司意思形成瑕疵对合同效力的影响问题时应考虑对外代表人限制的不同形态，经过具体的衡量得出妥当的结论。

2. 公司利益冲突下的担保意思形成规则

应该说，《公司法》第十六条主要是公司内部利益冲突的结果。在公司内部治理结构中，存在大股东与小股东、经营者与所有者之间的利益冲突。《公司法》第十六条第一款的担保，主要是股东与经营管理者的冲突，因此公司法规定允许由章程决议交给董事会决定，以体现效率的特点；而对于关联性担保，大股东侵害小股东利益的可能性变大，公司法便明确要求这类担保必须由股东会或者股东大会决议通过，并且关联股东或者实际控制人的表决权应当回避。公司法立法的目的也体现了这个思路，"有些常委委员和地方、部门、企业提出，公司为他人提供担保，可能给公司财产带来较大风险，需要慎重。实际生活中这方面发生的问题较多，公司法对此需要加以规范"[①]。

《公司法》第十六条之规定在于将公司对外担保和投资事项的决定权交给公司股东会或者董事会，而不是概括授权给公司的对外代表人。显然，《公司

---

① 钱玉林：《公司法第16条的规范意义》，《法学研究》2011年第6期。

法》第十六条之目的在于对公司担保事项的内部意思形成机制的保留。通过这种程序性的规定，对影响公司资产安全的担保行为和对外投资行为进行风险防范和风险控制。《公司法》第十六条否定的不是公司对外担保行为和对外投资行为，而是否定担保或者投资行为可能带来的风险。《公司法》第十六条区分不同级别的风险，将关联担保和非关联担保进行区分，交给代表公司意思的机关股东会或者董事会决定，决议程序安排是以股东利益为中心的价值衡量。

《公司法》第十六条作为公司担保意思形成规则，对公司担保作出了相应的程序性安排，以更好体现全体股东意志。但是，事实上这种规范之目的主要在于控制公司内部之风险，而不是杜绝风险的发生，即使通过股东会或者董事会决议，公司对外担保也可能因为商业风险而遭受损失，影响公司资本维持。那么，如果公司对外担保违反《公司法》第十六条的程序性的风险控制规范，是否直接导致合同无效，或者说何种情况下会导致合同无效？这事实上涉及风险控制不足导致的风险外化是否应该由交易相对人承担的问题。

本文认为需要从以下几个角度出发：首先，由于法人结构的特殊性，公司的对外代表人所表示意思与公司意思可能存在差异，应该通过代表或者代理规则来分析意思表示不一致带来的合同效力问题；其次，《公司法》第十六条之规范是公司对于公司对外担保的程序性限制，本质上是公司担保意思的形成规则和风险防范机制，这种限制是公司内部治理结构的问题，应该考虑这种治理缺陷或者风险该如何分配给交易相对人，而不是无条件施加给相对人；最后，在商事领域，风险分配事实上都是成本核算问题，应该跳出公司内部规范，从整个交易行为主体的利益衡量角度，通过法律解释的方法赋予不同义务主体义务规范或者程序安排，达到整体社会效益的最大化，对于这些利益衡量方法和效益分析必须从具体案件出发展开探讨。

（二）担保意思表示的外化规则

1.《合同法》第五十条和《担保法司法解释》第十一条

公司法没有对公司对外代表人的对外行为效力规则判断方法作一般规定，而是在《合同法》第五十条和《担保法司法解释》第十一条作了相关规定，法律条文的分散也是造成法律适用困难的重要原因。《合同法》第五十条和《担保法司法解释》第十一条内容基本相同，区别在于《担保法司法解释》第十一条具体规定为担保合同，《合同法》第五十条为一般合同。这种以对外代表人为核心的合同效力判断规则考虑了与外部人直接联系的是公司对外代表人，如果相对人"知道或者应当知道"，则代表行为有效，无疑这是公司意思表示外化的规则。

因此根据该规定，在公司意思表示过程中出现对外代表人表示意思与公司内部意思不一致时，如果相对人不属于"知道或者应当知道"之主观状态，则以对外代表人意思为公司意思；而如果相对人属于"知道或者应当知道"之情形，则应该以公司内部意思为公司意思，对外代表人所表示意思不为公司意思。基于意思表示的归属规则，可以进一步推导并非任何情况下对外代表人的行为即是公司的行为，对外代表人的行为并非当然代表公司行为，而是具体的有条件的。而《合同法》第五十条和《担保法司法解释》第十一条有关的"知道或者应当知道"其实是公司法定代表人行为归属公司的前提条件，亦即在对外代表人意思与公司意思不一致时，根据相对人的主观状态确定对外行为是否对公司有效。"知道或者应当知道"之理解，下文将详解。

值得注意的是，"代表行为有效"如何理解，目前普遍的做法是若"代表有效"则直接认定担保合同有效。但"代表行为有效"事实上表达的应该是行为效果是否归属公司，而非直接认定担保合同有效，也就是说首先通过相对人主观状态确定对外代表人之行为能否归属公司，在确定公司作为担保合同主体后，再进一步考察担保合同效力问题。有人便指出："《合同法》第五十条所解决的是代表人的行为能否归属公司，而非合同是否有效。"[①] 因为对外代表人没有越权订立的合同也并非全部有效，还是需要结合合同无效规则来判断担保合同的效力。参照代理或者代理规则亦是如此，《合同法》第四十

---

① 何欢：《再议代表人越权对外担保的法律效力——基于公司担保规则的体系化解读》，《交大法学》2015年第2期。

八条、四十九条之规定为无权代理、表见代理之规定①，学者对"对被代理人不生效""代理行为有效"大抵也是认为，有效是指对本人生效，而非涉及合同是否生效问题②。因此，《合同法》第五十条并非独立的担保合同效力判断规则，而是合同效力是否归属公司的判断规则。

综上所述，《合同法》第五十条和《担保法司法解释》第十一条是公司意思外部化的规则。公司法授予对外代表人概括性的对外代表权，对外代表人的行为通常情况下即是公司行为，行为之效果归属公司。但是，公司法有时候会将特定事项的公司意思形成权保留，通过法定的程序性安排予以限制，在这种情形下，若对外代表人的意思与公司意思不一致则可能会发生效力归属问题。如上，对外代表人享有原则上的概括代表权，但是在例外情况下需要具体考虑相对人的主观状态再衡量。

2.《民法总则》第六十一条

《中华人民共和国民法总则》（以下简称《民法总则》）第六十一条对法定代表人的规定③，从词句表达上与《合同法》第五十条有所不同的是，《合同法》第五十条只规定超越权限，而《民法总则》第六十一条第三款则进一步明确了法人章程或者法人权力机关对法定代表权的限制问题，认为两种情形下的代表权限制不得对抗善意第三人。那么，如何理解第六十一条第三款之规定？

有人认为《民法总则》第六十一条第三款基于"内外有别"的法理确立了"善意有效"的规则，将法定代表人越权担保适用的规范重点引到"知道或者应当知道"的判断④。其认为《民法总则》第六十一条为《合同法》第五

---

① 《合同法》第四十八条规定："行为人没有代理权、超越代理权或者代理权终止后以被代理人名义订立的合同，未经被代理人追认，对被代理人不发生效力，由行为人承担责任。"第四十九条："行为人没有代理权、超越代理权或者代理权终止后以被代理人名义订立合同，相对人有理由相信行为人有代理权的，该代理行为有效。"
② 参见王利明：《民法总则研究》，中国人民大学出版社2003年版，第653—654页；王泽鉴：《民法总则》，中国政法大学出版社2001年版，第452—453页。
③ 《民法总则》第六十一条："依照法律或者法人章程的规定，代表法人从事民事活动的负责人，为法人的法定代表人。法定代表人以法人名义从事的民事活动，其法律后果由法人承受。法人章程或者法人权力机构对法定代表人代表权的限制，不得对抗善意相对人。"
④ 吴越：《法定代表人越权担保行为效力再审——以民法总则第61条3款为基点》，《政法论坛》2017年第5期。

十条规范内涵的抽象确认,至于如何判断"善意"依然需要回归"知道或者应当知道"的判断,因此《民法总则》第六十一条只是对现有体系的确认。有人认为,第六十一条第三款的规定仅及于法定代表人的约定限制,并未涉及法定代表人超越法定限制从事民事活动的效果归属问题①。还有人进一步认为,《公司法》第十六条是对公司法定代表人代表权限的法定限制,不宜以《民法总则》第六十一条三款关于法定代表人的约定限制不得对抗相对人的规定为依据,否认相对人的审查义务②。

对法人代表权限的限制分法定限制和约定限制,《民法总则》第六十一条规定的公司章程或者法人权力机构的限制为约定限制,它明确了对约定限制不得对抗善意第三人,但是没有规定法律对法人对外代表权限制如何判断,依然留下了法律空白,造成理解上的困难。因此,《民法总则》第六十一条只是明确了对外代表权约定限制的越权问题,但是对于法定代表权限制依然需要回归"善意"的判断。《公司法》第十六条对公司对外担保作了程序性规定,对这些是否应该承担以及作何种程度的审查则为相对人主观状态的具体化判断。如果认为相对人之"善意"是法律直接推定的,那么其便不属于"知道或者应当知道",也就不需要审查对外担保的意思形成过程;如果认为"善意"需要相对人通过具体行为加以证明,那么属于"知道或者应当知道"情形,应该由相对人通过某些行为进行举证,如此相对人便需要承担审查义务,而对"知道或者应当知道"的不同程度理解会赋予相对人不同程度的审查义务。

五、结论

对外担保合同效力判断最终是利益和价值衡量的结果。应该通过利益衡量的方法在越权代表规则的路径下寻找较佳的系列解释规则和裁判方法,通

---

① 沈德咏:《中华人民共和国民法总则条文理解与适用》,法律出版社 2017 年版。
② 高圣平:《公司担保中相对人的审查义务——基于最高人民法院裁判分歧的分析和展开》,《政法论坛》2017 年第 5 期。

过审查义务的分配是一条较佳的路径。《公司法》第十六之规范是公司对于公司对外担保的程序性限制,是公司担保意思的形成规则和风险防范机制,《合同法》第五十条、《担保法司法解释》第十一条、《民法总则》第六十一条为担保意思的表示外化规则。公司对外代表人的意思原则上就是公司的意思,因为公司法授予对外代表人概括性的对外代表权,对外代表人的行为通常情况下即是公司行为,行为之效果归属公司。

但是,公司法有时候会将特定事项的公司意思形成权保留,通过法定的程序性安排予以限制,在这种情形下,若对外代表人的意思与公司意思不一致则可能会发生效力归属问题。公司内部治理结构的问题,应该考虑这种治理缺陷或者风险该如何分配给交易相对人,而不是无条件地施加给相对人。在商事领域,风险分配事实上都是成本核算问题,应该跳出公司内部规范,从整个交易行为主体的利益衡量角度,通过法律解释的方法赋予不同义务主体义务规范或者程序安排,达到整体社会效益的最大化。

(2020)

《电子商务法》知识产权保护规则的分析与完善

朱朋飞　许卓昇*

摘　要：《电子商务法》中确立了知识产权保护规则，该规则移植于美国《千禧年数字版权法》中的"避风港"规则，并将其扩大适用到整个知识产权保护领域。《民法典》的颁布对该规则产生了重大的影响，但是并未改变其基本流程。面对电商领域严重的恶意投诉情况，有必要改进知识产权保护规则，引入电商平台对涉嫌侵权商品进行初步裁判，以充分发挥平台作用，均衡权利人和平台内经营者的利益，促进电子商务的健康发展。

关键词：电子商务　知识产权　恶意投诉　"避风港"

随着互联网技术的发展，知识产权的保护领域也逐渐扩张到了网络领域。首先在网络领域建立知识产权保护规则的美国，通过《千禧年数字版权法》(DMCA)建立了"通知—删除"规则。随后"通知—删除"规则在世界范围内产生广泛影响，中国也深受其影响。我国《信息网络传播权保护条例》首先吸收了"通知—删除"规则，作为网络服务提供者在网络传播侵权的"避风港"。《侵权责任法》第三十六条也采纳了这一原则，作为网络服务提供者承担侵权责任的一般规定。2019年生效的《电子商务法》将"通知—删除"规则进一步细化，使之成为电子商务领域知识产权保护的规则。但是《电子商务法》建立的知识产权保护规则在理论界和实务领域争议不断。我国首部《民法典》也对此进行了回应，但效果仍不理想，并没有完全解决争议。因此有必要对此规则进行深入研究分析，以期对该规则进行完善。

---

* 朱朋飞，国防大学法律硕士。许卓昇，郑州财经学院马克思主义学院助教。

一、《电子商务法》知识产权保护规则

电子商务的发展极大地促进了我国经济的发展，据统计2018年全年实现电子商务交易额31.63万亿元，占社会消费品零售总额的比重已达到18.4%，保持世界最大网络零售市场地位[1]。但是电子商务领域侵犯知识产权的活动，对我国电子商务的健康发展造成了严重威胁。因此我国《电子商务法》第四十一条规定电子商务平台经营者（后称"电商平台"）应当建立知识产权保护规则，赋予电商平台保护知识产权的义务。《电子商务法》第四十二条至四十五条建立了电商平台知识产权保护的规则，被学者称为"通知—删除—反通知—15天等待期"规则（图1），其目的是平衡知识产权权利人（后称"权利人"）、电商平台、平台内经营者（后称"卖家"）三者的利益。具体来讲，权利人发现卖家侵犯了自身知识产权，有权利向电商平台进行投诉，平台接到权利人合格的投诉后，立即将该投诉转通知给相关卖家，并采取相关必要措施。卖家在接到通知后，有权利进行不侵权的反通知，平台收到卖家的反通知后需将该反通知转通知给权利人，权利人自收到反通知后，如果在15天内没有向相关行政部门投诉或者提起诉讼，平台将解除必要措施；如果在15天内进行了相关投诉或诉讼，平台将继续保持必要措施。《电子商务法》的这项规则虽然是移植于美国的DMCA，但是却扩展了适用范围，将仅适用于著作权领域的规制拓展到整个知识产权范围。通过这项规则我们可以看到，其加大了对知识产权权利人的保护，创立了一个在电商平台上快速处理侵权纠纷的机制。但其同时也产生了问题，比较现实的问题是这个机制激励了滥用知识产权权利和不正当竞争的行为，对平台以及卖家都产生了不良的影响。因为有这个副作用存在，该规则引起了不小的争议，因此有必要对这个规则进行研究和完善。

---

[1] 商务部电子商务和信息化司：《中国电子商务报告（2018）》，http://dzsws.mofcom.gov.cn/article/ztxx/ndbg/201905/20190502868244.shtml，最后访问日期：2020年6月7日。

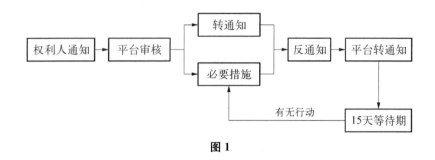

图1

二、《电子商务法》知识产权保护规则存在的问题

《电子商务法》知识产权保护规则将原来只适用于网络传播权的规则扩展到了所有的知识产权，由此在实务中产生了许多问题。

（一）变相替代了司法的临时措施

临时措施是指法院在对案件的是非曲直作出最终判决之前，先采取的保护当事人利益的措施①，有行为保全、证据保全、财产保全等措施。《电子商务法》知识产权保护规则规定，只要权利人发出了合格的通知，平台就要采取必要措施，否则就可能承担不利后果。这个必要措施包含删除、屏蔽、断开连接、终止交易和服务等措施。虽然并不是所有的必要措施都像列举的那样严厉，但与司法的保全措施相比，有过之而无不及。反观申请保全措施，权利人向司法机关申请后，不光要提供书面证据材料，还可能要提供担保，而且并不一定被批准。相较之下，通过向电商平台发出通知获得"保全措施"无论从时间成本还是金钱成本上来看都是最划算的。因此，此规则架空了电子商务领域司法的保全措施制度，虽然极大地保护了权利人，但是也激励了恶意投诉人，伤害了平台和平台卖家的利益，造成了三者利益的失衡。

（二）降低了平台参与知识产权保护的积极性

平台在整个规则中能主动作为的一环就只有平台对通知进行审核，一旦通知符合条件，属于合格的通知，平台就要按照规定进行转通知、采取必要

---

① 王迁：《知识产权法教程（第六版）》，中国人民大学出版社2019年版，第12页。

措施、转达反通知、在等待期等待权利人进一步行动。这后续的一系列动作平台能主动作为的空间很小，基本上是流程化地按部就班，这也就降低了平台参与知识产权保护的积极性。如果平台想要进行更多的实质性判断和介入，反而有可能因为违反了该条设定的义务而要承担法律上的不利后果[1]。因此有学者提出该规则不应被理解为网络服务商侵权的判断依据，而是网络服务提供商的免责依据（或抗辩理由）[2]，目的也是为了提高网络服务商的积极性。作为平台，一方面保护知识产权有利于自身发展，并且一些较大的电商平台有相应的技术和能力进行判断和介入侵权纠纷；另一方面贸然介入纠纷可能会承担一定的不利后果，但是如果袖手旁观任由权利人滥用权利进行不正当竞争，反过来也会损害平台的利益。因此，这则规则降低了平台参与纠纷解决的积极性，同时使平台处于一个进退维谷的尴尬境地。

（三）15 天等待期刺激了不正当竞争行为的发生

15 天的等待期对平台内被投诉的卖家来说，算得上是灭顶之灾。在恶意投诉者提供了合格的通知后，即使卖家马上就提出不涉及侵权的反通知，平台还是要对卖家采取必要措施，之后平台也只能在 15 天的等待期内等待权利人的行动。这样导致的直接结果就是，只要卖家涉嫌侵权，就无法进行销售而遭受经济损失，其销售数据也无法恢复，不仅意味着商机的丢失，也意味着之前积累的商誉、排名等花费的成本付诸东流。如果刚好赶在"双 11""双 12"等电商平台促销活动期间，卖家的损失将会是巨大的。而且如果事后证明是权利人恶意投诉，权利人要承担赔偿卖家的责任。但是这些损失通常是抽象的、难以量化的，商家要举证因此造成的具体损失亦存在困难，至于恶意投诉人因此获得的利益则更难以量化，其结果是法院只能根据《反不正当竞争法》等法律规定酌定赔偿数额[3]。15 天的等待期给予了恶意投诉者极

---

[1] 刘晓春：《〈电子商务法〉知识产权通知删除制度的反思与完善》，《中国社会科学院研究生院学报》2019 年第 2 期。

[2] 史学清、汪涌：《避风港还是风暴角：解读〈信息网络传播权保护条例〉第 23 条》，《知识产权》2009 年第 2 期。

[3] 成文娟、郎梦佳：《电商环境下知识产权恶意投诉行为的认定与规制》，《中国应用法学》2020 年第 1 期。

大的刺激,同时给予卖家极大的伤害,以至于这个等待期成为不正当竞争的工具。据京东知识产权总监表示,"截至目前,我们还没有收到一例在投诉方发起投诉之后去法院进行立案或者去行政机关进行举报的案例,当然其中原因存在多样性;但也可以看出,很多情况下投诉方根本就不需要去起诉,只需要被投诉商品在至少15天内不进行上架有时就完全可以达到权利人投诉的目的"[1]。根据阿里巴巴知识产权保护平台统计,2018年上半年权利人或代理机构发起的恶意投诉年均约占30%[2]。可见,恶意投诉在总投诉中的占比已经相当之高,而15天等待期的设置又极大地刺激了恶意投诉的产生,破坏了权利人、平台、卖家三者的利益均衡,不利于我国电子商务的健康发展。

三、《民法典》等相关法律对其回应

在今年人大通过的《民法典》中,有四条规定涉及网络侵权,对《电子商务法》产生了一定的影响,分别是第一千一百九十四条至第一千一百九十七条。《民法典》第一千一百九十四条规定:"网络用户、网络服务提供者利用网络侵害他人民事权益的,应当承担侵权责任。法律另有规定的,依照其规定。"这条规定延续了原《侵权责任法》第三十六条第一款,但是增加了"法律另有规定的,依照其规定"的条件,即是说在电子商务知识产权侵权领域,还是要适用《电子商务法》。

《民法典》第一千一百九十五条第一款规定:"网络用户利用网络服务实施侵权行为的,权利人有权通知网络服务提供者采取删除、屏蔽、断开链接等必要措施。通知应当包括构成侵权的初步证据及权利人的真实身份信息。"这款规定与《电子商务法》不同的是增加了通知中的内容,即权利人的通知中不仅要包含初步证据,还要提供真实的身份信息。笔者认为这是为了防止

---

[1] 范艳伟、王珏:《电商法来了,平台怎么办?——论〈电子商务法〉下电商平台"通知—删除"规则的适用》,《北京航空航天大学学报(社会科学版)》2019年第6期。

[2] 成文娟、郎梦佳:《电商环境下知识产权恶意投诉行为的认定与规制》,《中国应用法学》2020年第1期。

恶意投诉，对于不提供真实身份信息的权利人可以认定为其通知无效，在造成卖家损失时可以推定其主观上恶意。

《民法典》第一千一百九十五条第二款规定："网络服务提供者接到通知后，应当及时将该通知转送给相关网络用户，并根据构成侵权的初步证据和服务类型采取必要措施；未及时采取必要措施的，对损害的扩大部分与该网络用户承担连带责任。"这款规定的亮点是拓宽了必要措施的类别，并且要求根据初步证据和服务类型采取多元化的必要措施，增强了法律的灵活性和适应性。全国人民代表大会宪法和法律委员会在关于《民法典侵权责任编（草案）》修改情况的汇报中指出："网络服务提供者的类型多样，对侵权信息的产生、储存、处理等行为的控制程度也不完全一样，情况较为复杂，宜根据提供服务类型的不同，采取不同措施，使之具有针对性。"[1] 这意味着必要措施不再等于《电子商务法》中"删除、屏蔽、断开链接、终止交易和服务"等措施，而是给予了司法实践较大的自由空间。但是需要注意的是，在"嘉易烤诉金仕德、天猫案"[2] 一案中，法院将"转通知"确立为必要措施的一种。但是根据《民法典》条文的语言逻辑来看，"转通知"和"必要措施"是"并"的关系，因此转通知不能再被解释成必要措施的一种。至于必要措施具体包含哪些类别，还需要在今后的司法实践中不断完善。

《民法典》第一千一百九十五条第三款规定："权利人因错误通知造成网络用户或者网络服务提供者损害的，应当承担侵权责任。法律另有规定的，依照其规定。"该款规定与《电子商务法》有两个方面的不同：一是《民法典》增加了错误投诉者对平台的侵权责任，符合了当前错误投诉侵权的行为特点。错误投诉不仅伤害卖家，对平台的影响也是十分深远的，因此增加错误投诉对平台的责任具有合理性。二是《民法典》并没有规定恶意投诉的加倍责任，但这并不影响《电子商务法》中关于恶意投诉加倍赔偿的规定，《民法典》在这一款进行了"法律另有规定的，依照其规定"的说明。但是需要注意的是，

---

[1] 姚志伟：《〈民法典〉网络侵权条款评释》，https://mp.weixin.qq.com/s/Vm-ziCZkUr1fE2qVS9IHvw，最后访问日期：2020年6月8日。
[2] 参见（2015）浙知终字第186号民事判决书。

不论是《电子商务法》还是《民法典》中，错误通知责任都是一种无过错责任。但是由于《中华人民共和国政府和美利坚合众国政府经济贸易协议》的影响，其中第一章第五节第 1.13 条第二（二）款规定"免除善意提交错误下架通知的责任"，意味着善意的错误通知责任的免除。最高人民法院在 2020 年 4 月 15 日发布的《关于全面加强知识产权司法保护的意见》（法发〔2020〕11）第六条明确规定："要依法免除错误下架通知善意提交者的责任。"① 可见，最高人民法院吸纳了《中美贸易协定》的有关内容，但需要注意的是，不管是最高人民法院的文件还是《中美贸易协定》，其适用范围都仅限于电子商务领域，并且只适用于电商平台上著作权和商标侵权行为，不包含专利侵权行为②。《民法典》第一千一百九十五条规定的是普通网络侵权领域的侵权责任，因此不受影响，《电子商务法》受影响的也只限于著作权和商标权的侵权行为规制，专利权的错误通知仍要承担侵权责任。

《民法典》第一千一百九十六条的规定和《电子商务法》第四十三条的规定相似，主要存在两点不同。第一点不同是，网络用户发出的反通知中不仅要包含不存在侵权行为的初步证据，还要包含用户的真实身份信息。第二点不同非常重要，《民法典》将《电子商务法》中"15 天等待期"改为"合理期限内"。这反映出立法部门也对"15 天等待期"进行了充分的思考，为了平衡权利人和卖家之间的利益，将过长的等待期改为合理期限。但是如何确定合理期限，具体操作还需要相关部门发布指导性的标准，平台对不同的投诉设置不同的期限，经过长时间实践的归纳总结，最后形成共识性的行业规则。《民法典》第一千一百九十七条与《电子商务法》第四十五条的规定并没有什么实质性不同，在此不做阐释。

综上可以看出，《民法典》相关涉网络侵权的条文对《电子商务法》知识产权保护规则产生了不小的影响，但同时《民法典》的问世，并没有改变

---

① 参见姚志伟：《〈民法典〉网络侵权条款评释》，https://mp.weixin.qq.com/s/Vm-ziCZkUr1fE2qVS9IHvw，最后访问日期：2020 年 6 月 8 日。

② 参见方梓楠、姚志伟：《〈中美经贸协议〉中的电商侵权条款解读》，https://zhuanlan.zhihu.com/p/137833993，最后访问日期：2020 年 6 月 8 日。

《电子商务法》知识产权保护规则的基本流程,只是细化了相关规则的内容,因此该规则存在的刺激不正当竞争、降低平台积极性等问题仍没有根本性解决。

四、学界对完善电商平台知识产权保护规则的建议

《电子商务法》知识产权保护规则问世以来,学界众多学者对其进行深入的研究,普遍认为知识产权保护引入DCMA的"通知删除"规则是合理的且可行的,但需要根据我国的法律及具体情况进行改造。目前对于规则的改造主要有三种提法。

(一)"反通知与恢复"规则

王迁教授从专利权保护的角度提出,平台在收到专利权人有关某产品侵犯其专利权的通知后,首先应该采取必要措施,同时将通知转给卖家。如果卖家提出了不侵权的反通知并要求采取恢复措施,那么平台就可以恢复并且将反通知转达给权利人,同时告知权利人不得再次通知其采取必要措施[①]。"反通知与恢复"规则将原有的规则更改为图2所示。

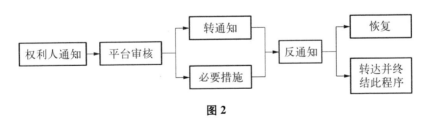

图 2

"反通知与恢复"规则其实在《信息网络传播权保护条例》中就已经存在,其第十七条规定,网络服务提供者接到服务对象的书面说明后,应当立即恢复被删除的作品、表演、录音录像制品,或者可以恢复与被断开的链接,同时将书面说明转送权利人,权利人不得再进行通知。但是《信息网络传播

---

① 王迁:《论"通知与移除"规则对专利领域的适用性——兼评〈专利法修订草案(送审稿)〉第63条第2款》,《知识产权》2016年第3期。

权保护条例》只适用于著作权的保护，将其扩大到知识产权范围还需要审慎。从权利人的角度来看，权利人发出合格的通知后，平台会采取必要的措施，但同时会提醒卖家发出反通知，此时权利人会获得一个短暂的"保全行为"。一旦卖家发出反通知，权利人的"保全行为"即告失效，并且通过平台救济的程序终结，权利人只能向行政部门或法院寻求救济。此规则削弱了通过平台进行知识产权救济的强度，如果要求权利人在每一次通知删除程序之前，都需要做好提起行政投诉或者司法诉讼的准备，这累加起来实际上也为其知识产权维权增加了大量的成本[①]。从平台的角度看，平台在整个流程中仍然发挥不了实质性的作用，就像是权利人和卖家之间的传话筒。但是其责任却比原来有所降低，原因是只要平台按照规定操作，即便是遭遇到恶意投诉，由于没有等待期，能采取及时恢复措施，卖家能将损失降到最低，因此不易与平台发生合同纠纷。从卖家的角度看，不管其是否侵权，只要能够发出合格的反通知，就能继续经营，即使自身属于侵权卖家，也可能会赌一把认为权利人维权的高成本会阻止其向行政部门或法院寻求救济。因此，笔者认为，"反通知与恢复"规则虽然解决了权利人恶意投诉问题，但是却产生了新的问题，加重了权利人维权的成本，而且没有解决平台发挥作用的问题。另外，不对知识产权进行著作权、商标权、专利权的分类保护是不经济、不可取的，应该探索对不同的权利类型寻求不同的救济流程。

（二）"通知—转通知—删除"规则

有学者提出"通知—转通知—删除"规则，即电商平台接到通知后，暂时不采取删除等必要措施，立即将该通知转送网络用户且要求其在一定期限内提供不构成侵权的反通知。当该网络用户逾期未提供反通知时，电商平台应采取删除等必要措施。当该网络用户在要求的期限内提出反通知时，电商平台应将反通知转送权利人且向其说明情况，无需采取删除等必要措施，并

---

① 刘晓春：《〈电子商务法〉知识产权通知删除制度的反思与完善》，《中国社会科学院研究生院学报》2019 年第 2 期。

告知事人可以寻求仲裁、诉讼等途径来解决侵权纠纷①。"通知—转通知—删除"规则可以用图 3 来表示，其与"反通知与恢复"规则十分相似，都是删除了等待期，不同的是采取必要措施的时间和条件不一样。在"通知—转通知—删除"规则中，只有在卖家接到通知后，在规定的时间内没有提交反通知，才会被采取必要措施。从权利人的角度看，这则规则取消了通知即能获得暂时的"保全行为"，并且如果卖家发出合格反通知，通过平台进行救济的程序便终止。从平台来看，平台仍然不能进行任何作为。从卖家角度来看，卖家的利益得到了充分的保障，即使是在"双 11"等促销时间，也不用担心会被不正当竞争者恶意投诉。虽然"通知—转通知—删除"规则解决了恶意投诉的问题，但是却产生了其他的新问题，让该规则在保护电子商务平台知识产权中显得十分鸡肋，并不利于电商平台知识产权的保护。

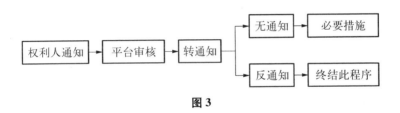

图 3

（三）"正反通知＋移除"规则

"正反通知＋移除"规则是指在权利人向平台发出通知后，平台并不立即采取必要措施，而是立即进行转通知。如果卖家认可指控，平台立即采取必要措施，如果卖家不认可指控，则需要在 48 小时内提交不侵权的反通知。平台根据双方通知和反通知的内容及其提供的证据作出判断，要么立即采取删除等必要措施，要么确认该网络用户的行为不构成侵权。权利人如果对不构成侵权的判断不服，可以向行政部门进行投诉或向法院提起诉讼②。"正反通知＋移除"规则可以用图 4 来表示。"正反通知＋移除"规则最大的创新是将平台引入到该规则之中，让平台发挥作用，进行一个初步的裁判。对比现有

---

① 何琼、吕璐：《"通知—删除"规则在专利领域的适用困境：兼论〈侵权责任法〉第 36 条的弥补与完善》，《电子知识产权》2016 年第 5 期。

② 牛萌：《"正反通知＋删除"制度的建构》，《中国版权》2014 年第 4 期。

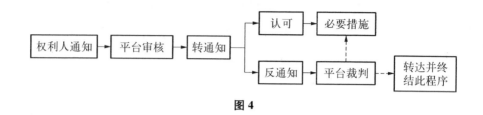

图 4

的电子商务知识产权保护规则,该规则舍弃了通知即删除和等待期的规定,将平台从一个第三方的地位定位为一个裁判者的地位。如此带来的问题便是,原本属于平台的"避风港"规则,现在变成了平台的裁判规则,平台对于裁判结果的对错是否要承担后果,还需要进一步研究。因此有学者反对,指出电子商务平台不享有法外特权,也不承担法外义务,更不能担当"裁判者"的角色[1]。但是从社会效益的角度看,立法者创设"通知—移除"规则的目的并不是制定准确判断通知内容侵权与否的规则,而只是设计了一项成本更低且效率更高的侵权纠纷快速处理机制[2]。那么我们就从纠纷解决机制方面来审视该规则。以权利人的角度来看,该规则取消了通知即能获得的"保全行为",但是整体上获得了一个第三方平台裁判的机会,这个机会要比采用行政和司法程序救济权利所付出的成本要小得多。基于成本问题和对平台的信赖,权利人的利益能在这个规则中得到应有的保障。从卖家角度来看,卖家接到投诉通知后,其产品并不会马上被采取必要措施,而且立即获得一个答辩的机会,如此在不影响经营的情况下,权利人和卖家获得了一个同等的地位,有效防止了权利人恶意投诉对卖家的损害。从平台的角度来看,在被赋予裁判者的身份后,虽然获得了裁决的权利,但也承担了一定的义务。首先要进行裁判的人力、资金等成本投入,其次丧失了"避风港"规则的保护,对于错误的裁决可能要承担一定的后果。在这个规则之下,可以说矛盾由权利人和卖家之间集中到了平台自身,对于一些大的平台,比如淘宝、京东,可能

---

[1] 应向健、杨治:《网络服务商未对权利人通知及时采取合理措施的应当承担相应的侵权责任:对指导案例83号"威海嘉易烤生活家电有限公司诉永康市金仕德工贸有限公司、浙江天猫网络有限公司侵害发明专利权纠纷案"的解读》,《中国审判》2017年第13期。

[2] 武善学:《通知移除规则在电商平台专利侵权中的适用研究》,中南财经政法大学2018年博士学位论文,第96页。

有能力处理这些问题。对于一些小的电商平台，可能无力处理这些问题导致引火上身。但是总的来看，将电商平台引入侵权纠纷解决机制之中，有利于纠纷的解决，该规则能够解决权利人利用平台获得"保全行为"和进行不正当竞争的问题，同时均衡了权利人和卖家之间的利益，长期来看有利于电商平台的健康发展和我国电子商务的发展。唯一的问题是电商平台作为裁判者的规则需要充分具体细化，平台相关的权利义务需要进一步研究讨论。

五、完善电商商务领域知识产权保护规则的建议

将"通知—删除"规则全面适用于电子商务知识产权保护之中，虽然建立了知识产权纠纷的线上快速解决机制，但也存在许多问题，引发了不少争议。通过对《民法典》涉网络侵权的相关条文的解析，可以发现《民法典》并未改变现有的电商商务领域知识产权保护规则，而是对其中争议大的方面进行了小幅修改，只是弱化了矛盾，并没有从根本上解决现有问题。况且《民法典》关注的是网络侵权领域，不能完全具体地顾及电子商务领域，如果想解决现有问题，还是需要立足于《电子商务法》的修改或者是出台相关司法解释。

（一）首先要弄清的几个事项

如果要完善现有的电商知识产权保护规则，需要在规则的主框架内弄清楚以下三个问题：

1."删不删"的问题

"删不删"的问题是指平台在接到权利人的合格通知后，要不要立即采取删除、屏蔽等必要措施。现有的规则要求是平台接到合格通知后立即采取相应的必要措施，笔者认为这样不妥。原因是通知即删除虽然为平台提供了一个"避风港"，但却有可能伤害卖家利益，特别是会刺激一些恶意投诉者，造成权利人和卖家利益之间的失衡。同时，权利人简单的通知行为就能够获得一个"保全措施"，而且并不需要提供担保，无疑架空了司法保全措施。而且采取必要措施的目的是为了保护权利人的利益，但是在投诉是否成立不明的

情况下，仍有其他途径可以确保正当权利人的利益，比如要求卖家担保等措施，立即采取必要措施不是保护权利人利益唯一的路径。因此，笔者认为平台在接到权利人合格的通知后，不应该立即采取必要措施。

2."判不判"的问题

"判不判"的问题是指平台到底是否应该作为一个裁判者出现在整个规则之中。有学者指出，平台参与裁判会导致其平台投入大量的预防成本，而不能根本性地解决纠纷，而且不确定自己要做到什么程度才能免于承担侵权责任①。笔者认为平台应该担任其裁判者的角色，首先，平台天然地获得了进行裁判的权力，平台拥有者对参与主体、资源、信息、交易、数据等平台要素的掌控力，是将市场凝聚之后而形成的一种垄断性权力②。这种权力并不来自政府等权威部门的授予，而是平台自己经营积累所致，是一种私权力，这种权力使得平台行使裁判权具有天然的优势和便利。其次，平台有能力进行相关问题的裁判。据《2019阿里巴巴知识产权保护年度报告》中称："2019年，96%的疑似侵权链接一上线机被封杀，消费者举报删除疑似侵权链接量降低了57%。96%的知产投诉在24小时内即被处理。首次披露'知产保护科技大脑'，人工智能技术成为假货治理的革命性力量。"③可见，平台对于知识产权侵权的治理积累了丰富的经验，拥有足够的能力，完全能够做好裁判者的角色。再次，从经济的角度来看，平台服务商来预防和规制知识产权侵权行为的成本是最低的，由平台来履行预防和规制侵权行为的义务具有经济合理性④。最后，由平台担任裁判，最能够使权利人和卖家的利益均衡，更大程度上遏制恶意投诉和知产侵权，是一股不可不用的平台力量。因此，笔者认为必须充分发挥平台在知识产权保护中的积极性，赋予其一定的裁量权。但是平台的主动行动依托的是平台的私权力，缺乏公权力严格的制定程序和监督

---

① 杨明：《〈电子商务法〉平台责任条款之失》，《中国经济报告》2017年第5期。
② 祝珺：《电商平台知识产权保护问题研究》，《知识产权》2020年第4期。
③ 《2019阿里巴巴知识产权保护年度报告》，https://www.360kuai.com/pc/94e6ff6cdf3eec81a?cota=3&kuai_so=1&sign=360_57c3bbd1&refer_scene=so_1，最后访问日期：2020年6月8日。
④ 李伟、冯秋翔：《从价值到规范：论权利人滥用取下通知的规制路径选择》，《电子知识产权》2019年第11期。

救济手段[1]。因此，对于平台如何担当裁判者需要进一步地细化，而且对于平台进行了错误裁判的后果承担及免责条件也要有合理的法律安排。

3."等不等"的问题

"等不等"的问题是指要不要设置等待期的问题，虽然《民法典》将15天等待期更改为合理期限，但仍然是有等待期的。笔者认为，将15天的等待期删除并辅助以其他措施，亦能很好地保护权利人的利益。等待期的设置，使得平台和卖家在等待期内无计可施，只能等待权利人的行动。这样首先是造成了商业的停顿，影响了社会效率。其次，等待期的设置极大地刺激了恶意投诉的产生，许多投诉者进行投诉的目的，不是为了维护自身知识产权权利，而是要让对方陷入等待期。再次，卖家对等待期的自救方式也反映出等待期设置的不合理。对于卖家而言，如果想要提前终止必要措施，例如恢复链接等，可以向法院提起确认不侵权之诉，然后向法院申请反向行为保全，要求先予恢复被删除的链接并提供担保。由此可见，可以减省程序，使得卖家向平台提供担保以保证自己的产品不被采取措施。可见等待期的设置过分增加了卖家的负担，甚至有可能使得卖家生意失败，在有合适的替代方案存在的情况下，设置等待期对权利人进行保护有点矫枉过正。

（二）"正反通知＋移除"规则的完善

在决定了"删不删""判不判""等不等"的问题之后，笔者比较赞同"正反通知＋移除"规则在电商领域的推广，但是需要做修改和细化。先是要引入担保机制，如图5所示。权利人发出通知后，如果是合格的通知，平台则进行转通知，由于并没有立即采取必要措施，权利人没有因此获得一个

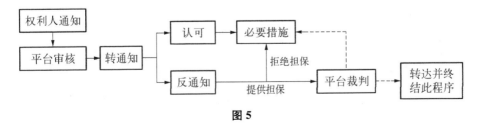

图5

---

[1] 祝珺：《电商平台知识产权保护问题研究》，《知识产权》2020年第4期。

"保全措施",因此权利人不需要提供担保。而卖家由于需要避免被采取必要措施,在存在侵权可能的情况下,必须提供担保,否则就要被采取必要措施。在卖提供担保之后,平台根据权利人和卖家之间的证据材料进行裁判,对裁判不服的一方可以向行政部门或法院寻求救济。这样,权利人和卖家的利益能够得到均衡,只是平台的责任和风险就增加了,同时相关部门也要加强对平台裁判权的监督。首先,平台应当制定出裁判细则,该细则需要经过市场监督管理部门的批准和备案。通过批准和备案,平台获得一定的裁判权,并且受行政部门的监督。其次,在裁判规则的制定中,平台应充分发挥自身的信息优势,建立平台分层投诉机制,对不同类型的投诉主体进行分类,对于经常恶意投诉的权利人进行识别,打击恶意投诉。同时不断提高自身法务部门的能力,提高裁判结果的质量。再次,由于平台介入纠纷可能引起法律风险,因此需要设立相应的基准,设立一定的免责条件。比如,当涉嫌侵权的是著作权、商标权或者是外观设计专利产品时,应当以"一般消费者"为基准,即如果以一般消费者的角度来看,裁判结果是正当的,即使裁判结果是错误的,也可以免责。如果涉嫌侵权的属于发明专利和实用新型时,以"具备相关专利法知识的善意一般人"为基准,即以具备相关专利法知识的一般人来看,裁判结果是正当的,即使裁判结果是错误的,也可以免责[1]。最后,平台为了预防自己承担连带责任,可以在卖家提供担保时,视情况提升担保的数额来减轻承担连带责任的压力。

(三)"避风港"和"裁判权"二选一

在知识产权保护规则的流程建立之后,仍有一些现实的问题需要考虑。如果按照笔者提议采取的赋予平台裁判权的流程来看,相当于在《电子商务法》中取消了"避风港"规则。这样对于一些大型的电子商务平台而言,可能是一种契机,比如淘宝、京东平台,完全有实力承担行使"裁判权"的成本,而且能够进一步提高平台的质量。而对于一些小的电商平台而言,则可

---

[1] 徐实:《我国网络专利侵权纠纷中电商平台责任认定中的困境与解决——以美国相关发展为鉴》,《电子知识产权》2019年第4期。

能是一种危机，高额的行使"裁判权"的成本会阻碍平台的发展。此外，目前电商平台还存在着社交电商、自营电商等众多平台，这些平台参与了经营，不是完全独立于权利人和卖家的第三方平台，对这些平台不应赋予其裁判权。而且，如果强行赋予平台裁判权，不区分平台实力，也是不合理的。因此笔者建议让第三方平台在"避风港"和"裁判权"之中二选一，而参与经营的平台不能参与其中，这样既能发挥大平台的优势，又能保护小平台的利益。同时，随着市场竞争的展开，笔者认为，"裁判权"会是将来市场的选择。

综上，将平台引入侵权纠纷解决机制之中，有利于发挥平台的作用，平衡各方利益。同时笔者建议的该规则仅适用于电子商务领域，和网络传播权保护、网络一般侵权保护之间是相容的。即该规则并不与《信息网络传播权保护条例》和《民法典》相冲突，现有制度对其有足够的容量性。虽然实行该制度的成本比较高，但是从电子商务长远健康发展的角度来看，是一项打基础利长远的规则。

(2020)

视觉理论在网络法中的应用：理论与展望

应浩江 朱 悦[*]

摘 要："注意力"在互联网经济中占据的地位愈发重要。由此，与用户注意力相关的法律问题数量日益增加，重要程度迅速上升。一方面，在个人信息保护等场景中，隐私政策页面缺乏关注、"无人问津"的现象一直没有妥善解决；另一方面，当企业因插入链接、形象混淆等问题发生纠纷，纠纷各方是否曾以不正当手段攫取流量，也是未有清晰解析的争点。本文主张引入视觉理论研究解答以上问题。无论是吸引个体浏览隐私政策，还是借助各类设计引导用户视线及流量，都可看作凸显特定信息的举措。视觉研究发现：视觉本身即是一项信息处理任务；此外，许多因素都会影响个体对视野中信息的处理。由视觉研究出发，可确知何种因素能有效凸显信息并准确衡量凸显程度。循此，本文初步回答了以下问题：如何细化对隐私政策设计的指引，以提高保护水平；如何为判定流量不正当竞争提供实操标准。总结之余，文末展望了视觉理论在互联网法中更为广泛的应用前景。

关键词：视觉理论 互联网法 个人信息 数据合规 不正当竞争

一、问题的提出

"狂飙突进"的互联网面前，法学研究面临前所未有的挑战。例如，

---

[*] 应浩江，苏州大学教育学院心理学系副教授，南洋理工大学博士。朱悦，圣路易斯华盛顿大学职业法律文凭（J. D.）在读，对外经济贸易大学数字经济与法律创新研究中心研究员，竞天公诚律师事务所研究助理。

有知名学者以"破窗"譬喻法学现状，发出"容不得我们'守成待毙'"的强音①。在互联网带来的诸多变革中，所谓"注意力经济"的崛起，又尤其引人瞩目。当世界联通，当制造及分发信息的成本遽然下降，个体随时随地所接触的信息数目已远远超出了处理及回应的能力范围。因此，个体只能对有限的内容作出反应。在这一前提下，对"新经济"参与者而言，如何在个体有限的注意力中"分一杯羹"，便成营利乃至生存的关键——谁能攫取个体的"注意力"或"眼球"，谁就能获取滚滚利润。对个体注意力的争夺，由此日益居于"新经济"之核心②。个体的生活方式，也深受这一现象所影响③。综上，深入理解注意力经济机理及规制，自系修补"破窗""放手一搏"的当有之义。

在注意力经济中，企业围绕个体有限的注意力展开激烈争夺：若从业者之一采取各式策略吸引"眼球"，未及或未能作出反应的其他参与者，将在竞争中面临被动地位。除采取"引人注目"的低价等常规手法外，借助各式各样设计影响、操纵甚或欺骗消费者，也是上述竞争中的常用手段④。如 Hartzog 等学者所阐明：设计足以决定个体如何感知及利用产品⑤。精心编织的设计，甚至足以塑造个体的情绪感受、价值理念与政治立场⑥。各国执法机构已经注意到设计在互联网世界中的重要地位，以下引人瞩目的案件，当属其中的典型案例：Snapchat 主营"阅后即焚"软件，称用户发出通信内容将在一定时间后自行销毁，并借"小锁"等多种设计细节，彰显所谓"阅后即焚"的安全程度⑦。

---

① 参见马长山：《智能互联网时代的法律变革》，《法学研究》2018 年第 2 期。
② 此处对"注意力"经济的概括非常简略，甚或失之粗疏。于此较有代表性的著述，当参见 Davenport, Thomas H., and John C. Beck. *The Attention Economy: Understanding the New Currency of Business*. Harvard Business Press, 2001。
③ 对此最为深入的叙述之一，见于 Wu, Tim. *The Attention Merchants: The Epic Struggle to Get Inside Our Heads*. Atlantic Books, 2017。
④ 对有限注意力条件下竞争策略的一般性叙述，请参见 Spiegler, Ran. *Bounded Rationality and Industrial Organization*. Oxford University Press, 2011。
⑤ 语出 Hartzog, Woodrow. *Privacy's Blueprint: The Battle to Control the Design of New Technologies*. Harvard University Press, 2018。
⑥ 有关设计对情绪感受的影响，请参见 Norman, Don. *Emotional Design: Why We Love (or Hate) Everyday Things*. Hachette UK, 2007；有关设计如何影响价值理念与政治立场，见于 DiSalvo, Carl. *Adversarial Design as Inquiry and Practice*. MIT Press, 2012。
⑦ 此处事实描述均系转引自联邦贸易委员会（常简称为 FTC）页面，见于 https://www.ftc.gov/enforcement/cases-proceedings/132-3078/snapchat-inc-matter。

然而，由于第三方来源客户端的广泛存在，以及 Snapchat 软件本身的缓存设计，用户发送的通信消息未必会被销毁①。实践中，部分用户因轻信以上内容，而以 Snapchat 发送敏感或不雅内容②。相应内容被转存后，反而导致尴尬、纠纷甚或勒索③。Snapchat 因误导消费者，受到了监管机构的严厉处罚④。

企业设计导向偏重自身利润，而未必与公共利益相合，这一点进而导致两方面难题：一方面，从公共利益角度出发，监管者期待个体阅读特定页面、了解特定信息，在此基础上作出知情决定。然而，上面提到：鉴于设计的强大威力，以及企业自身的激励，用户可能被引导而偏离监管者希冀其阅读的页面。如此忧虑的集中体现，便是持续扰人的隐私政策"无人阅读"问题⑤。当前，个人信息保护的核心，仍是个体的"知情—同意"⑥。基于这一进路，在收集个人信息前，企业有义务以隐私政策等方式，充分公示收集、使用个人信息的"规则"与"目的、方式和范围"，并"获得被收集者同意"⑦。不过，实践中，这一想法可能过于美妙：一是前面提到，企业自有激励。如果促进用户"知情"对促进企业营利并无帮助，企业便不会特别采用有助用户阅读相应隐私政策的设计⑧。二是更有甚者，如果保护隐私将带来负担，企业甚至可

---

① 此处事实描述均系转引自联邦贸易委员会（常简称为 FTC）页面，见于 https：//www.ftc.gov/enforcement/cases-proceedings/132-3078/snapchat-inc-matter。

② 同上。

③ 同上。

④ 同上。

⑤ 有关"无人阅读（no reading）"这一提法，可参见 Ayres, Ian, and Alan Schwartz. "The no—reading problem in consumer contract law." *Stan. L. Rev.* 66 (2014)：545。

⑥ 对相应原则的全面评述，见于 Cranor, Lorrie Faith. "Necessary but not sufficient: Standardized mechanisms for privacy notice and choice." *J. on Telecomm. & High Tech.* L. 10 (2012)：273。值得注意的是，国内亦有学者开始注意到这一原则的不足。对此，范为的《大数据时代个人信息保护的路径重构》（《环球法律评论》2016 年第 5 期）的评论颇为精彩。

⑦ 此处"规则""目的、方式与范围"及"获得被收集者同意"等表述，均见于《中华人民共和国网络安全法》（以下称《网络安全法》）第四十一条。承继于《网络安全法》，如《个人信息安全规范》《最高人民法院关于审理个人信息纠纷适用法律若干问题的解释（学者建议稿）》等数据隐私领域的重要文件，均采用了类似表述。

⑧ 这一点在现实中十分常见。在广泛的一手访谈的基础上，以下著作指出：企业设计隐私政策页面的准则便不是利用户阅读，而是增加用户点击率与存留率——相比之下，后者更符合企业利益。此处见于 Frischmann, Brett, and Evan Selinger. *Re-Engineering Humanity*. Cambridge University Press, 2018。

能采取偏倚设计,以遏制用户关注隐私政策的程度,进而削弱用户由阅读政策"知情"的动力①。当用户不再注重隐私政策,监管愿景将大打折扣。不仅如此,一份无人阅读的隐私政策,其法律性质及效力究竟何如,同样是棘手难题②。

另一方面,在市场竞争中,设计也将带来需要法律介入的难题。网络世界中以下现象并不鲜见:同一用户视野范围内同时存在多个隶属同一行业、彼此存在竞争关系的厂家的链接。如此,用户注意力即成多方争逐的直接对象:用户点击了哪一方的链接,哪一方就将获得附着于这份流量的利益。为此,企业可以采取提供价廉物美产品、采取美观大方设计等合法手段吸引用户;然而,企业也可能为此采取极具"侵入感"的设计,从而降低用户的体验③;更有甚者,部分企业会采取混淆己方链接与彼方链接等手段,以不正当方式攫夺他人流量。针对最后一类企业,尽管法律已有相关规定,相应争议仍频繁发生④。百度诉搜狗不正当竞争一案,即为典型案例:当用户使用前者搜索服务,提供输入法服务的后者同时展示多条与搜索内容联系的关键词⑤。上述关键词未作显著标识,易于与前者网站内容混淆,且指向后者经营的搜索网站⑥。通过如此设计,后者得以引导用户使用己方服务,并牟取经济利益⑦。法院判决后者行为构成不正当竞争,判令后者消除影响,并赔偿前者经济损失⑧。

---

① 对相关问题的论述,可参见 Waldman, Ari Ezra. "Privacy, notice, and design." *Stan. Tech. L. Rev.* 21 (2018): 74。

② Ian Ayres 及 Alan Schwartz 的研究在理论层面系统讨论了这一问题。实践中,以下研究简述了域外针对此问题的一轮争议:Klass, Gregory. "Empiricism and privacy policies in the Restatement of Consumer Contract Law." *Yale J. on Reg.* 36 (2019): 45。

③ 对"侵入感"的相关介绍,不妨参见 Tucker, Catherine. "The economics of advertising and privacy." *International Journal of Industrial Organization* 30.3 (2012): 326-329。

④ 见于《中华人民共和国反不正当竞争法》第六条:"经营者不得实施下列混淆行为,引人误认为是他人商品或者与他人存在特定联系……"。

⑤ 相应事实及判决见(2014)海民初字第 15008 号"北京百度网讯科技有限公司等诉北京搜狗信息服务有限公司等不正当竞争纠纷一案"。

⑥ 同上。

⑦ 同上。

⑧ 同上。

综上，基于设计，企业或将用户注意力引离公共利益所诉求的方向，或以不正当手段攫取其他主体本应获取的注意力。诚然，相应问题已获广泛关注，也有许多理论或解决方案；然而，相应理论不是充满争议，即是效益成疑。伴随"无人阅读"问题日益成为研究热点，以及互联网不正当竞争纠纷数目日益上升，在相应领域深入探索以修补"破窗"的必要性，比过往任一时刻都要突出①。于此，本文提出了一种新的思路。实践中，无论是"用户不进入且不阅隐私政策页面"，还是"用户被不正当竞争者的设计所吸引"，两者都紧密关联于用户摄取和处理视觉信息的机理和特性②。实际上，如知名学者 Marr 所言："视觉首先，并且最重要的，是一项信息处理任务。"③ 又，一方面，经历多年深耕，视觉研究已是"根深叶茂"的独立学科；另一方面，关联于互联网法学所面对的难题，在注意力的生理机制及影响方面，视觉理论已取得了丰硕成果。"他山之石，可以攻玉"，在视觉理论成果与互联网法交叉处求突破，便成应有之义。依托前者智慧，对隐私政策的监管当可进一步细化，且更具针对性；同理，对不正当竞争的分析及判断也将因此更有条理，并切于现实肯綮。

本文分四部分阐明上述交叉的实现路径及现实意义。在第二部分，笔者将概览视觉理论，并梳理其中可应用于互联网法的要点。"凸显性"指标的计算方式之外，笔者还归纳了多个确有实据的、影响现实中个体注意力分配的变量。第三部分再进一步：在第二部分所撰成结论基础上，阐明如何细化隐私政策监管；同时，第三部分将列明分析互联网不正当竞争现象时应当考虑的、

---

① 有关"'无人阅读'问题日益成为研究热点"这一结论，可参考笔者所著《连美国大法官都不阅读隐私政策，"知情同意"原则如何落地？》一文，见于 https：//new.qq.com/omn/20190102/20190102A11Y3X.html；有关"不正当竞争纠纷数目日益上升"这一结论，不妨参见朱理：《互联网领域竞争行为的法律边界：挑战与司法回应》，《竞争政策研究》2015 年第 1 期。上述朱理一文亦指出："注意力竞争"这一新型竞争形态的崛起，是"互联网不正当竞争频发"的原因之一。

② 本文的研究范围仅涵盖大多数人群中最常见的互联网交互模式。必须承认，类似失明者等有特殊需要群体，他们的需求同样——如果不是更重要的话——值得关注。此外，摄取互联网中信息并与之交互的感觉，也远远不止视觉一种。实际上，伴随虚拟现实等技术的进步，听觉、触觉甚至嗅觉等感受，也日益成为信息获取及交互的重要机制。不过，学力、篇幅及集中重点所限，本文仅收束于视觉一隅。对上面提到的其他值得关注的群体及感觉，笔者拟以他文处理。

③ 参见 Man, D., and A. Vision. "A computational investigation into the human representation and processing of visual information." (1982).

与视觉理论相关联的各类变量。第四部分收束全文并展望视觉理论在互联网法律中更为广阔的应用前景：在互联网法理论纷繁、"百家争鸣"的今天，切实由个体层面出发、自下而上以实证角度行分析的视觉理论角度，有望成为整合诸学说的契机。

二、视觉理论成果扼要

个体的视野无比广阔。与之形成鲜明对照的，是个体应对海量视觉信息时的"力不从心"①。囿于能力限制，视觉系统采用了一套颇为复杂的信息处理机制。初始阶段，无数光线为个体视网膜所"捕获"。接下来，视觉神经元等器官将这些内容编码，形成易于处理的信息。无疑，在这一过程中，人不会对所有信息"一视同仁"。对尤其重要的信息——比如其他人的面孔，感受会更加灵敏，丢失的可能性会更小②。对具备重复特征的信息，人自然不会"浪费认知资源"——此类信息，将按特定规则予以压缩③。对表征太过模糊，以至精度未及触发处理阈值的信息，人将直接予以忽略④。换言之，经历价值高低、是否独特、清晰程度等多道"把关"机制的作用后，个体"惊鸿一瞥"所注意的部分，实际已经历了复杂的权衡与筛选。最终留下的，只是涌入个体视网膜的无数缕光线中的一小部分。之后，这些信息方才抵达个体认知，进而改变个体情绪，抑或驱动个体行为。利用设计争夺注意力，终究也要落实到这一筛选过程上：基于所欲传达信息的特征，相应调整设计思路，以期前述信息能够在这项"信息处理任务"中胜出，达成激励个体情绪或行动

---

① 个体无法处理"涌入"视网膜的所有信息，这一点已是视觉学科中公认的结论。相关讨论可参见 Zhaoping, Li. *Understanding Vision: Theory, Models, and Data*. Oxford University Press, 2014。

② 相关结论见于 Barraclough, Nick E., and David I. Perrett. "From single cells to social perception." *Philosophical Transactions of the Royal Society B: Biological Sciences* 366. 1571 (2011): 1739–1752。

③ 相关结论可见 Haberman, Jason, and David Whitney. "The visual system discounts emotional deviants when extracting average expression." *Attention, Perception, & Psychophysics* 72.7 (2010): 1825–1838。

④ 相应结论参见 Alvarez, George A. "Representing multiple objects as an ensemble enhances visual cognition." *Trends in Cognitive Sciences* 15.3 (2011): 122–131。

的效果。

以上过程,很容易类比至互联网法所关切的场景:将一幅网页,或一张应用界面摆在个体面前,个体将如何处理如此涌来的信息?须知,在"注意力经济"中,于筛选过程中"顽强生存",即代表"真金白银"落入口袋。或者说,个体对页面的感知,将在很大程度上影响个体浏览及使用页面的方式①。对此,仅就视觉理论而言,研究进路又有两种。第一种进路所关注的问题较为具体:面对实际页面,最为吸引个体视线的信息具备哪些特性?基于这一思路,研究者以对照实验等方式,检验色调、明暗等因素对个体视线的影响②。确知将显著影响个体视线的因素,可用于指引现实页面的设计③;同时,了解足够多影响因素的研究者,又可基于上述结论提出更为深层的假说。第二种进路稍显抽象,但更为深刻。具言之,基于对神经元层面的观察与推演,研究者建立了谓之"凸显性"④ 的一般指标:基于这一思路,对特定页面,可由算法评估每一位置的"凸显性"高低;接下来,利用上述"凸显性"数值,即可预估个体对页面诸信息的掌握情况:凸显性高,则为个体所注意的概率大;凸显性低,则为个体所注意的概率小。当然,两种思路彼此可资借鉴互补,而非彼此排斥关系。

基于第一种思路,视觉研究者已发掘出千姿百态的、将显著影响个体捕

---

① 见于 Jahanian, Ali, Shaiyan Keshvari, and Ruth Rosenholtz. "Web pages: What can you see in a single fixation?." *Cognitive Research: Principles and Implications* 3.1 (2018): 14。

② 长期以来,法学学者针对实验方法多有质疑,批评其实验对象范围有限、结果难以重复、结论难以外推,等等。不过,近期文献已清晰阐明:以上批评并不合乎实际。此处评估,见于 Irvine, Krin, David A. Hoffman, and Tess Wilkinson—Ryan. "Law and psychology grows up, goes online, and replicates." *Journal of Empirical Legal Studies* 15.2 (2018): 320-355。

③ 相应成果已广泛应用至实践。有关这一点,可参见 Bergstrom, Jennifer Romano, and Andrew Schall, eds. *Eye Tracking in User Experience Design*. Elsevier, 2014。

④ 对应英语中"Saliency"一词,又见于 Li, Zhaoping. "A saliency map in primary visual cortex." *Trends in Cognitive Sciences* 6.1 (2002): 9-16。值得注意的是,视觉理论之外,以"凸显性"指标衡量用户注意力,已成不同学科间共通的做法。例如,这一概念在经济学中的应用可见 Bordalo, Pedro, Nicola Gennaioli, and Andrei Shleifer. "Salience and consumer choice." *Journal of Political Economy* 121.5 (2013): 803-843;这一表述在计算机科学领域的通行见于 Li, Guanbin, and Yizhou Yu. "Visual saliency based on multiscale deep features." *Proceedings of the IEEE conference on Computer Vision and Pattern Recognition*, 2015。

获信息概率的特性①。首先,信息在页面中所处的位置,是其能否为人所注意的关键之一②。简言之,实验者将特定信息布置于页面不同位置,请参与者在较短时间内浏览页面,再让他们回答有关前述信息的问题。结果显示:当信息布置于页面上部或左侧时,参与者几乎都能作出正确判断;然而,如果信息位于页面的下部或右侧,参与者的正确率与"随机猜测"相去无几。也就是说,在接触网页的一瞬间,个体通常只会注意位于页面左侧或下部的信息。其次,除信息本身方位外,信息与页面其他内容的相对位置,亦将明显影响个体视线投之于此的概率③。具体说来,对特定类型信息,用户怀有鲜明的态度。例如,已有研究显示,用户会惯常忽视横幅形式广告④。循此,类似实验显示:用户对此类广告的偏好,也会"爱屋及乌",投射到广告附近的信息之上。因此,位于广告附近的信息将更难进入用户的注意之中。

除信息方位与相对位置外,信息本身的特性同样会影响个体处理页面信息的过程。如前所述,对"价值较高"的那些信息,视觉器官将抱以更多的注意。此处典型案例是人脸:无论是进化过程施加的压力,还是社会交往的需求,都特别"鼓励"个体具备可被快速高效识别的面孔。实际上,已有研究显示:只需100—110毫秒,人类视觉便足以"捕获"视线内存有的同类面容;相比之下,对一般物体,视觉反应则没有这么"迅猛"⑤。有趣的是,即使考虑之前提到的位置等因素,以上结论仍成立:无论人类脸庞位于视野范围的上

---

① 值得注意的是,因个体视觉偏好可能受文化差异影响,视觉理论循此总结的变量,未必具备普适的效力。有关视觉偏好与文化差异间的关联,可参见 Reinecke, Katharina, and Krzysztof Z. Gajos. "Quantifying visual preferences around the world." *Proceedings of the SIGCHI Conference on Human Factors in Computing Systems*. ACM, 2014。针对此类怀疑,一方面,在梳理相关变量时,本文已将"受文化差异影响的幅度"这一因素纳入考量;另一方面,两位研究者也将开展后续实验,以切实验证此处判断。

② 此处所述实验系引自 Ali Jahanian 等所著文献。

③ 同上。

④ 对应于英文中"Banner Ad Blindness"这一表述。相应成果可参见 Resnick, Marc, and William Albert. "The impact of advertising location and user task on the emergence of banner ad blindness: An eye-tracking study." *International Journal of Human-Computer Interaction* 30.3 (2014): 206 - 219。

⑤ 见于 Crouzet, Sébastien M., Holle Kirchner, and Simon J. Thorpe. "Fast saccades toward faces: face detection in just 100 ms." *Journal of Vision* 10.4 (2010): 16 - 16。

下还是左右，视觉官能都可高效应对①。同样可由进化压力得到解释的，是视觉器官对以下两类信息的迅捷反应：一是仅仅只需要120毫秒这一"转瞬即逝"的区间，人类便足以识别出图像中的动物②。二是相比静态物体，人类对动态物体的反应更加灵敏③。以上结论意味着：通过在相应信息旁设置人脸、动物等元素，或者动态展示相应信息，设计者得以由此引导个体的注意力。于是，如果设计者不愿个体瞩目页面特定位置，他/她可以将人脸等元素放到页面的其他部位；同理，如果要和其他位置争夺流量，加入动物或设置动态，也将卓有成效。

信息与页面整体间的对比，是又一类影响个体注意力分布的因素。譬如，借助对信息本身色调与页面底色的巧妙搭配，设计者可以充分实现"给竞争者点颜色看看"的目的。已有实验证据说明：信息本身颜色与页面颜色间反差程度的大小，将显著影响个体搜索相应信息的难易程度——若颜色相对接近，个体搜索信息将更加困难，视线自然会投射到界面中容易搜索的其他部位；若反差相对较大，信息在个体面前更为"凸显"，此处信息将较界面其他内容优先纳入个体认知④。此外，信息与页面整体在其他维度上呈现反差，也会产生类似的效果。如果信息本体清晰度较高，而页面背景清晰度较低，前者将因此更为突出，且更容易被实验参与者所注意；如果信息本体以模糊形式呈现，页面背景相较之下更为清晰，后者将因此"淹没"前者，信息则难以进入个体的认知⑤。当然，页面整体形态的影响同样不能忽略；其中，效果最明显的变量之一，无疑是页面整体的拥挤程度。实践中，尽管已有多种衡量拥

---

① 见于 Crouzet, Sébastien M., Holle Kirchner, and Simon J. Thorpe. "Fast saccades toward faces: face detection in just 100 ms." *Journal of Vision* 10.4 (2010): 16-16。

② 见于 Kirchner, Holle, and Simon J. Thorpe. "Ultra-rapid object detection with saccadic eye movements: Visual processing speed revisited." *Vision Research* 46.11 (2006): 1762-1776。

③ 见于 Kirchner, Holle, et al. "Knowing where it goes: Different saccadic responses to dynamic versus static targets." *Journal of Vision* 6.6 (2006): 478-478。

④ 见于 Rosenholtz, Ruth, Allen L. Nagy, and Nicole R. Bell. "The effect of background color on asymmetries in color search." *Journal of Vision* 4.3 (2004): 9-9。

⑤ 见于 Oliva, Aude. "Gist of the scene." *Neurobiology of Attention*. Academic Press, 2005. 251-256。

挤程度的因素，无论采取哪种度量，以下结论均属一致：相比拥挤程度更低的页面，在较为"摩肩接踵"的页面中，单一信息条目收获的注意力将更为稀少①。同理，借助这些成果，有心的设计者自然可以尝试相应引导个体视线流动的"轨迹"。

如本部分开篇所言：相比略显"凌乱"的第一类思路，第二类思路更为"普适"。将这一进路再度细化，又可引出两道分径。分径之一，更为依赖理论：通过对视觉皮层的运作机理直接建模，对应于特定观察对象，研究者可直接模拟出凸显性的分布②。这一分支颇为优雅，但可能仅适用较为单一的对象。至于更加丰富的现实场景，直接模拟计算的理想，短期内可能仍然难以实现。分径之二，则倚赖于相当时髦的机器学习思想。于此，研究者首先邀请参与者观看相当数目的网页，并借助眼动检测仪等量器，记录个体注意力投射、游移的真实历程。接下来，将每一个体的视觉轨迹加总，即可得知特定网页中个人注意力的"热区"——页面中视线最为集中的区域③。再进一步，对以上数据，又有不止一种处理办法。之一，与进路一类似：从数据中提取"摄取"注意力的关键因素，之后，即可以这些因素预测其他页面各区域的凸显性④。之二，则更合机器学习的"神韵"：直接用相应数据训练神经网络，再由这一成果估计其他页面的凸显性⑤。相比较为依赖理论及识别对象的第一道分支，在当前科学认知水平及技术条件下，这一分岔更加简便易行，且适用各类型页面。

总之，视觉可视为一道有高度选择性的信息过程。具体到哪些信息将"随风而去"，哪些信息会"随风入夜"，视觉学科已积累了大量有切实根据的

---

① 见于 Rosenholtz, Ruth, Yuanzhen Li, and Lisa Nakano. "Measuring visual clutter." *Journal of Vision* 7.2 (2007): 17-17。

② Li, Zhaoping 的研究是应用这一思想的范例。

③ 对相应技术的概述，可参考 Holmqvist, Kenneth, et al. *Eye Tracking: A Comprehensive Guide to Methods and Measures*. Oxford University Press, 2011. 此外，以下研究概述了如何用眼动仪器"捕捉"个体浏览网页的过程：Eraslan, Sukru, Yeliz Yesilada, and Simon Harper. "Eye tracking scanpath analysis techniques on web pages: A survey, evaluation and comparison." (2016)。

④ 利用这一方法评估网页"凸显性"的例子可见 Buscher, Georg, Edward Cutrell, and Meredith Ringel Morris. "What do you see when you're surfing?: using eye tracking to predict salient regions of web pages." *Proceedings of the SIGCHI Conference on Human Factors in Computing Systems*. ACM, 2009。

⑤ 利用这一方法评估网页"凸显性"的例子见于 Shen, Chengyao, and Qi Zhao. "Webpage saliency." *European Conference on Computer Vision*. Springer, Cham, 2014。

成果。在收集、梳理相应成果的基础上，本文总结了由"视觉理论"至于"注意力经济"的两种路径。居首，在"吸睛"过程中，有不止一种类型的变量，可以充当网页设计者的抓手：无论是将信息置于特定位置，或为信息安排特定反差，又或调节页面整体的"简洁""烦琐"，都可起到"突出"或"掩盖"特定信息、"吸收"或"排斥"特定流量的效果。居次，借助不止一种办法——有的确属现实易行，研究者可以直接估算页面各信息的凸显性；借助这一评估结果，即可直接判断页面各位置吸引注意力或谓"流量"的多少。实际上，已有研究显示：借助相应研究，设计者可有效引导个体视线按既定顺序浏览页面[1]。既然视觉理论具备如此"威力"，已足以引导、变易甚或操纵个体的注意力，将其引入互联网规制及法学研究，即属"水到渠成"。

三、基于视觉理论，解决"无人阅读"问题与不正当竞争的判定问题

"无人阅读"，堪称数据隐私领域眼下的"老大难"。如开篇所及，"知情—同意"原则仍是目前隐私保护的基石之一：理想中，企业充分披露，个体因而知情，双方达成协议，幸甚至哉美哉。国内个人信息保护的现行要求，当与这一原则密切相关[2]。然而，实践情形不容乐观：无论企业如何披露，阅读隐私政策的比例，似乎都近乎于零[3]。于兹，各研究者从不同进路出发，希冀解决这一问题。其中，最常见的是从阅读成本着手：一方面，隐私政策通常晦涩冗长、充满难懂术语；另一方面，伴随互联网日益渗透生活，个体每年

---

[1] 见于 Pang, Xufang, et al. "Directing user attention via visual flow on web designs." *ACM Transactions on Graphics* 35.6 (2016): 240.

[2] 相应监管要求且不限于：首先，《个人信息安全规范》5.6 (d) 要求：隐私政策应公开发布且易于访问，宜在安装页、首页或显著位置设置链接；其次，《个人信息安全规范》5.6 注说明，可通过首次安装时弹窗等方式向用户展示隐私政策；最后，《App违法自查自纠指南》说明，隐私政策应易于访问，可通过4次以内点击访问，"位置突出、无遮挡"并"易于阅读"，采取合适的字号、颜色与行间距。

[3] 以下研究，代表了当前法学领域对这一问题研究的最高水准：Ben-Shahar, Omri, and Adam Chilton. "Simplification of privacy disclosures: An experimental test." *The Journal of Legal Studies* 45.S2 (2016): S41-S67. 其中，三位学者发现：哪怕是在实验室这一高度特化的环境中，阅读隐私政策并确知其内容的参与者，比例也不到2.5%。

要遇到数以百计的隐私政策①。针对这些问题，研究者纷纷设法降低用户阅读成本：减少术语，缩短篇幅，利用图形，不一而足。可惜的是，这些美好设想，大多没有发挥作用②。不仅如此，类似"缩短篇幅""增设图形"等"改进"，反而可能降低用户阅读隐私政策的比率③。亦有研究者另辟蹊径，从提醒用户规避风险入手：既然面对"毒物""放射"等警告标志，个体注意力常常要"提到嗓子眼"，那么为隐私政策加上类似警示，似应有类似成效④。不过，实地研究彻底否定了这一念想：加入醒目警示注记及相应语句，对披露邮件地址、购物记录等个人信息的消费者比例没有任何显著影响⑤。最后，另有学者倡议以机器解决机器带来的问题：借具备理解与学习能力的软件，帮助个体读取隐私政策、管理隐私偏好⑥。前景固然美好，相应想法，大多仍停留在学术讨论阶段，距离现实普及似有遥遥里程。

然而，同如开篇所述，这是一个亟待解决而又颇为重要的问题："无人阅读"不仅关乎充任现今个人信息保护核心的"知情—同意"原则，又关系到

---

① 对隐私政策易读程度的分析见于 Fabian, Benjamin, Tatiana Ermakova, and Tino Lentz. "Large-scale readability analysis of privacy policies." *Proceedings of the International Conference on Web Intelligence*. ACM, 2017；对隐私政策数目的估算见于 McDonald, Aleecia M., and Lorrie Faith Cranor. "The cost of reading privacy policies." ISJLP 4 (2008)：543。根据后一文章估算：2008 年时，以成年人平均阅读速度计，如果一个人要把他/她一年中遇到的所有隐私政策读完，他/她平均得花掉 244 个小时。如今，这一数字恐怕又上升了许多。

② 对相应设想最为全面的评估，请见 Omri Ben-Shahar 的研究。其中，减少篇幅或简化表述并不能显著提高实验参与者确知隐私政策内容的比例。在更加具体的研究中，实验者发现：即使法律后果可能存有"天壤之别"，用户通常也察觉不到隐私政策字词表述间的细微变化。此处见于 Strahilevitz, Lior Jacob, and Matthew B. Kugler. "Is Privacy Policy Language Irrelevant to Consumers?." *The Journal of Legal Studies* 45.S2 (2016)：S69 - S95。

③ 对"缩短篇幅"可能产生的负面效应的评估参见 Gluck, Joshua, et al. "How short is too short? Implications of length and framing on the effectiveness of privacy notices." 12th Symposium on Usable Privacy and Security. 2016；对"增设图形"可能产生的负面效应的研究参见 Ari Ezra Waldman 的研究。

④ 这一设想源于 Ian Ayres 及 Alan Schwartz 的研究。

⑤ 见于 Junger, Marianne, Lorena Montoya, and F-J. Overink. "Priming and warnings are not effective to prevent social engineering attacks." *Computers in Human Behavior* 66 (2017)：75 - 87。

⑥ 部分法学与计算机科学领域学者对这一办法抱以厚望。基于前者视角的分析参见 Porat, Ariel, and Lior Jacob Strahilevitz. "Personalizing default rules and disclosure with big data." *Mich. L. Rev.* 112 (2013)：1417；基于后者视角的分析及原型实现见于 Harkous, Hamza, et al. "Polisis: Automated analysis and presentation of privacy policies using deep learning." *arXiv preprint arXiv: 1802.02561* (2018)。值得注意的是，卡内基梅隆大学已启动了名为"PrivacyAssistant"的项目。

隐私政策的法律性质与效力。如果确实存在现实可行的、提高个体阅读比例的办法，前述原则得以夯实，隐私政策也有望在"网络运营者—用户"间争端中充当具备法律效力的文件；如果具备上述特征的办法并不存在，无论是以上核心原则，还是隐私政策的法律地位，都将面临持续不断的争议。当上一段提到的办法希望均已"渺茫"，从视觉这一生理机制着手便成为最后一线"曙光"——实际上，无论何种据称可以提高隐私政策阅读率的办法，最终都要透过特定的视觉机制起作用[1]。因此，从视觉原理入手思考，可谓"舍其末而逐其本"：很难想象，还有比生理层面直接入手更为根本的规制思路。以上这一思路取得成效的比例，很可能将高于已有的其他思路。同理，如果基于视觉的进路仍然无法取得效果，那么研究者恐怕需要严肃考虑"办法"不存在的可能性，并循此反思"知情—同意"原则及隐私政策的法律效力。

与视觉部分的两条进路对应，改进隐私政策设计，亦当自不同层面入手。第一层涉及隐私政策入口的设计。当下针对隐私政策设计的规制或指引数目较少，亦有不够具体之嫌[2]。基于视觉理论，可细致应答这一难题。将隐私政策入口视为页面中的一条信息，于是"设计隐私政策的入口"相应转化为"安排信息在页面中的位置"。基于上一节所提到的视觉领域的诸多成果，针对这一新问题，又可给出两类细化指引的思路[3]。第一类从特定因素着手，包括如下条目：应将隐私政策入口置于所在页面左上角；不应在隐私政策四周布置广告；建议在隐私政策周边以人像、动物等形象进行提示；可为隐私政

---

[1] 对此处说法可能的批评之一，是弹窗等更具"侵入性"的办法可以完全解决所谓"无人阅读"问题。对此，暂且抛开弹窗本身带来的负面效应不论，"强制将页面展现于个体面前"并不等于真能"强制个体将目光投于其上"。实际上，单纯依靠此类办法所能达到的阅读率，很可能无法达到 Omri Ben-Shahar 实验室研究的水准。不过，若与下文所述其他改进一同采用，弹窗有望发挥"一加一大于二"的效果。

[2] 此类规制，目前仅见于《App 违法违规收集使用个人信息自评估指南》（以下称《评估指南》）中的评估点（2）"隐私政策应单独成文"及评估点（3）"隐私政策应易于访问""进入（App）主功能界面后，经过 4 次以内的点击可以达到隐私政策界面"。

[3] 如何在现有个人信息保护体系中定位相应建议，无疑也是相当重要的问题，甚至可能值得另开专文叙述。对此，因相应建议多属细节，宜随页面特性场景调整，而非死板框定，笔者建议比照知名学者许可对《个人信息安全规范》及定位、效力与功能的论述：介入"硬法""软法"之间，不具形式上的拘束力，但可在执法实践中作为参考。此处当参见许可：《〈个人信息安全规范〉的效力与功能》，《中国信息安全》2019 年第 3 期。

入口增添动态效果；隐私政策链接色调不应与页面底色过分相近；隐私政策入口所在页面不应过分拥挤；等等①。第二类思路的基础是凸显性：对特定页面，监管机构可借助前述方法，计算隐私政策入口在页面整体中的凸显性。如果凸显性高于特定阈值，说明隐私政策较为引人注目，数据合规工作达到标准；如果凸显性低于特定阈值，企业可能需要整改，使政策入口更加突出②。总之，既然企业可能疏于引导用户阅读隐私政策，甚或引诱用户远离隐私政策，监管机构自可采取相应动作，借助注意力的相应原理，引领用户回归公共利益所期待的"路径"。

改进隐私政策设计的又一层面，是如何促使用户在政策文本页面"稍作停留"。此处需要尤其谨慎：前面提到，诸如缩短篇幅、图形化等设想，不仅没有达到预期目的，反而可能"事与愿违"，降低用户阅读政策的比例。不过，从视觉理论出发提出的建议，大概率不会导致这一问题。具言之，上述措施之所以反而降低阅读比例，关键在于信任：当企业以图形等方式精心描绘隐私政策，用户将因此相信企业致力于隐私，从而更加信赖企业；一旦用户相信企业具备尊重、保护隐私的特征，并建立信任关系，隐私政策具体如何表述，自然不再重要③。基于此类机理的"改进"，与基于视觉理论的建议截然不同：比起生理层面因素，前一"改进"更多依靠社会层面的理解或知识；相比之下，令后者发挥作用的道理，更在乎生理层面④。因此，导致前者失却"魔力"的机制，并不会相应削弱后者在吸引用户注意力方面的效力。综上，基于视觉理论的细化指引提议，同样适用于隐私政策文本页面的设计，包括且不限于：不应在隐私政策文本页面置入广告⑤；不应在文本页面置入与隐私政策无关的动态因素⑥；隐私政策文字色调不应与页面底色过分接近；隐私政

---

① 此处所有建议，均可在第二节中找到对应结论。
② 同上。
③ 对这一因果机制的深入阐释可见 Waldman, Ari Ezra. *Privacy as Trust: Information Privacy for an Information Age*. Cambridge University Press, 2018。
④ 对此处比较的详细叙述参见 Aude Oliva 的研究。
⑤ 此处亦可纳入前述《评估指南》评估点 2 "隐私政策应单独成文" 一项。
⑥ 同上。

策文本页面应有较为宽裕的页边距[①]；隐私政策文本应有较为宽裕的行间距[②]；等等。同理，对个人敏感信息、免责条款等重要内容，监管机构亦可相应计算其凸显性，并指引企业根据结果作出相应处理[③]。

视觉领域沉淀的智慧，亦可为分析互联网不正当竞争案件提供协助。不妨以前述百度诉搜狗一案为例：本案中，法院需裁决的核心争点之一，是被告是否曾"（借助相应设计）造成相关公众的混淆"。顾名思义，此处说理涉及的对象是"公众"，关注的是"公众"面对相应页面时的行为模式；然而从判决内容看，"公众"在说理中的角色并不突出。具言之，在斟酌"（被告的设计）容易导致相关用户误认上述内容由二原告提供或与其存在关联关系"或"……故作为普通用户在最初使用搜狗手机浏览器时，更是难以通过图标、反色显示的按钮、个别底部标注的'搜狗嗅探到……'的小字内容等将垂直结果和搜索推荐词进行区分"[④] 等关键推论时，无论自觉抑或不自觉，法院已在尝试解决一个视觉领域中的问题——对"图表""反色"等指标的关注，可为此处判断佐证。不过，从相应行文看，法院所倚赖的仍是"常识"或"生活经验"，而未见基于个体行为的循证。诚然，面临实际问题，此类经验知识已足以提供宝贵视角；不过，即便如此，仅凭少数个体经验，未必能充分勾勒实践个体注意力的投射范围与移动轨迹。此处，即有引入视觉理论的契机。

视觉理论可由多个维度惠及案件分析。将上述问题在视觉理论框架中重新表述，转化为"在实际页面中，原告链接及被告链接，何者吸引了消费者更多的注意力"，法院便有机会征引专业理论及方法来深究这一问题。首先，借助眼动检测仪等工具，法庭可以知晓个体实际的浏览及使用行为，而不必单纯依赖自身经验。其次，以上述及的两种进路，均可用于此类型案件的分析。其一，

[①] 这一建议与"页面整体的拥挤度"这一视觉指标密切相关。"页面拥挤程度是否过高"，应当属于"是否易于阅读"要点的一部分。值得注意的是，这一点可自然纳入《评估指南》要点4"隐私政策应易于阅读"一项。实际上，"是否易于阅读"本身即可视作一项基于视觉理论而定义的指标；借助视觉理论，上述要点4可建筑于坚固理论基础之上，并形成条理与系统。

[②] 同上。

[③] 此处建议，当可在第二节中找到对应结论。

[④] 同上。

基于上一节中的整理，在"图标""反色"之外，法院可对其他各类视觉变量作更加全面的考虑。其二，前面已经提及，仅凭现有技术条件即足以估算页面中特定位置的凸显性。在此基础上，通过比较页面不同位置凸显性的高低，法院同样可以就以上问题作出判断[①]。以上，面对此类案值及影响力均较为突出的案件，视觉理论不仅有其"用武之地"，还具备其他独特优势：相比个体经验，基于视觉理论的分析更加系统，理论基础更显"牢靠"；相比经验，基于视觉理论作出的判断根据更为明确，有助于确立统一、稳定、可预期的裁判标准，争议各方也可在统一的理论框架下往返辩驳争点。最后，也是在实践中尤其有用的一点——通过比较类似凸显性的指标，在流量混淆确实存在的前提下，法院可据双方凸显性差值估算原告的损失，并以此作为确定最终赔偿金额的因素之一。

四、结语与余论

"注意力经济"时代，互联网法治面临新的难题。应于这一时势，本文概述了视觉理论中合用的内容，并阐释了相应理论在"隐私政策设计"与"不正当竞争案件分析"这两个热点场景中的应用。然而，视觉理论的应用远远不及此。在互联网法学理论日益纷繁的今天，以一"抓手"统摄诸项理论，显得格外有吸引力："基于设计的规制"[②]"由技术或架构来规制"[③]"以助推撬动现实"[④]，等等。归根结底，如此诸般思想，终究要通过人的感官来起作用。视觉，又是诸项感官的重中之重：无论研究者的远景多么宏大，愿景实现之前，终究都要经过"信息处理过程"这一关。实际上，只要法律的关切点仍在"人"，以视觉理论作为整合核心的思路就不会过时。本文提到的两个场景不过只是"引子"，未来随着围绕互联网的争端日益多发，这一基于个体的思路将获得越来越多的瞩目。

[①] 实践中，这一点或可由双方的专家证人来执行，或者法庭也可邀请有"专业知识的人"出庭。
[②] 相应实例之一见于 Cavoukian, Ann. *Privacy by Design: The 7 Foundational Principles.* Information and Privacy Commissioner of Ontario, Canada 5 (2009)。
[③] 见于 Lessig, Lawrence. *Code: And Other Laws of Cyberspace.* ReadHowYouWant.com, 2009。
[④] 见于 Thaler, Richard H., and Cass R. Sunstein. *Nudge: Improving Decisions about Health, Wealth, and Happiness.* Penguin, 2009。

公司法上契约自由的例外之固有权

——不得以多数决剥夺的权利之德日法比较考察

[日] 高桥英治 著 李春女 译*

摘 要: 探讨日本法中保护持分公司小股东的法理,及利用固有权论的可能性。概括德国判例上固有权论的成立背景,明确构成固有权论的核心领域和确定性原则的成立与发展。对决定放弃确定性原则的联邦最高法院判例进行概括,明确德国固有权论判例法的发展对于日本法的参考价值。揭示固有权论在日本的发展过程,探讨日本法可从德国法固有权论中借鉴的内容以及今后研究的面向。

关键词: 契约自由的例外 多数决 公司契约 固有权

在德国法中,人合公司不是法人,是以公司契约为基础而成立的。如果契约自由原则无例外地适用于公司契约,公司以多数决(特别决议)变更公司契约,可以自由地剥夺人合公司社员的权利,无论有无该社员的同意。但是,德国法认为,人合公司及有限公司社员在与公司的关系中,存在不经本人同意不得以多数决剥夺的权利。这个权利是个人的核心领域,不能因团体利益而受到侵害。德国公司法学的第一人 Wiedemann,将不经本人同意不得以多数决剥夺的权利称为"社员基本权"(mitgliedschaftliches Grundrecht)①。这种权利的存在,表示公司中私人自治是有限的。与德国的 Wiedemann 持有相同见解的日本田中耕太郎博士阐述,在所谓国家的社会中,不得以多数决

---

* 高桥英治,日本大阪市立大学法学研究科教授;李春女,日本九州国际大学法学部副教授。

① Wiedemann, Kapitalerhöhung in der Publikums-KG, ZGR 1977, 692. 对于德国的封闭式资本公司(股份公司、有限公司等)的固有权,参见增田政章《德国封闭式资本公司的固有权》,《近畿大学法学》46 卷 2—3 号 1 页以下(1998 年)。

侵犯的国民基本人权问题，在股份公司中具体体现为固有权问题②。现代日本法中评价股东固有权为："固有权论有意将股东的诸权利平分为二，划分多数决的界限，在现今其作用已被否定。"③ 对此，德国法中，人合公司的固有权论还存在很大的意义。特别是在近年，没有本人同意，不得以多数决剥夺的权利是否存在，其判例法上的确认标准有了很大的变化。

本文探讨的是，作为德国公司法中契约自由的例外，固有权论是否可以成为保护日本法中持分公司（合名公司、合资公司、合同公司之总称——译者注）社员的法理。不同于德国法的人合公司，在日本法中，持分公司的法律形式是法人（《日本公司法》第2条第1号第3条）。但是，日本法中持分公司也以"章程"为基础，实质上与公司契约没有差异，常被称为"组合"④。日本法中关于持分公司的规定很简单。由于持分公司广泛认可章程自治，在章程自治的名义下以社员总会的多数决侵害社员利益的可能性增加，因此，有必要从多数决的滥用中保护社员，这一点与德国法上的公司的情况相似。

一、德国法

（一）固有权论登场背景

和日本经济相比，德国经济的特点是，在德国如合名公司或合资公司等"人合公司"，支撑着经济基础。2011年德国联邦统计，股份公司为7 939家，合名公司为266 138家，合资公司为23 894家⑤。

以1910年拜仁对有限公司导入法人及其社员进行双重课税为契机，人合

---

② 田中耕太郎《改订公司法概论（下卷）》317页（岩波书店1955年）。
③ 龙田节《资本多数决的滥用与德国法（1）》，《法学论丛》68卷1号76页（1960年）。八木弘博士在1956年称之为"固有权理论，在今日'已成为完成了股份公司法学史上的使命的一个纪念碑'"［八木弘《股东平等原则与固有权》，田中耕太郎编《股份公司法讲座（第2卷）》447页（有斐阁1956年）］。
④ 合名公司是"法人化的组合"，合同公司是为了合伙人之间设立新兴企业的法律形态。合同公司也广泛承认章程自治，对内部关系则适用组合的法理。
⑤ Vgl. Windbichler, Gesellschaftsrecht, 23. Aufl., München 2013, S. 46.

公司，特别是有限合资公司（GmbH & Co. KG，有限公司作为合资公司的无限责任社员的公司形态），被用来作为回避双重课税的手段[6]。尽管现在废止了有限合资公司在课税上的特权，但由于德国有限合资公司仍然享有广泛的公司章程自治和有限责任的优点，因此仍然维持着其作为公司的魅力[7]。在德国，人合公司的数量多，在经济上起着重要作用。因此，关于人合公司的判例非常多，关于"固有权"的判例理论也得到了发展。

（二）核心领域论的成立

在德国，认为社员权的核心是表决权、分配请求权、剩余财产请求权、信息请求权等。社员权核心的诸权利原则上是不得以多数决剥夺的权利[8]。该见解在学说上被称为核心领域论（Kernbereichslehre）[9]。相对于《德国民法》第35条"特别权"（Sonderrecht）的规定是维护章程赋予社员的特权的理论[10]，核心领域论则是保护人合公司中属于社员权的权利的理论。本文将核心领域论所保护的不得以多数决剥夺的权利称为"固有权"。

核心领域论始于1956年5月14日联邦最高法院判决[11]。在该案中，合资公司（Y公司）的无限责任社员A死亡后，经Y公司社员总会表决通过，只

---

[6] 高桥英治《德国与日本的股份公司法改革——企业治理与企业结合法制》344页（商事法务2007年）。

[7] 除此之外，有限合资公司的长处为：① 自身不适用共同决定；② 采取所谓统一的有限合资公司（全体有限责任社员以无限责任社员的身份参加的有限公司的社员构成的有限合资公司）形态的，转让股份不需要公证人的公证（《德国有限公司法》第15条第3项）；③ 没有维持资本的义务［参照高桥英治《德国公司法概说》381页以下（有斐阁2012年）］。在德国约占70％的合资公司是有限合资公司。高桥英治《德国与日本的股份公司法改革——企业治理与企业结合法制》351页（商事法务2007年）。

[8] Karsten Schmidt, Gesellschaftsrecht, 4. Aufl., Köln 2002, S. 472.

[9] Wiedemann, Gesellschaftsrecht I, München 1980, S. 360 ff.

[10] 本文为了区别于人合公司固有权，将"Sonderrechte"译为"特别权"。《德国民法》第35条规定："以社员总会决议侵害社员的特别权时，需要经该社员同意。"本条所称特别权的意思与优先权相同（Weick, in: Staudinger BGB, Berlin 2005, § 35 Rdnr. 8），是指即使以章程为基础、总会的多数决也不能剥夺的权利（Ellenberger, in: Palandt BGB, 73. Aufl., München 2014, § 35 Rdnr. 1）。一般社员权不属于特别权（Ellenberger, in: Palandt BGB, 73. Aufl., München 2014, § 35 Rdnr. 3）。联邦最高法院认可的典型的特别权有，在有限公司里以公司契约规定赋予该社员成为该有限公司业务执行者的权利（BGH, Urteil v. 4. 11. 1968, NJW 1969, 131）。固有权论是保护社员权的法理，而特别权是社员得到的特权。《德国民法》第35条是为了保护特权的规定。

[11] BGHZ 20, 363.

能由 Y 公司的有限责任社员与继承了 Y 公司无限责任社员地位的 A 的儿子 G 一起,才可以代理行使表决权。Y 公司的有限责任社员 X 对 Y 公司利益分配的社员总会决议不满,因此以 X 授予 G 表决权的决定无效为由,对 Y 公司提起了诉讼。原审支持 X 的诉求。联邦最高法院同样支持 X 的诉求,其要点如下:"有限责任社员表决权由章程规定可排除的,仅限于该章程规定不侵害有限责任社员地位本身时的情形。"[12]

该判决虽然没有使用"社员权核心领域的侵害"的表述,但认可了合资公司有限责任社员表决权存在着即使利用章程也不能排除的情况。

1984 年 11 月 8 日,联邦最高法院判决,关于核心领域论"侵害(公司法上地位的核心领域里)不可剥夺的社员权利的决议,原则上需要得到该社员的同意"[13]。在该案中,公开有限合资公司(有限合资公司的有限责任社员多为投资者的公司形态)(Y 公司),在社员总会,以四分之三的多数决决定该公司有限责任社员放弃领取利息。对该决议,Y 公司有限责任社员(X)提起诉讼要求支付 1 600 马克的利息。该判决否决了 X 的诉求。理由为:不经该社员同意,不得以社员总会决议剥夺社员权"核心领域"。X 作为有限责任社员,负有诚实义务,不得不对 Y 公司社员总会决议表示赞成。该判决明确确立了核心领域论。

(三) 确定性原则的成立与发展

确定性原则是指法律没有预定的多数决权限,人合公司以公司契约充分确定授权为基础并以此为限度的原则[14]。Wiedemann 称确定性原则为"用程序保护少数派"社员的手段[15]。

核心领域论与确定性原则的关系如下:一方面,确定性原则从形式上合理化了经多数决授权给少数派社员带来的不利,使多数决可以预测;另一方面,确定性原则为了保护社员权,主张没有已有的确定授权不能限制社员固有权。

---

[12] BGHZ 20, 363 Leitsatz.
[13] BGH NJW 1985, 974.
[14] Karsten Schmidt, Gesellschaftsrecht, 4. Aufl., S. 474.
[15] Wiedemann, Gesellschaftsrecht Ⅰ, S. 411.

核心领域论规定了可成为"固有权"的一定权利，并规定该权利不得以多数决剥夺，来限定以多数决给少数派社员带来损害的可能性范围[16]。

确定性原则的法理，原本是为了从多数决决定的追加出资中保护少数派社员[17]。据说1917年11月23日帝国法院首次提及确定性原则。该判决表示，关于要求合名公司追加出资的社员总会以多数决通过。该决议是否有效，"出发点应该是个人的自由"[18]。以多数决决定将来是否允许追加出资，应由该合名公司社员自由决定。依帝国法院的见解，是否认可该合名公司社员的追加出资，应该由公司契约明确规定。帝国法院还表示，关于追加出资是否由多数决决定，取决于在公司契约里是否存在明确规定[19]。在这一点上，该判决成为确定性原则的开端。

1952年11月12日联邦最高法院判决表示，根据1917年11月23日帝国法院判决，即使经四分之三的多数决来变更公司契约，将清算中公司变为设立中公司的组织变更是无效的[20]。在本案中，家族公司（X公司）是合资公司，Y不是X公司的社员，但受托执行该公司业务。X提起诉讼，确认Y不是X公司的业务执行者。由于唯一的无限责任社员（A）的死亡，成了清算中公司的X公司，因新的无限责任社员（B）的加入，组织变更为设立中的公司（以下称之为"本案组织变更"）。本案在上诉审中的一个争议焦点为，为了使其组织变更发生效力，X公司的社员总会经四分之三的多数决就足够，还是需要参加表决的全体社员的同意。联邦最高法院引用了1917年11月23日帝国法院判决，判定如下：公司章程中应该规定可以由多数决变更的公司章程事项[21]，但本案组织变更未在公司章程中做出明确的规定，且被认定为完全不是通常的章程变更[22]。该判决的结论是，存在四分之三的多数决进行的组织变更决议，支持X公司的诉求，确认Y不是X公司的业务执行者。可是该判

---

[16] Karsten Schmidt, Gesellschaftsrecht, 4. Aufl., S. 474.
[17] RGZ 91, 166, 168.
[18] RGZ 91, 166, 168.
[19] RGZ 91, 166, 168.
[20] BGHZ 8, 35.
[21] BGHZ 8, 35, 41.
[22] BGHZ 8, 35, 42.

决表示，为了使本案组织变更有效，X 公司要在公司章程中明确规定经多数决可变更的公司章程事项，这一点是以确定性原则为前提的。

1972 年 10 月 23 日，联邦最高法院判决表示，当公司章程中有根本规定（eindeutig）时，才可以经多数决剥夺业务执行权及解除公司顾问（Beirat），本案中应审查是否满足该根本性要求㉓。该判决基本事实如下：Y2 及 X 是合资公司（Y1 公司）的无限责任社员，Y3—Y5 是有限责任社员。Y2—Y5 行使表决权决定 X 由无限责任社员变成有限责任社员，从公司运营中将其排除。并且在之后的社员决议中做出决定，解除了 X 的公司顾问职务。对此，X 主张该决议未经参加表决的全体社员一致同意，应属无效。联邦最高法院经审查驳回了 X 的上诉。该判决认为，判断是否可以以多数决解除顾问一职，关键是公司章程中是否有明确规定。从这一点上看，该判决中确立了确定性原则。

但是，1978 年 3 月 13 日联邦最高法院关于公开合资公司的判决㉔放弃了确定性原则㉕。本案中，在社员总会上承认公开合资公司（X 公司）的代表由 B.－T. 股份公司变更为 H. 有限公司（Y 公司）的章程变更决议中，Y 公司没有参加表决。对于新成为 X 公司的无限责任社员的 Y 公司，请求其履行未支付的出资义务。联邦最高法院对于原审当中坚持确定性原则，允许以多数决变更公司章程要以公司章程有明确规定为前提㉖；坚持确定性原则公司不能发展，即使发生危机状况也无法做出相应的决定进行了批判㉗。之后，联邦最高法院判定，在公开人合公司中公司章程没有明确规定议事对象时，也允许经多数决来变更公司章程㉘，并驳回了 Y 公司的上诉。

在 2007 年 1 月 15 日 OTTO 判决中，联邦最高法院既维持了确定性原则，

㉓ BGH WM 1973, 100, 101.
㉔ 公开合资公司是多数出资者以有限责任社员的形式参加合资公司的特殊形态。高桥英治《德国与日本的股份公司法改革——企业治理与企业结合法制》75 页（商事法务 2007 年）。
㉕ BGHZ 71, 53.
㉖ BGHZ 71, 53, 57.
㉗ BGHZ 71, 53, 58.
㉘ BGHZ 71, 53 Leitsatz.

同时也指出多数决的正当性根据与范围应取决于公司章程的解释[29]。本案中，在有限合资公司（P公司）持有25%股份的P公司有限责任社员（X），对持有公司75%股份的社员Y1—Y3提起了诉讼。X主张关于P公司经四分之三的多数决决定的年度结算和年度利益处分是基本业务，因此根据《德国商法》第119条第1项的规定，应经参加P公司社员决议的全体社员一致同意方可决定，该决议侵害了X的社员权。联邦最高法院在判决中没有认可X的诉求。该判决引用了1952年11月12日联邦最高法院判决，确立了如下标准：通常决议可以由多数决决定，但关系到公司基础的，不是通常决议对象的，不能以多数决决定[30]。而且，该判决将不能以多数决剥夺的权利分为完全不可剥夺的"绝对不可剥夺的权利"，以及经本人同意或者有重要的事由时可以剥夺的"相对不可剥夺的权利"[31]。

2008年11月24日，联邦最高法院第二保护共同体判决维持了确定性原则[32]，而2012年10月16日，联邦最高法院判决则表示，所谓确定性原则，是为了从形式上正当化多数决，其在近年的裁判例中已经失去了意义[33]。2012年10月16日，联邦最高法院判决基础事实如下：某合资公司的公司契约规定，变更公司契约需要以四分之三或者以上的标准多数决。该合资公司想通过社员总会决议变更公司契约、放宽该规定时，合资公司有限责任社员（X）提起了确认该社员总会决议无效之诉。联邦最高法院驳回了X的诉求，判定公司契约规定的多数决要件可以放宽低于四分之三。当时，联邦最高法院表示，"所谓的确定性原则失去了作为形式上正当化多数决法理的意义"[34]。

（四）2014年10月21日联邦最高法院判决——确定性原则的放弃与新理论的确立

2014年10月21日，联邦最高法院判决放弃了确定性原则，保护少数派

---

[29] BGHZ 170, 283 Leitsatz, OTTO.
[30] BGHZ 170, 283, 286.
[31] BGHZ 170, 283, 288.
[32] BGHZ 179, 13, 20, Schutzgemeinschaft Ⅱ.
[33] BGH NZG 2013, 63, 64 Rdnr. 15.
[34] BGH NZG 2013, 63, 64 Rdnr. 15.

社员的社员权不受侵害形成了新的理论㉟。在本案中,在有限合资公司(A 公司) X 是少数派。关于其有限责任社员地位是否有义务转让给 M 财团,与多数派的 Y 等起了争议。2011 年 7 月 5 日,根据 A 公司的公司章程第 10 条第 1 项的规定,表决通过了将 X 的有限责任社员地位转让给 M 财团的决议。Y1 有 80 票,Y2 有 10 票,X 有 10 票,根据 A 公司的公司章程第 6 条第 5 项以单纯多数决通过了决议。A 公司的公司章程第 10 条第 1 项规定,公司股份的转让需要社员总会的同意。A 公司的公司章程第 6 条第 5 项规定,公司章程或法律没有明确作出规定的事项,以投票的单纯多数决决定。

2014 年 10 月 21 日,联邦最高法院判决,宣布放弃为多数决提供形式上正当性的确定性原则㊱。代替确定性原则判断是不是属于可以由多数决决定的事项的,是关于公司章程条款的解释。联邦最高法院在判决中表示,意思表示的解释不应拘泥于字面,应探究其真实的意思(《德国民法》第 133 条)及根据《德国民法》中契约解释原则的任意规定及诚信契约解释(《德国民法》第 157 条),决定决议事项是适合多数决,还是根据人合公司全员一致同意的决议原则㊲。联邦最高法院在判决中,在第二阶段适用所谓的核心领域论时,已经不再用核心领域论的表述。该判决认为应该从公司的利益出发判断其侵害是不是必要的,以及考虑该利益的保护价值,该侵害对于受侵害的社员是不是不合理的㊳。联邦最高法院对于控诉审在本案中遵从确定性原则解释 A 公司的公司章程第 6 条第 5 项,以是否属于通常决议事项为依据,判断该事项是否符合多数决表示异议,因此将该案予以驳回㊴。

(五)德国法固有权论对日本法的启示

日本法值得学习的是,在德国法核心领域论与确定性原则的发展中产生了保护例如合名公司或合资公司这样的人合公司中的少数派社员的理论。在

㉟ BGH ZIP 2014, 2231.
㊱ BGH ZIP 2014, 2231, 2233.
㊲ BGH ZIP 2014, 2231, 2233.
㊳ BGH ZIP 2014, 2231, 2234.
㊴ BGH ZIP 2014, 2231, 2235.

人合公司承认社员的"基本权"是法理上的固有权,对该权利的保护要求,相对于大部分事项有着详细法律规定的股份公司要大得多。其理由是,一方面,保护人合公司社员权的法律规定,在日本与德国都极其简单且不充分,因此非常需要以判例法作为补充。另一方面,公司契约乃至章程是连续性契约。预想所有的情况拟定十全十美的章程是不可能的。如果围绕人合公司的环境发生变化,有必要对社员权作出相应的限制。

剥夺人合公司社员的社员权,按人合公司的原则需要全员一致同意,或者能以多数决决定,但需该社员个别同意的,该权利就是固有权;如果认为依据公司章程只需社员的多数决(股份或者是按人数),而不需要该社员个别同意的,那么,该权利就不是固有权。对于社员的某种权利应该解释为固有权,还是应该解释为非固有权,采取何种立场的关键是如何调和以下两个要求:一个是人合公司社员权保护的必要性要求,另一个是为了公司利益对社员权利进行一定限制的要求。以前的判例采取核心领域论只是从被侵害的社员权利角度片面地去看待此问题。对于是否能以多数决限制属于社员权的权利,应根据该权利的内容,即以该权利的客观性质来判断。并且,"核心领域论"没有明确基准来判断属于社员权的诸多权利中哪种权利属于核心领域,这说明核心领域论作为判决基准是不完善的。

2014年10月21日,联邦最高法院判决开启了保护社员权的新局面。其表现为核心领域论也考虑公司利益。鉴于公司章程是连续的、不完全的契约,公司不得不顺应环境变化,承认以多数决剥夺属于社员权的情形。

确定性原则认为,对于是否可以利用多数决剥夺社员的某种权利,取决于公司章程中是否有明确规定。但是这一原则没有考虑到公司章程是连续的、不完全的契约这一点。对此,2014年10月21日联邦最高法院判决放弃确定性原则是正确的。德国的学说也赞成该判决[40]。但是,根据法律上规定的意思

---

[40] Priester, EWiR 2015, 71 f.; Schäfer, Der Bestimmtheitsgrundsatz ist (wirklich) Rechtsgeschichte, NZG 2014, 1401 ff.; Wertenbruch, Abschied von Bestimmtheitsgrundsatz und Kernbereichslehre im Beschlussanfechtungssystem der Personengesellschaft, DB 2014, 2875 ff., Ulmer, Mehrheitsbeschlüsse in Personengesellschaften: definitiver Abschied von Bestimmtheitsgrundsatz, ZIP 2015, 662.

表示解释原则，即探求当事人真意的原则（《德国民法》第133条）及诚信解释原则，仅仅依据公司章程的解释来决定未经本人同意、以多数决来剥夺某种权利的可否，是不合理的。在德国法中，如果根据这两种解释原则，不能判断未经本人同意以多数决剥夺某种权利的可否，则需要第二阶段——以实质基准判断[41]。该实质基准为"从公司利益出发，其侵害是不是必要的，而且考虑该利益的保护价值，以及侵害对受侵害社员是不是合理的"。对相关德国法的实质考察，有助于确立日本持分公司社员的某种权利在何种情况下成为固有权的判断基准。

二、日本法

（一）历来的研究状况及其发展过程

战前日本在德国商法学压倒性的影响下尝试继承德国固有权论。日本商法学真正开始对固有权进行研究，以1910年（明治四十三年）竹田省博士的《论股东固有权》为嚆矢[42]。竹田氏不单是分析、介绍了德国的固有权论，还个别且详细地展开了日本法解释论，论述了解释日本股份公司法时固有权论的意义[43]。1928年（昭和三年），田中耕太郎博士在其论文《关于固有权理论》里，将Kahl Lehmann的"Einzelrecht"[44]，同样是Kahl Lehmann的"jura quaesita"[45]，《德国民法》第35条的"Sonderrechte"及Paul Laband的"iura singulorum"[46]，全部翻译成"固有权"[47]，从自己的社员权否认论的角度，对德国学说进行了分析探讨。

---

  [41] Lind, Anmerkungen, LMK 2015, 366316, S. 2.
  [42] 竹田省《论股东固有权》（同《商法理论与解释》）48页以下（有斐阁1959年）。
  [43] 同前注，59页以下。
  [44] Kahl Lehmann, Einzelrecht und Mehrheitswille in der Aktiengesellschaft, ArchBürgerR 9 (1894), 297 ff.
  [45] Kahl Lehmann, Das Recht der Aktiengesellschaft, Bd. 2, Berlin 1904, S. 202.
  [46] Paul Laband, Der Begriff der Sonderrechte nach deutschem Reichsrecht, Annalen des Deutschen Reichs 1874, Sp. 1487 ff.
  [47] 田中耕太郎《关于固有权论》（同《商法学特殊问题（上）》）186页（春秋社1955年）。

到了战后,日本法中出现了个人企业股份公司化的现象。在德国会采用个人企业或者人合公司形态的小规模企业,在战后日本也采取了股份公司形式。其原因为:一是很长一段时间股份公司没有导入最低资本制度[48];二是日本企业家认为"股份公司"的名称会给企业带来社会信用、有利于交易;三是一般企业家认为股份公司在税法上比个人企业有利[49];四是以前在日本公司不能成为人合公司的无限责任社员,类似德国有限合资公司的形态不被认可;五是在日本法中合名公司与合资公司是法人,要缴纳法人税,因此没有德国法中为了回避双重课税而选择设立人合公司的益处等。在此情况下,日本很多公司采取了股份公司形态。在德国法中成为人合公司的判例法法理的固有权论,在战后日本则是作为股份公司法的法理讨论其适当性。

铃木竹雄博士与竹内昭夫博士将不能以股东大会多数决剥夺的股东权利称为固有权,提出了某种权利是否属于固有权取决于该权利是否关系到股份公司股东的本质利益的观点[50]。两者的观点受到了德国核心领域论的影响。但是,两者都认为固有权性应对限制的程度与其他权利的关系进行灵活考虑。在没有保障股东利益的法律规定的情况下,超越合理范围保留公司内部资金的股东大会决议会侵害属于固有权的利益分配请求权[51]。

对此,森本滋教授认为,固有权论是历史性概念,在法律规定不完善的时代对股东起到了特别的保护作用;将超越合理限制保留公司内部资金认定为对固有权的侵害,进而认定决议当然无效,有害于法的稳定性[52]。上市公司保留巨额内部资金侵害股东的利益分配请求权,归根结底是因为存在上市公司以相互持有股份来制约个人股东的利益分配的现象。在上市公司相互持有股份的现象得到解除的情况下[53],减少了采用铃木竹雄博士及竹内昭夫博士的固有权侵害论的必要。

---

[48] 股份公司导入最低资本金制度是从1990年(平成二年)至2005年(平成十七年),仅有15年。最低资本金金额极低,仅需1 000万日元。参照平成十七年改正前商法第168条的4。
[49] 高桥英治《公司法的承继与收敛》264页(有斐阁2016年)。
[50] 铃木竹雄、竹内昭夫《公司法(第3版)》110页(有斐阁1994年)。
[51] 铃木、竹内,前揭书注[50]111页注2。
[52] 森本滋《公司法(第2版)》115页(有信堂1995年)。
[53] 高桥英治《公司法的承继与收敛》211页。

2005 年（平成十七年）颁布的公司法将固有权的法理予以立法化。《公司法》第 105 条对一直以来作为公司法根本原理的股东固有权做了明文规定[54]。根据《公司法》第 105 条的规定，股东的权利中接受利益分配的权利（第 1 项第 1 号）、接受剩余财产的权利（第 1 项第 2 号）、股东大会的表决权（第 1 项第 3 号）、不经法律规定（例如《公司法》第 164 条第 1 项），不得以章程对此权利进行限制[55]。

现在，判断某种权利是否属于多数决可以剥夺的权利，多数观点认为应依据关于该权利的规定进行解释[56]。无论采用何种观点，如神田秀树教授所述，在股份公司中关于滥用多数决的法律规定在一定程度上得到了完善（参照《公司法》第 831 条第 1 项第 3 号等），固有权论作为保护少数派股东权利的法理，发挥作用的场合是极其有限的[57]。

（二）依据现代公司法固有权的解释论

现代日本公司法学中，积极展开固有权论的有高田晴仁教授。高田晴仁教授论述如下："历来认为表决权是……除了法定的例外（《公司法》第 108 条第 1 项第 3 号，第 308 条第 1 项括号书、同项但书，同条第 2 项等），不得以章程或股东大会剥夺的股东'固有权'……为了落实其为固有权之实，必须保障可以实际行使表决权。"[58] 最判昭和 43 年 11 月 1 日民集 22 卷 12 号 2402 页表示，以章程来限制股东表决权的代理人资格，其宗旨是保护"公司利益"时，该规定是有效的。所谓"'公司利益'的具体内容是'防止股东以外的第三者扰乱大会'……而股份公司由资本多数决支配，判旨所指'公司利益'最终意味着'多数派股东利益'，以此为由限制表决权行使，恐会与表

---

[54] 岩原绅作《新公司法的意义与问题点 I 总论》（《商事法务》1775 号 11 页）（2006 年）、山下友信编《公司法注释 3》27 页（商事法务 2013 年）（上村达男）。

[55] 酒卷俊雄、龙田节（编辑代表）《逐条解说公司法第 2 卷股份 1》29 页（中央经济社 2008 年）（森淳二朗）。

[56] 上柳克郎、鸿常夫、竹内昭夫《新版注释公司法（3）》12 页（有斐阁 1986 年）（前田庸），增田，前揭注①《近畿大学法学》46 卷 2—3 号 2 页。

[57] 神田秀树《公司法（第 18 版）》70 页以下（弘文堂 2016 年）。

[58] 高田晴仁《行使表决权的代理人资格限制》，江头宪治郎、岩原绅作、神作裕之、藤田友敬编《公司法案例百选（第 3 版）》68 页（有斐阁 2016 年）。

决权的固有权性相矛盾"⁵⁹。因此，高田晴仁教授主张，限制股东表决权的代理人资格的章程规定无一例外是无效的。

重视文义解释的村田敏一教授对高田晴仁教授的解释给予了评价，并认为在 2005 年（平成十七年）公司法颁布之后更具有说服力。公司法起草者认为没有"但是，章程有特别规定的，不受此限制"（《公司法》第 139 条第 1 项等）的明文规定，就不得以章程做出不同规定⁶⁰。但是，《公司法》第 310 条第 1 项没有相关的明文规定，其第 1 句只是规定了"股东，可以委托代理人行使其表决权"。假设公司法写尽了章程另有规定的所有情况，那么字面解释《公司法》第 310 条，就成为不得以章程规定，将行使表决权的代理人资格仅限于股东。

应该注意的是，高田晴仁教授的解释并非从表决权是固有权理论中直接推导出所有限制代理行使表决权的章程规定都属无效，而是"公司法没有限制代理人资格，因此直接解释为排斥以章程做出的所有限制……不得不说是缺乏说服力的。换句话说，即使一律限制代理人资格，也有各种形态或阶段……认可以章程自治限制代理人资格的范围程度，需要个别的、实质性探讨"。为了对付总会屋（持有少量股份的股份公司股东，以滥用股东权的方式从公司等收受或向其索求不当的金钱及财物的人或组织，在日本被称为总会屋——译者注）将行使表决权的代理人资格限制为股东，"其合理性是否达到了对股东固有权进行限制的程度，是值得怀疑的"⁶¹。高田晴仁教授的上述论述，是自己承认了以合理性为由限制属于固有权的表决权的合理性，还是为了批判最高裁判例的立场，从最高裁判旨的立场批判了所谓的有效说，是不明确的。但是，即使站在所谓的无效说立场，也应该承认以合理性为理由利用章程限制股东表决权代理行使的可能性，而作为考虑实务要求等实际必要性的公司法解释，也应对该解释论的方法予以支持。同时，对公司法的灵活

---

⁵⁹ 同前注，69 页。
⁶⁰ 相泽哲、郡谷大辅《伴随公司法制现代化的实质改正概要与基本想法》（《商事法务》1737 号 16 页）（2005 年）。
⁶¹ 高田，69 页。

解释，减少了以表决权是"即使以章程规定也不能剥夺的固有权"为出发点的必要性，如果采取表决权是"（除了极具"合理性"的以外，以章程进行限制原则上是不可能的）重要的共益权"的立场，那么就减少了以表决权的固有权性作为根据解释该问题的必要性。

传统的固有权论对股东固有权的定义为"股东以股东的资格所拥有的，不得以多数决进行限制或剥夺的权利"[62]，不认可以合理性为由以章程规定限制固有权[63]。在表决权的代理行使资格限制在股东的章程规定下，对于极具法技术性色彩的由非股东代理行使表决权的可否问题，引用传统意义上固有权论的解释论缺乏灵活性。岩崎稜博士则批判了"固有权论……排除了对各个公司利害状况的顾虑"[64]。《论语》有曰"割鸡焉用牛刀"[65]，固有权论就像缺乏灵活性的"宰牛刀"，以"表决权是固有权"为出发点，且站在"限制行使表决权的代理人资格侵害股东固有权"的立场，会导致对限制非股东代理行使表决权的章程规定的合理性不做谨慎的实质性考察就得出该章程规定一律无效的结论。

（三）德国固有权论在现代日本人合公司中存在何种意义？

根据法务省统计，合同公司的数量，2010年（平成二十二年）为7 153家，到2014年（平成二十六年）急剧增加到19 808家[66]，2015年（平成二十七年）更是增加到22 223家[67]。其原因之一是：由于内阁总理大臣安倍晋三政权的经济政策（俗称"安倍经济"），继续降低法人税，为了节税从个人经营转换成法人经营者增多。从2010年（平成二十二年）至2015年（平成二十七年）之间，所得税的最高税率上升了，法人税率却下降了[68]。在现代"个人

---

[62] 竹田，48页。
[63] 大森忠夫《表决权》，田中耕太郎编《股份公司法讲座（第3卷）》883页（有斐阁1956年），田中，317页以下；竹田，48页以下。
[64] 岩崎稜《战后日本商法学史所感》253页（新青出版1996年）。
[65] "割鸡焉用牛刀"，《论语》阳货第十七—四。
[66] 2015年8月23日《朝日报》。
[67] 中村信男《合同公司制度与法制上的问题点》（《法律广场》69卷8号56页）（2016年）。
[68] 2010年（平成二十二年）至2011年（平成二十三年）上半期，法人税与所得税的最高税率是一致的。

企业法人化"不仅仅是个人企业股份公司化，也孕育了个人企业合同公司化。只要该合同公司的经营由全体社员一致决定，就不会出现保护少数派社员的问题。但是，持分公司导入持分多数决时，作为保护少数派社员的手段，有必要考虑固有权。

现在，存在很多合同公司而且有增加的趋势。固有权论作为合同公司中保护少数派社员的法理非常重要。本文中介绍的德国法新固有权侵害基准，不仅仅考虑到被侵害社员的利益，也考虑到公司的利益，成为合理性基准，这对日本固有权的研究给予了启示。

在日本，通说认为股份公司的利益分配请求权是固有权（参照《公司法》第 105 条第 1 项第 1 号）[69]。合同公司社员的利益分配请求权也是法律上给予保障的（《公司法》第 621 条第 1 项）。但是，考虑持分公司对利益分配有着广泛的章程自治（《公司法》第 621 条第 2 项），持分公司社员的利益分配请求权是否可以解释为固有权并不明确。

德国法中，原则上认为利益分配请求权是"固有权"，未经本人同意不得以变更章程单方面剥夺该权利[70]。

现行法上认为有必要引用固有权侵害的案例如下：某合同公司（A 公司）规定，将变更章程的权限全权委托给某业务执行社员（B）（《日本公司法》第 637 条）[71]。但是关于利益分配向来根据章程规定，按股份比例进行分配。在此情况下，持有变更 A 公司章程权限的 B 变更章程内容。其内容是：持有 A 公司大部分股份的（C），一直到将来也只能领取微不足道的金额的利益。该章程变更没有 C 的同意就构成固有权侵害，应该认为原则上是无效的[72]。但

---

[69] 大隅健一郎、今井宏《公司法论（上卷）（第 3 版）》348 页（有斐阁 1991 年）。

[70] Karsten Schmidt, Gesellschaftsrecht, 4. Aufl., S. 472.

[71] 2005 年（平成十七年）公司法立案担当者认为，可将变更章程委托于执行业务社员［相泽哲、郡谷大辅《持分公司》（《商事法务》1748 号 23 页）（2005 年）］。学说明示，根据不同情况，可以将变更章程委托给代表社员［宍户善一《持分公司》（Jurist 1295 号 111 页）（2005 年）；奥岛孝康、落合诚一、浜田道代编《新基本法注释 公司法 3（第 3 版）》72 页（日本评论社 2015 年）（今泉邦子）］。

[72] 而且，根据《公司法》第 622 条第 1 项关于分配利益方法的章程自治原则规定，从其宗旨来看该章程变更是有效的。此种见解作为解释论也有可能成立。将《公司法》第 622 条第 1 项认定为强行规定（后述），也有将该章程变更解释为实质上违反了《公司法》第 622 条第 1 项的余地。

是，如果参考德国法应认为：A 公司其他全体社员也将领取与 C 相同比例的利益，将来不分配的利益保留在 A 公司。这种积累 A 公司内部保留利益的方法，对 A 公司的利益是不可或缺的。而 C 直至将来也只领取微不足道的金额的利益分配，考虑到 C 的剩余财产分配请求权（参照《公司法》第 649 第 3 号第 666 条）的存在，认定 C 应该承受时，不构成对 C 的固有权侵害[73]。

《公司法》第 622 条第 1 项是 2005 年（平成十七年）新设的规定。规定持分公司社员有利益分配请求权的本条项是强行规定还是任意规定，无论是在公司法起草担当者的解释中[74]还是学说[75]中都没有明确的论述。假设《公司法》第 622 条第 1 项是强行规定，意味着本条项规定了持分公司社员的利益分配请求权是固有权。例如，以剥夺合同公司社员的利益分配请求权为内容的章程变更违反了《公司法》第 622 条第 1 项，原则上是无效的。即便《公司法》第 622 条第 1 项是任意规定，拥有变更章程权限的 A 公司（合同公司）业务执行社员 B 变更 A 公司章程，对于 A 公司业务执行社员 C 剥夺其利益分配请求权（《公司法》第 622 条第 1 项）及剩余财产分配请求权（参照《公司法》第 649 条第 3 号，第 666 条），B 进行的该章程变更，除了存在 C 的同意或者 C 作为业务执行社员从 A 公司领取过多报酬等特殊事由之外，应认为构成对 C 的固有权侵害，原则上也是无效的。

三、结语

综上所述，日本法应从近时德国的固有权论的发展中吸取如下观点：一是固有权论作为保护诸如合同公司的持分公司社员权的法理是有价值的；二是关于判断是否存在固有权侵害，有价值的是调和受侵害的社员与侵害的公司两者之间利益的合理性基准（"社员权利的侵害从公司利益的观点出发是有必

---

[73] BGH ZIP 2014, 2231, 2234; Lind, Anmerkungen, LMK 2015, 366316, S. 2.
[74] 相泽哲、叶玉匡美、郡谷大辅《论点解说　新公司法》594 页（商事法务 2006 年）。
[75] 奥岛孝康、落合诚一、浜田道代编《新基本法注释　公司法 3（第 3 版）》50 页以下（日本评论社 2015 年）（青竹正一）。

要的，且，权利受侵害的社员是否存在应该忍受的理由"）。固有权论乃至特别权论法理上应被称为股东平等原则的起源[76]。但是，对于固有权（《公司法》第105条第2项）、股东平等原则（《公司法》第109条第1项）及多数决滥用法理（《公司法》第831条第1项第3号等）做了明文规定的现行日本股份公司法中，哪些情况下不能以《公司法》第105条第2项股东平等原则及多数决滥用法理来解决，而需要采用作为解释论上的法理的固有权论，将成为今后的研究课题。

---

[76] 高桥，48页。

英美法上合意理论之不公开本人身份代理制度

——兼评《民法典合同编(草案)(二审稿)》第七百零九条之规定

孙丽娜[*]

摘 要：合意理论作为本人身份不公开代理之基础理论，较之于意思说、信赖说、实质公平说等合同理论对本人身份不公开代理之解释更符合其本质，目的在于在委托人和第三人之间建立直接的法律关系。从具体的案件事实出发，分析合意理论在本人身份不公开代理的三方主体关系、代理人违约、代理权缺失等方面的运用。基于以上分析和阐释，针对我国《合同法》第四百零三条和第二十二章的法律规定之不足与矛盾，提出相关修正建议和意见，以期更好发挥本人身份不公开代理的灵活性和适应性。

关键词：本人身份不公开代理 合意理论 行纪

《中华人民共和国民法总则》(以下简称《民法总则》)已于2017年10月1日生效，当前我国正在进行民法典分则的修订工作，其中包括合同编。《合同法》如何在《民法总则》的统领之下满足商事交易的需求，成为其修订的重点和难点。在《合同法》关于代理法律制度的修订中，我们应当关注这样一个问题，即根据《民法总则》第一百六十二条的规定，代理须以被代理人名义实施民事法律行为，方能对被代理人发生效力。而通说所认为的《合同法》第四百零三条规定的不公开本人身份(被代理人)的代理[①]与《民法总则》规

---

[*] 孙丽娜，山西大学法学院讲师。

[①] 刘丽丽：《隐名代理与被代理人身份不公开代理制度研究》，大连海事大学2008年硕士学位论文。

定的代理制度之间存在冲突,但《民法典合同编(草案)(二审稿)》第七百零九条与现行《合同法》的内容一致。本文将基于合意理论的不公开本人身份的代理展开论述,提出我国《合同法》第四百零三条的完善建议以及如何消除其与《民法总则》的冲突,以期达到《民法总则》和《合同法》的协调统一的体系化。

一、合意理论作为不公开本人身份代理理论基础的原因分析

自19世纪以来,英美代理法学家们对本人身份不公开代理的存在意义及法律性质一直是争论不断。英国法学家弗雷德里克·波洛克(Frederick Pollock)、美国大法官奥利弗·温德尔·霍姆斯(Oliver Wendell Holmes)等学者认为本人身份不公开的代理是不合理、不公平且违背基本法理的,而且对于《美国代理法重述(二)》的评论亦表明:与不公开本人身份的委托人相关的法规似乎违背了基本合同法。从定义上来看,第三人并没有对委托人表示明确的同意,委托人也没有对第三人表示明确的同意,但是,委托人与该第三人之间的关系却被认为是契约性的。在普通法意义上,合同是代理人和第三人之间的合同。除此之外,代理法还认为,在与交易相关的另一方和看起来是合同方的委托人之间产生权利和责任只是权宜之计①。

传统的合同法理论包括意志说、信赖说、效率说、实质公平说和交易说②,都无法充分解释本人身份不公开的代理。

意志说无法说明秘密地代表委托人而自身无意受约束的代理人对第三方所承担的义务以及委托人直接起诉第三方的情形。

信赖说在说明第三方可以主张委托人作为合同一方承担的义务的问题上存在重大缺陷,因为如果第三方不知道委托人的存在,他将永远不能信赖委

---

① Restatement (Second) of Agency § 186 Comment a (1957).
② Barnett, A Consent Theory of Contract, *Colunmbia Law Review*, pp. 274 – 277 (1986).

托人的承诺，而委托人的义务是此种代理的核心原则。

效率和实质公平说是以交易的结果作为评判标准，这两种理论带来的问题包括：它们需要一种机制来发现和证明其所适用的标准的合法性；它们无法强制任何违反适当标准的交易，即使双方已协商一致。

交易说仅能说明代理人和第三方的交易关系，而委托人自身没有和第三方交易，第三方也不知道其在和委托人交易，故其不能清晰地阐明委托人和第三方互相承担义务的缘由。

在将合意理论运用到本人身份不公开代理的相关法律之前，需要简要介绍合意理论的基本含义。合同的合意理论是一种关于合法权利的更全面和专有的概念。该理论将法律权利看作可实施的所有权，以及可获取、使用和转让的资源，并且这些所有权可以控制一个人的私人资源和外部资源。因为合同服务于某些资源的转让，所以，合同法应该基于一种首先能够解释为什么人们拥有以及能够控制这些资源的理论。合同的合意理论要求一项可实施的合同满足至少两个要求：一是合同的客体必须是转让人拥有的可辨识的权利，这种权利可以进行转让，称之为"可转让的"；二是可转让权利的拥有者必须表明其在法律层面上要转让权利的意图，即他必须同意①。

二、关于不公开本人身份代理的案例分析

现有的普遍的关于合同义务的理论都无法很好地解释为什么不公开本人身份的委托人 UP 可能起诉第三人 T，或被第三人 T 起诉。在解决下面的诸多案例中合同义务之前，首先要认真考虑这些案例中存在的义务。

案例1：代理人 A 和第三人 T 同意签署货物合同。A 要求 T 提供货物，T 要求 A 支付货款。T 并不知情 A 是委托人 UP 的代理人。如果 T 没能按照合约提供货物，那么 A 可以起诉 T 吗？UP 可以起诉 T 吗？如果 UP 未能按照合约向 T 支付货款，那么 T 可以起诉 A 吗？T 可以起诉 UP 吗？

---

① 同前注，pp. 269 - 300。

要想回答这些问题,就要用到合同的合意理论的很多方面。我们必须考虑三个法律关系:① A 和 T 的关系;② A 和 UP 的关系;③ UP 和 T 的关系。

(一) 代理人和第三人之间的关系

在不考虑 UP 责任的情况下,A 和 T 之间的合同关系从未出现过什么解决不了的问题。在案例 1 中,A 向 T 表明其同意 T 转让一些货品的权利,T 则向 A 表明其同意 A 转让一些金钱的权利。在合意理论中,任何"主观的"保留都不会影响初步具有约束力的责任,该保留指有一方不被另一方所知。所以,即使 A 和 UP 之间存在关系,但是在签订合同的同时,T 并不知道这种关系的存在,那么如果 UP 没有履行合约,T 可要求 A 担负责任,同时,A 也可以要求 T 履行合同责任[①]。因此,在合意理论中,A 和 T 之间的合同关系与任何标准合同原则下的关系是一样的。对于 A 和 T 之间的合同,A 和 T 不需要达成主观共识,A 不一定要依赖 T 的承诺或者接收 T 的任何利益。

(二) 代理人和不公开本人身份的委托人之间的关系

理解第三人和不公开本人身份的委托人关系的关键是要更好地理解不公开本人身份的委托人和其代理人之间的法律关系。A 和 UP 之间未披露的代理关系,与告知第三人存在委托人或委托人身份的"标准"代理关系没有什么差异。代理是一种需要双方合意的关系,是一种一方向另一方表示同意而产生的信托关系。

但在关于代理关系概念方面,合意理论与传统代理理论不同。传统代理理论依赖于存在的合同声明,这种声明要求对价。因此,只有委托人承诺会给予代理人报酬时(大多数商业代理协议都是这样的),传统代理理论才承认委托人和代理人之间的合同。但当这种关系是无偿的,且双方任意一方可以终止这种关系,标准代理理论就认为这是无合同的"授权"代理人[②]。

相比之下,合意理论认为,所有经授权、代表委托人与第三人签订合同的代理人,同时也就与委托人签订了合同——这种合同规定代理人公开或不

---

① Ashe v. Vaughan, 159 Okla. 32, 33, 14 P. 2d 231, 231 (1923).
② Restatement (Second) of Agency § 6 (1957).

公开地转让委托人在合同中要求其代为转让的权利，代理人可以使用自己的名义，但代表委托人。合意理论将所有双方同意的权利转让都认为是合同性的，因此，代理人承诺为委托人转让权利也被认为是合同性的，而不用考虑是否存在对价。

在代理协议中，代理人与第三人签订协议，转让他并不拥有的权利和资源。授权代理人"代表自己"执行的委托人，同意授权代理人执行某些特定的、通常由委托人自己行使的权利。售卖自己的商品是"权利集合"的一个方面，这也是商品"所有权"的组成部分。租赁商品的人不拥有这样的权利。当委托人——所有权者同意授权代理人售卖自己的汽车时，他授权代理人为自己的利益（代表自己）、在自己控制之下，行使这一权利。与此同时，代理人同意将其从第三人获得金钱的权利转让给委托人。

这种代理人和委托人之间的合意协议必然产生的结果就是：① 委托人将自己对汽车的转让权授权给代理人；② 通过行使这一权利，代理人实现将委托人对汽车的所有权直接转让给第三人购买者；③ 代理人同意将其从第三人获得金钱的权利转让给委托人。因此，这些权利直接转让给委托人，不需要代理人的再次同意。

（三）不公开本人身份的委托人和第三人之间的关系

现在我们要分析不公开本人身份的委托人和第三人之间的关系。UP 和 A 之间，以及 A 和 T 之间迥然不同但又同时存在关系，这创造了一种权利的三角流动，包括权利直接从 UP 到 T 和权利通过 A 间接从 T 到 UP。UP 和 T 之间是否存在第三个理论上的合同？到现在为止，本质上各方对另一方的权利都是"合同性的"，因为权利的分配来源于同意转让事物的所有权。这种同意权利流，重新分配了各方的资源和所有权，因此当实际资源拥持有量与新的权利组合不一致时，便产生了诉因。

例如，UP 已经将对货物的所有权利转让给 T，UP 未能将货物转交给 T 就导致了财产分配不均的局面，这一局面必须得到纠正。因为财产必须和权利相对应，合同的合意理论可以将这一情况厘清。转让给 T 的权利流，由 UP 与 A 之间的代理关系发起，那么 A 行使其权利将 UP 的权利转让给 T，此时

T 就拥有了对货物的权利。因此，UP 拥有货物便是不合理的。而且，A 同意为 UP 未能交付货物承担责任。A 已经明了其执行或赔偿损失的意图，因此 A 是与 T 签订有效合同协议的一方。T 有权利向 A 和 UP 提起诉讼，直到获得转让的汽车，或者获得赔偿。

现在假设另一种情况，T 拒绝支付货款。既然 T 和 A 之间的买卖合同将对价款的权利从 T 转让给 A，且 A 和 UP 之间的代理合同自动实时将对金钱的权利从 A 转让给 UP，那么 UP 可以直接起诉 T，或者授权 A 代表自己起诉 T，要求支付价款。在这种权利三角流中，T 对 UP 的不知情不存在任何影响①。根据案例 1，还能解释另一种情况，即 T 拒绝交付事先约定好的商品，分析的结果与以上是相同的。

三、合意理论在不公开本人身份代理中代理人违约情形下的运用

（一）代理人破产的法律结果

1. 委托人与代理人清算的利益

案例 2：T 将商品交付给 A，A 又将商品交付给 UP。UP 将商品货款交付给 A，但是 A 在将货款支付给 T 之前破产了。T 能够起诉 UP 要求支付货款吗？

当 UP 将货款支付给 A，但 A 破产没能将货款支付给 T，那么 UP 和 T 都是无过错方（如果情况是 T 将从 UP 购买货物的货款给 A，但 A 在将货款支付给 UP 前破产，那么 UP 和 T 同样都是无过错方）。在不公开本人身份代理的法律中这是比较复杂的，因为没有合适的方式可以对这种损失进行分配，两个无过错方中必然要有一方来承担因为 A 的破产而造成的损失②。那么合

---

① Restatement (Second) of Agency §195A (1957).

② 在这种情况下，如果规则没有限制地被适用，其结果是委托人将支付两次合同价款。另一方面，如果规则没有被适用且第三方没有向代理人提出强制执行申请，那么由于代理人破产，第三方将得不到任何补偿。Randy E. Barnett, Squaring unclosed Agency Law with Contract Theory, *California Law Review*, Vol. 75, No. 6 (Dec. 1987), p. 1984.

意理论提出了什么样的解决方法呢？

在本文以上论述中，不难发现不公开本人身份的代理包含两份合同，导致了三角权利同意流。UP 通过 A 获得了 T 对汽车的权利。由于 A 行使了 UP 赋予他的权利，使得 T 直接从 UP 获得了购买货款的权利。正常来说，T 对 UP 存在的不知情与这个权利流无关，所以 T 对 UP 的权利和 UP 对 T 的权利也是无关紧要的[①]。

权利流解释 UP 不能因为 T 将货款交付给 A 就能避免承担责任的情况。UP 是真正的债务方，他拥有的货款来自 T。一般情况下，我们不能把未经过债权人同意就将货款支付给第三人的行为，看作支付了对债权人的债务。在这种情况下，T 对 UP 存在的不知情是相关的。T 当然没有同意 UP 将欠自己的货款支付给 A，因为 T 对 UP 的存在完全不知情，也就无法同意。没有 T 明显的或隐含的同意，那么 T 从 UP 获得货款的权利使得 T 有权要求 UP 支付货款。UP 可以通过经由 A 将货款支付给 T 来偿还欠款，但是 UP 必须要承担这一选择所带来的风险。UP 要承担风险，并不仅仅是因为他选择 A，还因为权利流将对货款的权利直接从 UP 转让到 T。因此，合意理论支持英国保护第三人的规则[②]。合意理论反对美国规则，因为美国规则认为第三人应该承担 A 违约的风险。

2. 第三人与代理人清算的利益

案例 3：现在 T 从 A 购买商品。UP 担忧 A 的财务状况，于是告知 T 他是 A 的委托人，是"真正的"售卖者，UP 要求 T 直接将货款支付给他。但是 T 还是支付给了 A。A 破产了。UP 能够起诉 T，要求支付货款吗？

本质上，这个案例中的权利流和案例 2 中的权利流相同。尽管 UP 间接地通过 A 要求获得对购买货款的权利，但这使得他有权要求从 T 处获得货款。当 T 支付给 A，A 破产，我们又要将损失风险在无过错的双方中进行分配。尽管权利流有相似性，但是案例 3 的情形与案例 2 的情形迥然不同。

---

① Randy E. Barnett, Squaring unclosed Agency Law with Contract Theory, *California Law Review*, Vol. 75, No. 6 (Dec. 1987), p. 1970.

② Restatement (Second) of Agency § 208 (1957).

委托人可以同意通过代理人来获得货款，同意承担这种转让过程中存在的风险。案例3中，UP选择通过A来和T交易。如果UP没有说明他的存在，那么UP就一定要承担由A的破产导致的损失。UP选择通过A的代理来和T建立合同关系。这种合同会明确规定由A收取货款，因为其他条款可能会泄露UP的存在。因为UP明确同意要通过A收取货款，合意理论规定T在UP支付A的合同权利之内。与之相对，在案例2中，T没有表明同意通过代理人来收取货款，考虑到UP存在的秘密性，不可推测其同意。这与标准代理法律得出的结果一致。

类似的，标准合同协议指出，当一方使用某一种特定的沟通方式来提出提议时，另一方使用同样的方式表明接受是合理的[1]。除此之外，"信筒规则"（送信主义）规定一旦寄出，接受随即生效，"一旦被发价人已经不拥有某物，而不管该物是否到达出价人，合同即生效"[2]。信筒规则确保被发价人能够判定合同何时生成，同时也通过赋予受价人选择接收方式，或在合约中具体表明只有在收到时才生效的权利。同样的，在未披露代理情况下，委托人也可以通过明确支付方式来保护自己。但当协议是隐藏的，第三人有权利信赖委托人创造的表象，支付款项给代理人。和信筒协议一样，支付款项一旦不属于第三人财产，合同即生效。

但是，案例3提出如果UP要求T直接将货款支付给UP会产生什么结果？一般情况下，代理法律允许委托人（包括不公开本人身份的委托人），在与第三人签订合同后，选择直接支付[3]。这样的规则与法律规定的合同权利的分配一致[4]。标准合同法律有一个假定，当缺少相反的明确条款时，任何合同权利都可能被分配给另一个人，只要这种分配不会严重影响债务人。标准合同规定进一步明确指出，一般情况下改变收款方人员的身份不被认为是严重的[5]。

---

[1] Restatement (Second) of Contracts §65 (1979).
[2] Restatement (Second) of Contracts §63 (a) (1979).
[3] Restatement (Second) of Agency §310 (1957).
[4] H. Reuschlein & W. Gregory, Handbook on The Law of Agency and Parenership §95, p. 159 (1979).
[5] Restatement (Second) of Contracts §317 Comment d (1979).

代理法律将 UP 经由 A 从 T 接收的权利认为是分配给 UP 的权利,便将这一规则应用于 T 和 A 之间的合同①。同样,合同的合意理论的"权利流"分析可以被看作将权利从 A 转让给 UP。根据转让法,除非不公开本人身份的委托人告知第三人这样的转让,第三人对代理人履行义务,即满足了对不公开本人身份的委托人的义务。随之引发的问题是,第三人处于应该先支付给谁的困境,《美国代理法重述(二)》指出,"如果代理人承认代理,且对于转让没有提出任何个人主张",第三人不能拒绝向委托人支付②。

(二) 不公开本人身份代理中选择签约主体的自由

不公开本人身份的代理法律和转让法之间紧密的理论关系,可能能够解释为什么、什么时候人们要"被迫"与自己不赞成的人交易。

案例 4:与案例 1 相同的事实。T 是 UP 的主要竞争对手,与 A 签订合同之后才发现 UP 的存在和身份,于是 T 拒绝交付货物。那么,UP 可以起诉 T 违约吗?除非有争议的权利是"私人的",否则合同权利是自由转让的。根据合同的合意理论,规制不公开本人身份的委托人的法律应该是一样的。

首先,没有相反明示或者欺诈的情况下,如果 A 与 B 签订了合同,这不排除 B 实际上可能是 C 代理人的可能性,也不排除 B 以后可能将其权利转让给另一方的可能性。其次,当各方对某一具体问题保持沉默时,我们可以结合对相关环境中的"背景"理解来阐释这种沉默③。一般情况下,会假设所有权利都是可以自由转让的。因此除非有相反的明确保留,否则当一个人购买了车或土地时,他就拥有了再次售卖这些物品的权利——也就是说,将其权利转让给别人——而且他可以将物品卖给他选择的任何一个人。最后,合意理论将代理关系定义为:代理人承诺将其代表委托人获得的所有权利转让给委托人。A 在从 T 获得权利之前,就对 UP 许下这种转让承诺,绝不会损害一般的假设,即从 T 获得的权利完全是可以转让的。

从正常的背景假设中(即我们与之交易的另一个人不是其他人的代理

---

① Restatement (Second) of Agency § 310 Comment a (1957).
② Restatement (Second) of Agency § 310 Comment c (1957).
③ Barnett, A Consent Theory of Contract, *Columbia Law Review*, pp. 307-309 (1986).

人），第三人不应该对自己反感的不公开本人身份的委托人负责任的论点，似乎有其合理性。但是，在这里这种假设不是决定性的因素。大多数签订合同的各方并不在乎他们是和代理人签订合同，还是和委托人签订合同。因此在案例4中，我们就没有理由假设T拒绝以代理人身份和他签订合同的代理人，实际上，他真正拒绝的是和UP签订合同。除非UP有需要知情这种反对的理由，否则决定性的问题就是T交易的权利是否在未来的转让过程中受到任何限制。因此，当T没有明确提出此事，而且UP也并不知情T对他的反感，这时背景假设更偏向于自由转让性。基于以上理由，如果T的义务没有被代理关系损害，而且服从T可能坚持的任何有效合同辩护，不公开本人身份的代理法律应该允许A可以秘密代理任何人与T签订合同。这符合实际的不公开本人身份的代理法律[1]。

在案例4中，T与A交易，但T并不知情A是其主要竞争对手UP的代理人。一旦UP的存在被披露，T就可能强调他之所以签订合同，是在错误的假设下，即A并不代表UP才签订的。但是，根据标准合同法的规定，T的错误假设只有在A或者UP也知情的情况下，才能成为有效的抗辩。也就是说，这种抗辩只有在A或UP知道，或有理由知道T不会和UP签订协议时——可能因为T之前已经拒绝过和UP签订协议，才能有效。只有那时，T才能有对"错误"的抗辩。合同的合意理论支持这一论点[2]。

假设T可以证明UP或者A知道或者应该知道他的保留态度，那么UP有两种可能的回答来反诉T的抗辩。其一，UP可能会强调T是"有意识的无知"A是否为UP的代理人，而且一方在签订合同时是有意识的情况下，就要承担可能出现错误的风险。而且即使其对与错误相关的事实认知有限，但是这种有限的认知应该被看作是充分的[3]。如果可以证明这些，那么标准合同法就会得出结论，即T要承担与UP交易的风险。这种判决依据某案件的具体事实，而且要求T意识到了自己有限的认知。既然没有理由猜测T考虑

---

① Restatement (Second) of Agency §304 Comment a (1957).
② Barnett, A Consent Theory of Contract, *Colunmbia Law Review*, pp. 308, 318 (1986).
③ Restatement (Second) of Contracts §154 (b) (1979).

过 A 是 UP 代理人的可能性,那么 UP 可不可以以这样的回应来反诉 T 的抗辩。但是,合同中一个明确的条款允许自由转让"给任何一方"可能提出了关于"有意识的无知"的推论①。

其二,如果 T 不反对与 UP 签订合同,但是如果其事先得知 UP 的存在,会要求一个更高的价格,那么即使 UP 知道 T 的态度,关于错误的抗辩也是不可用的。这种情况与买家对物品的潜在转售价值有专业认知的情况没有本质上的区别。第三人销售商对 UP 的存在和身份不知情,导致他无法准确判断物品的潜在市场价值。在现实中,每一位签订某一价格的销售商,必然承担了买家可能愿意而且能够支付更多的风险;这就像每位买家也承担了销售商愿意而且能够接受更低价格的风险。因为这样的无知,不管是有意识的还是无意识的,十分常见。因此,这就不能削弱同意的标准意义。

在不公开本人身份的代理的情况下,没有明确的不实陈述,对所售商品潜在市场价值的无知本身并不能作为错误抗辩的支撑②。从另一方面说,缺乏有意识的无知(或承担风险的其他证据),在特殊的情况下,法庭应该允许为错误辩护。这种情况就是一方与未披露代理第三人的另一方签订协议,但是一方之前拒绝与第三人签订协议。在这种特殊情况下,明确表示同意的重要性由 A 或 UP 对 T 不愿与 UP 签订协议的情形知晓而决定。

(三)不公开本人身份的委托人和不可转让权利

即使标准的三角权利流会将 T 的权利转让给 UP,将 UP 的权利转让给 T,但是有一个因素可能会阻止这种转让的流动。在合同的合意理论中,如果涉及的权利是不可转让的,那么即使得到了权利持有者的同意,这些权利还是无法进行转让。执行不可转让权利唯一的法律义务就是赔偿财产损失的责任。根据以上说法,请考虑以下情形:

案例 5:T 表明其自愿为秘密代理 UP 的 A 创作一幅图画,这一协定具有法律效应。但 T 发现 UP 的存在,然后拒绝创作。那么 A 或 UP 能够强制 T

---

① Senor v. Bangor Mills, 211 F. 2d 685 (3rd Cir 1954).
② Senor v. Bangor Mills, 211 F. 2d 685 (3rd Cir 1954).

执行创作吗？

合意理论提供的答案十分简单：A 和 UP 不能强制执行一项个人服务合同。在合意理论中，使用一个人身体的权利是不可转让的，在任何情况下也不能经同意转让。这样的协议被定义为"私人的"①，在这一方面不公开本人身份的代理法律和转让法是一致的。

在合意理论中，这样的"私人"协议中唯一能够产生的法律责任就是为不执行支付赔偿损失。因此，尽管 UP 不能够得到要求 T 执行的权利，但因不执行而产生的财产补偿可以从 T 经由 A 转让给 UP。

四、基于英美法合意理论，《民法典合同编》对《合同法》第四百零三条和行纪合同之修正

（一）关于《合同法》第四百零三条的修正——建议规定以保护委托人利益为核心的代理制度，消除委托人介入权的局限性

关于委托人和第三人之间的法律关系，英美法上的不公开本人身份的代理是采用权利的自然让渡，即建立在三方法律关系的基础上，代理人通过在与第三人取得的除身份权利之外的权利让渡或转让，使委托人和第三人之间建立直接法律关系。

关于委托人行使介入权或第三人行使选择权的法定条件，当前有五种立法例：其一，英美代理法模式，按照英美代理法的规定，委托人行使介入权或第三人行使选择权几乎没有条件限制。其二，《国际货物销售代理公约》模式，该公约第 13 条规定，委托人行使介入权的前提条件是，代理人因第三人不履行义务或是因其他理由而未履行或无法履行其对委托人的义务。第三人行使选择权的前提条件是，代理人未履行或无法履行其对第三人的义务。其三，荷兰民法模式，依据该法典第 7 章第 420 条、第 7 章第 421 条的规定，委托人行使介入权或第三人行使选择权的条件是相同的，即受托人没有履行义

---

① H. Reuschlein & W. Gregory, Handbook on The Law of Agency and Parenership §95, pp. 338-345 (1979).

务或者陷入破产。其四，欧洲合同法模式，依据该原则第3：302条、第3：303条的规定，委托人行使介入权或第三人行使选择权的条件均为受托人破产，或者根本不履行，或者在履行期到来之前情况表明将会发生根本不履行的情况。其五，我国《合同法》的模式，依据第四百零三条的规定，委托人行使介入权或第三人行使选择权的条件均为因对方的原因导致受托人不履行义务[①]。本文认为，根据合同的合意理论，在本人身份不公开的代理中，委托人通过代理人在第三人取得的除身份权利之外一切权利的让渡，构成其和第三人之间直接的法律关系。该理论以保护委托人利益为本位，同时借助选择权的设置兼顾保护第三人利益，故而使不公开本人身份的代理较好地发挥代理的功能，降低交易成本，体现了效率的价值取向，推动经济高效、快捷、有序地运行。依据我国《合同法》第四百零三条的规定，委托人的介入权和第三人的选择权，其根本作用在于避免代理人因其代理不公开委托人的行为而承担法律责任。但在不公开本人身份的代理中，利益冲突体现在委托人与第三人之间，代理人的利益只是过渡利益，或者说代理人并不享有其中的利益。代理关系是基于委托人（本人）利益需要而产生的，而非为了第三人利益。正如《美国代理法重述（二）》也明确指出："代理法律关系的所有宗旨就是代理人应该竭力实现本人的意志。"

综上，在借鉴和参考前文所述的合意理论的基础上，在民法典合同编草案对《合同法》第四百零三条进行修订之时，本文建议坚持以委托人利益为核心，兼顾第三人利益的原则，并对介入权和选择权的行使加以修改，具体内容为：

第一，对于委托人介入权行使在法律上明确除外情形——消极条件。

根据本文第三部分"不公开本人身份的代理中的选择签约主体的自由"和权利的可转让性所述之内容推导出以下介入权行使的两种例外情形：

一是第三人在订立合同时表示如果知道该委托人就不会订立合同且代理人或委托人知晓或应当知晓该情形的，亦即第三方存在明确保留且代理人或

[①] 汪渊智：《中国大陆未来民法典中代理制度之构想（下）》，《月旦民商法杂志》2014年第45期。

委托人对此知情。这一例外情形设置的理由在于，一方面根据权利转移理论，代理人在权利义务进行转让之时须经第三方同意，而在不公开本人身份的代理中法律规定代理人将其权利直接让渡给委托方，因此为了保障第三方的利益没有被代理关系所实质性损害，故赋予第三方一定的保留权，同时委托人有权抗辩只有在代理人或委托人知道，或有理由知道第三方不会和委托人签订协议时。基于此，第三方才能有对"错误"的抗辩。另一方面就代理人与第三人订立合同的行为而言，该行为并不是有意诱导第三人与其本来不愿签约的委托人之间订立合同。在订立合同时，如果代理人明确知道此倾向且有意进行欺骗性陈述，诱使第三人签订了其本来不愿签订的合同[①]。

二是涉及代理人不可转让人身权利的。第三人特别看重代理人的个人因素，需要代理人亲自履行合同。除上述排除介入权行使的情形，委托人的介入权不受其他限制，禁止委托人行使介入权只是一种例外。

第二，第三人选择权的行使——积极条件。

根据合意理论，第三人对委托人是否知情与权利流无关，第三人对委托人的权利是经由代理人间接流转而来的，委托人是否显名不是代理成立的要件。第三人与代理人存在合同关系，代理人的违约行为可由第三人通过该合同获得救济，第三人的合同权益因此得以第一层保障。但考虑到如前为委托人和代理人清算利益中所述，第三人完全不知情委托人的存在，也就无法对代理关系表示同意，更为甚者，基于法律的公平正义原则，代理人和委托人作为该代理关系的发起者和最终利益的享有者，故当出现代理人破产或丧失履约能力的状况之下，第三人可行使选择权作为其权利的第二层保障。对于第三人的双重保障，使第三人在与代理人交易时因为与委托人之间信息不对称而带来的损失减少到最低，从而保证交易的安全。

不论是委托人介入权行使的消极条件，抑或第三人选择权行使的积极条件，均反映合同法对权利和资源在委托人和第三方的配置。

---

① Randy E. Barnett, Squaring unclosed Agency Law with Contract Theory, *California Law Review*, Vol. 75, No. 6 (Dec., 1987), p. 1982.

(二) 关于行纪合同的修正

许多大陆法系国家在行纪合同的立法中已经突破由委托人和行纪人之间的内部委托授权关系以及行纪人与交易第三人之间的合同关系所构成的二元制封闭体系。在建立委托人与第三人之间直接法律关系上,《法国破产法》第575条规定,如果销货行纪人在第三人向其支付货款之前破产,委托人有权直接向第三人提起追索价款之诉。如果购货行纪人在第三人向其交货之前破产,委托人也有权直接请求第三人交货,如果第三人已经交货,而且货物可以被识别,委托人可以占有该货物。《德国商法典》第392条第2款规定,对于行纪人通过行纪行为取得的债权,只有在行纪人让与后委托人才可以向债务人主张,但在债权让与前,行纪人对第三人享有的债权仍视为委托人的债权。《瑞士债务法典》第32条第2款规定,只要买主的身份对于第三人而言是无足轻重的,代理人即使不以委托人的名义为法律行为,也可以将此行为的法律效果直接归于委托人,即为委托人直接取得标的物的所有权。该法典第401条规定,委托人向代理人履行合同债务后,就依法取得代理人对第三人享有的权利。在这一点上,英美合同法的合意理论解释合同主体之间的关系显得更加应对自如,因为行纪合同在英美法中是基于信托而构建的。基于此理论加以分析,则我国合同法中的行纪合同是以行纪人以自己名义与第三人进行法律行为,法律效果由行纪人直接承担,之后通过债权债务的转移将该法律效果间接归属委托人。

上述各国立法及合意理论的契合,引发行纪和不公开本人身份的代理在法律关系上的趋同化,其表现在于它们调整的是同一法律事实并产生相同的法律效果——受托人(行纪人)以自己的名义与第三人为法律行为,这一行为的后果直接或间接地最终归属于委托人。我国台湾学者陈自强认为,因《合同法》第四百零二条和四百零三条属于针对对外贸易而设定的,应将其增订作为新的合同类型,并明确适用范围①。但本文认为,如此规定是对不公开本人身份代理适用范围的限缩,不符合该制度本身的存在价值。为保持交易

---

① 陈自强:《从商事代理谈民商合一与民商分立》,《月旦民商法杂志》2006年第14期。

链条的完整性,坚持以效率为价值取向,本文建议的立法路径为在合同法中建立以委托人(本人)利益为核心的不公开本人身份的代理制度的同时,保留行纪合同作为商事代理加以规制。当然如果我国制定商法典,则应将本人不公开身份代理归于商法典的规定之中。当前建议在修改合同法过程中的具体做法为,鉴于该两种制度对社会关系规制的范围和侧重点不同,我国采纳德国、法国、瑞士、日本等国家在行纪的法律制度突破二元合同结构的做法作为过渡的改良政策,将现行《合同法》第四百零二条、四百零三条增订为新型的合同类型置于分则之中,将行纪合同作为不公开本人身份代理的特殊情形加以规制。如何实现两者的关系的共存,维持法律系统的一致性和逻辑一贯性呢?本文认为在立法技术上应充分考虑行纪自身具有的诸如营业性、有偿性、反复性、持续性等特性的基础上,构建差异化的委托人的介入权和第三人的选择权的行使条件。例如,在合同法中关于行纪合同规定中增加:委托人只有在行纪人破产和债权转移之前①方可行使介入权、介入权行使的时间等。故不宜以现有《合同法》第四百二十三条准用规范简单地处理行纪和不公开本人身份代理之间的关系。

(三)不公开本人身份代理作为民法总则代理制度之补充

如前所述,我国代理须被代理人显名,并将委托与代理进行严格区分,《合同法》第四百零三条的适用条件是本人身份未公开,而且在第三人不知道委托人和受托人之间的代理关系,这里的知道包括明知、应知,以及订立合同当事人的身份对委托人没有影响②。这一规定直接来源于《国际货物销售合同公约》第13条的规定。

但是,不公开本人身份代理是基于合意理论,委托人(被代理人)是否显名不是代理成立的要求,其原因在于英美法并不区别委托和代理。是否显名并不是代理的构成要素,不公开本人身份代理正是基于非显名而具有灵活性,有利于高效、快捷建立交易关系,且可降低履约成本,更好满足商事活

---

① 侯玉花:《行纪合同研究》,山西大学2003年硕士学位论文,第25页。
② 汪渊智:《比较法视野下的代理法律制度》,对外经济贸易大学2010年博士学位论文,第35页。

动对合同法规范的需求，否则与现实经济生活中广泛存在的不公开本人的代理关系的事实不符，无法切实保护代理关系中委托人的合法利益。

以上的论述表明，要消除我国民法总则中代理制度与合同法中不公开本人身份代理的冲突，建议重新界定代理的基本含义，即代理在代理权限内实施的法律行为，均由被代理人承担其后果[①]。在目前重新界定无法实现的情况下，不公开本人身份代理虽无法作为代理制度组成部分进入民法总则，但在编制民法典合同编中应将不公开本人身份代理作为商事代理，作为对民法总则代理制度之完善和补充。

五、余论

英美合意理论作为本人身份不公开代理之基础理论符合本人身份不公开代理本质，有利于在委托人和第三人之间直接构建相关法律关系[②]。本文详细分析合意理论在本人身份不公开代理的三方主体关系、代理人违约、代理欠缺授权等方面的运用。在以上分析和阐释的基础和前提下，针对我国《合同法》第四百零三条和与之相关联的第二十二章行纪合同的法律规定中存在的不足，为民法典合同编的修订提出相关建议，期待能更好发挥本人身份不公开代理在经济活动中的灵活性和适应性。

(2019)

[①] 汪渊智：《对民法总则（草案）第七章"代理"的修改建议》，《人民法院报》2016年9月28日。

[②] 刘丽丽：《隐名代理与被代理人身份不公开代理制度研究》，大连海事大学2008年硕士学位论文。

企业并购环境法律责任风险与对策

——以美国《环保赔偿责任法》为视角

崔文玉[*]

摘 要：如何评价和承继并购中的环境法律风险及责任是企业并购中的关键之一。环境法律风险责任中如果涉及土地、制造设备等不动产，将加大并购难度。因为收购后发生继受公司预期外的有关环境的重大问题，被迫注入大量资金将给收购公司带来巨大的损失。且 M&A 交易之后，目标公司违反环境法律法规，造成环境污染，若合同中未分清权责，有可能被处以刑事责任，停止营业，并对第三人承担损害赔偿责任。本文通过对美国《环保赔偿责任法》的分析，确保落实环境风险防范措施，为我国跨国并购提供制度性、实践性经验。

关键词：企业并购　环境责任　尽职调查　环保赔偿责任　实质合并原则

在跨国并购中，由于各国的法律文化不同面临各种法律风险及责任，如何评价和承继并购中的法律风险及责任是关键之一。环境法律风险责任中如果涉及土地、制造设备等不动产，则会加大并购难度。因为收购后可能会发生继受公司预期外的有关环境的重大问题，被迫注入大量资金，从而使收购公司遭受巨大损失。此时双方展开"推责之战"，即资产转让公司为了逃脱环境责任证明财产已转让，事情与自己无关，而收购公司又尽可能摆脱其环境责任。为了避免收购过程中的环境责任纠纷，双方应在考核估价期及合同期注意确认环境法律责任之承继。

---

[*] 崔文玉，上海大学法学院教授、博士生导师。

虽然可以说一切都取决于事业（营业）转让公司和收购公司之间的谈判，但作为收购公司应尽可能地规避这种环境责任风险。因此，从收购公司利益保护的角度，如何应对环境责任的承继问题，就成为一项重要的研究内容。本文以美国环境问题最严格的法律法规，并对企业收购影响很大的被称为超级基金法的《环保赔偿责任法》（Comprehensive Environmental Response Compensation and Liability Act，CERCLA）为蓝本，考察分析法律及判例中的一般原则，并探讨其作为收购公司利益保护的手段及作用，为我国跨国并购企业提供制度性、实践性经验，无疑具有重要的意义。

一、继受人的责任：传统原则与环境责任

所谓继受人责任（successor liability），普遍认为是当一家公司与另一家公司有特定的关系时，前一家公司的责任由后续公司承担的行为。但大部分讨论针对存续公司的责任展开。根据公司形态和股东有限责任的结果，公司将其全部资产出售或转让的情形，原则上继受人公司不承担转让方公司的责任。因此，根据继受人责任的传统原则，正如第九巡回上诉法院在 Louisiana — Pacific v. Asarco, Inc Asareo, Inc.① 中指出的，资产收购人仅限于为以下行为承担责任：收购公司以明示或默示的形式同意承担责任，收购交易导致实质一体化或合并，收购人是单纯的继受，以及为了逃避责任进行欺诈性收购交易。

美国企业并购（Mergers and Acquisitions，M&A）中，收购公司最关注的环境责任相关法律应该是 CERCLA。1980 年制定的 CERCLA② 是世界土壤污染对策法的先驱。CERCLA 的主要目的是土壤污染地块的迅速净化，该法对与污染有关的潜在当事人追究其责任，命令其净化污染地块（CERCLA 第 107 条）。净化亦即除去土壤及地下水中的有害物、污染物，主要以过去

---

① 909 F. 2d 1260 (9th Cir. 1990).

② 1994 年 2 月，克林顿政权为了回应迄今为止对超级基金法的诸多批评，向国会提交了有关州政府及地域市民的参与、减少分担净化费用的诉讼费用、促进净化等修改法案，但以失败告终。

行为引起的污染对策为目的,为此责任也可称为行政上的净化责任。以往的判例贯彻独特的严格性、责任的无限连带性,具有追溯既往的法律效力,而且对主体扩大解释,因此开始成为决定跨国 M&A 成败的重要因素。

CERCLA 明确了净化责任的当事人,美国国家环境保护局(Environmental Protection Agency)具有通过命令或诉讼使责任当事人执行净化的权力;联邦政府为了自行净化可以创设基金;联邦政府可以指定污染用地,决定进行净化及净化优先地位。那么,基于 CERCLA 收购公司在 M&A 中会引发怎样的净化责任呢?

就净化责任的当事人(potentially responsible parties)而言,需要明确净化责任主体,其中包含污染用地当前所有人和管理人(current owner or operator),即使收购公司从未造成污染,也有可能被要求承担净化责任。

净化责任被视为责任当事人的连带责任,有可能各自对污染用地独立承担责任,且当前所有者/管理者承担责任的可能性较大。

净化费用昂贵(表1),但 CERCLA 本身未明确规定承继责任。而且上述污染用地的当前所有人,对土地污染状况未进行任何救济措施也承担责任。因此,转让公司所有权的事实,即是通过从收购事业(营业)而产生收购公司的净化责任,其结果与承担承继责任同等效果。污染后选择最低价修复措施,总价不发生变化,因此事前措施很重要①。

表1 修复时间、费用与损害赔偿额

修复选项	自然资源恢复基本状态所需的时间	补救费用	可能值的评估值(当前损失)	损害赔偿总额
未对受损的自然资源采取积极的补救措施	12年	500万美元	1 200万美元	1 250万美元

---

① 由于以旧换新价值和恢复成本处于权衡关系,如果选择最便宜的维修措施,损害赔偿金额可以更高,内政部的决定是合理的,CERCL, Ohio 判决。Kennecott Utah Copper Corp. v. United States DOI, 319 U. S. App. D. C. 128 (1996)。

续 表

修复选项	自然资源恢复基本状态所需的时间	补救费用	可能值的评估值（当前损失）	损害赔偿总额
当实施需要500万美元的补救措施时	7年	500万美元	700万美元	1 200万美元
当实施需要600万美元的补救措施时	4.5年	600万美元	450万美元	1 050万美元
当实施需要1 300万美元的补救措施时	3年	1 300万美元	300万美元	1 600万美元

二、继受人的地位：非继受原则的例外规则

（一）传统观点的例外规则

1. 责任承担

CERCLA 与其他例外规则不同，特别规定了基于明示的责任承担[①]。所有责任当事人，不管他们之间是否签订了免责合同，对政府承担一切责任。换言之，这种合同可以规定私人之间的免责权利，但被政府提出的诉讼中并非给予当事人责任抗辩。值得注意的是，CERCLA 上的承诺承担责任的协议必须是明示。

在 Chemical Waste Management v. Armstrong World Indus 案[②]中，法院认为："议会颁布一系列法律，制定该法律的基础策略非常明确。如果所有者、管理者和发生者也希望在国会重新分配风险，必须再细分化。"问题是，何谓为了转嫁 CERCLA 责任的明示协议？判旨认为，将资产原状态出售不足以构成 CERCLA 上的责任转嫁[③]。在 CERCLA 上责任转嫁不充分的情形如下：① 收购方在合理期限内处理废弃物所需要的费用超过一定金额的应通知

---

① Cercla s. 107（e）（1）.
② 669 F. Supp. 1285（E. D. Pa. 1987）.
③ Mobay Corp. v. Allied-Signal, Inc. 761 F. Supp. 345（D. N. J. 1991）.

转让方①；② 转让方同意收购方在资产的所有、使用、维持或者运营中造成的结果，或者因此而产生的所有附随成本、费用及损害免责②；③ 由事实发现人作为最终判断的，自截止之日起（不管其原因是否发生在截止日之前）存在的条件，消耗或者释放的物质、制造品所引发的行为、尚未引发的行为为结果的，免除收购方财产损害赔偿责任③。

在 CERCLA 上承担责任或解除责任的情形如下：① 在基于收购合同所生成的，或者与收购方有关的一切索赔中免除转让方责任④；② 对收购方从该合同条款下生成的，正在发生的或有可能发生的要求或诉因，完全免除转让方责任⑤；③ 对收购方在设施中储藏、溢出、泄漏、处理、丢弃和埋藏物质引起的、将来产生的，以及与其相关的一切索赔、行为、诉因、要求或责任，完全并永久免除转让方责任⑥。

作为不充分的情形②③与作为充分的情形三项之差异看起来并不明确，后者直接使用免除（release, release and discharge）的术语，或文句整体上比较明确。

2. 实质合并原则

事实上的合并是指并非依照合并法律程序的交易行为，如果与 M&A 具有相同的效果就视为合并，并承认与合并同等效力。实质合并原则诞生于 1958 年的 Farris 判决，并拓展为公司债权人保护。但也有些州以成文法排除实质合并原则（得克萨斯州的 TBOC § 10.254 等）⑦。

各州判例法上，适用实质合并例外规则原则上要求如下要件：① 经营状态（高管、场所、通常业务）的继续性；② 股东的存续性；③ 转让方的营业停止、解散；④ 收购方承担通常债务，但在产品责任的 Knap 判决中，合并

---

① Southland Corp. V. Ashland Oil, Inc. 696 F. Supp. 994 (D. N. J. 1988).
② 同前注。
③ Mobay Corp. v. Allied-Signal, Inc. 761 F. Supp. 345 (D. N. J. 1991).
④ Mardan Corp. v. C. G. C. Music, Ltd. 804 F. 2d 1454 (9th Cir. 1986).
⑤ FMC Corp. V. Northern Pump Co. 668 F. Supp. 1285 (D. Minn. 1987).
⑥ U. S. v. South Carolina Recycling and Disposal, Inc. 653 F. Supp. 984 (D. S. C. 1984).
⑦ Egan supra note 14 p. 936，进而形成典型要件的判例为 Philadelphia. Elec. Co. v. Hercules, Inc. 1985.

原则的有效范围通过消除③的要件而扩大。还有一种观点认为，③的要件只是美国合并基础中被吸收公司的消失，债权人的事件风险不能成为各种组织变更中决定性的因素①。决定责任的关键因素是股东的持续性，没有股东的持续性（继受前后股东的同一性）则无法确认是实质合并。因此，何谓股东的持续性成为争议的对象。转让方的事业（营业）转让以受让方股份作为对价的情形，能确认股东持续性②；三角合并的情形，也能确认股东的持续性③。所以规避承担转让方环境责任的最佳方法是以现金收购对方资产。

3. 单纯继受

适用单纯继受例外规则的因素包括：所有和支配通过共同的股东、高管和董事；采用共同的商业计划；生产线的统一性；被公认为唯一存续公司；员工、设备、资产和商业关系的重叠；努力被视为与转让方同样的存在；开拓转让方的商誉。

Oman International Finance Ltd. v. Hoiyong Gems Corp④ 案中，法院比喻"最为基本的质问是，各主体是否在自己的竞赛跑道，或者是否将接力棒从一方传递到另一方的接力赛"。当这两家公司都在自己的竞赛跑道上判断并没有延续时，法院就会关注交易的前后状态。"首先，H-RI 公司停止 H-NY 公司的营业就不是为了继承事业（营业）而成立的。H-RI 公司成立于 1981 年，但是 H-NY 公司之后还存在近五年。至少从 1981 年 8 月到 1983 年两家公司是以独立的实体运营的。"

法院试图区分单纯资产出售与持续企业形态为目的的交易。因此，收购方为了避免适用例外规则，如果事业（营业）收购交易仅用于转让资产，即使是重要资产，避免在出售合同上加重不必要的负担才是明智的选择。例如，制造设备的转让，收购方仅仅是为了扩大经营物理上使用设备，不需转让收购方商誉等。商誉的开拓是法院适用例外规则时需要考虑的因素，非必须转

---

① Henry Winthrop Ballantine "Ballantine, on Corporation" p. 691. 1946.
② Knapp v. N. Am. Rockwell Corp., 506 F. 2d 361, 370 (3d Cir. 1974); Philadelphia. Elec. Co. v. Hercules, Inc. 762 F. 2d 303, 310 (3d Cir. 1985).
③ Fizzano Bros. Concrete Prods., Inc. v. XLN, Inc., 42 A. 3d 951, 962 (Pa. 2012).
④ 616 F. Supp. 351 (D. R. I. 1985).

让商誉的，不必列入销售合同中。同样，收购方如不需要转让方的高级管理人员及董事继续工作，尽量不续聘也是一种风险防范措施。

4. 欺诈交易

Uniform Fraudulent Transfer Act 判旨认为，阻碍权利的行使，迟延付款，或企图欺骗债权人的转让，或者非合理代价，导致转让公司支付不能的转让，被视为欺诈行为①。

在 U. S. v. Vertac Chemical Corp. 案中，法院指出判断是否欺诈交易不需要满足上述①和②两个要件，只要其中一个要件即可。作为判断标准有"转让人支付不能或负债，不合理或虚构的对价，诉讼未决或可能性，秘密或隐匿，以及争议中的交易与通常的商事惯例有所不同的事实"②。

在 Kelley v. Thomas Solvent Co. 案中，法院指出 Vertac 案中欺诈的判断标准特征，实际上不举证欺诈可以采用举证推定欺诈③。

Vertac 及 Thomas Solvent 两个案件中，联邦政府和州政府均认为正规债权人及问题用地净化（cleanup）交易是欺诈性的④。

欺诈判例原则（"Fraud"）及诈害转让的各州成文法（UFTA 的州内法制化）。欺诈性转让为避免继承人责任而进行的转让行为。除虚假的资产，明显不合理欺诈行为之外，还有乍一看似乎合法的转让。并且，很多州引进了 *Uniform Fraudulent Transfer Act*（UFTA）作为诈害转让认定的统一标准。UFTA 已被纳入 43 个州成文法，2014 年 7 月经修改委员会批准改为 *Uniform Voidable Transactions Act*（UVTA）。

（二）由现代少数见解的例外规则

关于非继承原则的例外规则，传统见解认为通过法院实践可以将规则发展为两个理论。

---

① UFTA s. 4.
② 671 F. Supp. 595 (E. D. Ark. 1987).
③ 725 F. Supp. 1446 (W. D. Mich. 1988).
④ Egan ibid pp. 939 - 940，William Meade Fletcher "Fletcher Cyclopedia of the Law of Corporations §7125"(perm. ed., rev. vol. 2008).

1. 实质继受或事业（营业）继受

Smith Land and Improvement Corp. v. Celotex Corp. 案中，法院认为，这是议会旨在 CERCLA 中定义的责任当事人企业——由合并企业承担继承责任。

在 U. S. v. Distler 案中，法院评价 Smith Land 表达的是如下命题，即"适用 CERCLA 继承责任原则的法院，无论是应用传统规则还是应用之后的变化，应以促进实现法律目标的方式"，并且法院采用了实质持续/事业（营业）持续的例外规则，但为了适用它，应判断继承者是否保持如下因素：① 维持同一员工；② 维持同一管理人；③ 维持同一场所、同一制造设备；④ 维持同一产品生产；⑤ 维持同一名称；⑥ 持续开展资产及普通事业（营业）；⑦ 对世维持原有公司。其中许多都包含上述实质继受/单纯继受的例外规则。传统观点的规则与实质继受/事业（营业）继受的例外规则之间有何差异？前者是法院关注公司主体而寻求其持续性，后者则着眼于事业实体而寻求其连续性。

在 U. S. v. Mexico Feed Seed Co.[①] 案中其差异显著。法院判断公司作为继承人承担责任如下："公司应维持同一职员及管理员，同样以物的设备营业，维持同一废弃物搬运业务，对外维持原公司，实质上维持了所有营业资产。公司未能维持同一员工和董事会成员的事实，限存在其他因素，就像在 Distler 案中所述，实质性持续的例外规则下并不致命。"

根据分析法院认定承继者的责任，如果法院的分析只限于单纯持续的例外规则，可能出现相反的结果。

2. 生产线

在 Ray v. Alad Corp.[②] 案中，加利福尼亚州最高法院扩大非继承的传统规则，试图包括生产线规则。而且这是与环境问题无关的案例。法院认为："这里提示的环境下使制造业继承者承担严格责任的正当化理由为：① 对原制

---

① 764 F. Supp. 565 (E. D. Mo. 1991).
② 560 P. 2d 3 (1977).

造业者的原告的救济实质上因为继承者的事业（营业）收购被破坏；② 继受人具有承担原来制造业者的风险扩散作用的能力；③ 原制造业者的商誉（由继受人享有的持续开展的事业（营业））必然附带的风险是，缺陷产品责任要求继承人承担是公平的。"

法院明确指出，生产线的例外规则仅适于这里提示的狭义环境。狭义环境是指诉讼中所涉及的严格责任。另外，附加因事业（营业）收购继受人对原告救济不能的要件，这是转让方转让所有资产或大部分资产时发生的。这两点是收购方的抗辩要件，但抗辩（不可抗力、战争行为、第三者的作为或不作为）事由有着非常严格的限定（第107条（b））。

在 Martin v. Abbott Laboratories[①] 案中，华盛顿州最高法院认为，在生产线的例外规则的适用上应分析以下事项："① 转受人是否购买转让人的全部资产或大部分资产只留下公司壳；② 受让人是否作为承继转让人，以类似名称、在同一生产线上生产，对世维持着原公司；③受让人是否从转让人商誉中获利。"如何评价这种生产线的例外规则？生产线规则仅在宾夕法尼亚州、新泽西州等少数州适用，在 CERCLA 事例中还没有实际适用例。

随着时代的变化，生产线环保责任升级为产业链环保问题。随着国际性企业集团的发展，产业链的环境责任风险逐渐受到重视。对此，2013年欧盟以产品生命周期评价方法（Life Cycle Assessment, LCA）为基础，发布了产品和绿色企业的方法指南，分别为产品环境足迹评价方法（Product Environmental Footprint, PEF）和组织环境足迹评价方法（Organization Environmental Footprint, OEF），值得我们关注。

三、收购公司的环境责任与环境尽职调查

（一）减轻收购公司环境责任的对策

收购交易中如何分配伴随收购的风险与责任，主要取决于双方协商，并

[①] 689 P. 2d 368 (Wash. Sup. Ct. 1984).

将其结果反映在收购合同上。因此,收购方尽可能避免继受收购引起的环境责任,在收购合同中明确由转让方承担风险与责任,或努力将部分责任转嫁给转让方。通过密切关注事业(营业)收购的谈判和收购合同,减少收购方的意外风险和责任,才可能减少或限制收购方的风险和责任。收购方应留意:一是有关转让方环境问题的所有事项表示(representation)或保证(warranty)全面、细致和具体地进行。在收购的交易中收购方占优先地位的情形,作为收购方可尽量有效利用优先地位,缔结充分确保转让方的表示与保证的收购合同。如果事业(营业)收购交易是转让方的市场,转让方的权利暂居优势,那么其主导的合同很少会详细记述这些指示和保证的文言。然而,收购方接受定型合同危险会很大。所以即使收购方的地位不利,也应坚持对收购方有意义的表示和保证。如果转让方是有正常的商业意思且对交易负责的公司,应该会认真对待收购方的要求。转让方通常会做出表示和保证以应对各种例外。因此,这种例外的存在与范围,浮现环境问题的实际情形,收购方识别这些问题,对风险评估起极大作用。如果转让方认识到表示和保证的责任现实限于事实或问题,收购方评估对对方主张的事实或问题的风险也应附加其限定的严谨的协商。二是收购之前要求对转让方的行为所产生的环境风险与责任提供担保,并承诺收购方免责。如同上述,转让方在一定程度上以及合理的范围内接受收购方的要求,但附加限定条件。收购方要求的通常方法是,收购金额的一部分在一定期间托管寄存,或者保留支付,但转让方会尽可能限定金额及期间。

(二)环境尽职调查的目的与方法

收购合同协商中,收购方认为收购之前因转让方的行为而产生的所有环境问题应由转让方承担,但转让后转让方对环境问题的责任完全规避,或尽可能限制责任。双方利害尖锐的对立是正常的。特别是环境责任往往体现在企业兼并之后,其影响力也非常大,因此包括生产设施的企业收购中,尽职调查非常重要。

但是,即使收购者在谈判过程中巧妙地设计收购合同,并发挥强有力的谈判能力确保自己的利益,仍不可避免地存在自己的局限性。在存在多个收购候补时转让方立场暂居优势，或者在转让方是中小企业没有财政余力的情形，转让方就会极力回避有关环境问题的责任。收购方对现有的环境问题，对将来发生的风险与责任，应预先认知并冷静地评估，决定自己能否以金钱及技术的形式承担风险，或者需要与转让方协商反映在收购金额上。

收购方应以自己满足的彻底的方式实施环境尽职调查。该环境尽职调查作为全体事业（营业）尽职调查的一环，收购方在公司内组织收购专门团队时，内部通常有一名环境专业人员。但是，跨国并购（美国收购）转让方企业的制造设备时，精通美国环境法及其实务（不仅是联邦层面，还应包括各州）的专家是不可或缺的。依靠熟悉本地情况的专家的知识、经验和建议才是明智之举。

所谓外部专家，应启用环境法专业律师及环境咨询顾问，环境咨询顾问在环境专业律师的指示命令下进行环境尽职调查最为理想。大部分任用合同是在收购者和环境法专业律师、收购者和环境咨询顾问之间缔结。环境咨询顾问通常是在以法人（公司）为单位、以环境问题为主题的情况下，在各个州进行活动，在环境尽职调查中，例如在有关收购对象地区的法律规定和许可/认可调查，地下挖掘，土壤等的采集和分析，对解决现在的环境问题的助言和必要的设备投资计划等广泛的业务可以在规定的短期内进行。环境尽职调查的成败取决于如何有效地利用优秀的环境法专业律师和环境咨询顾问，如何有效地利用这些专家。

美国、欧盟关于自然资源损害责任制度之比较，详见表2。

表2　自然资源损害责任制度之比较

	美国法		欧盟法
	CERCLA	OPA'90	关于预防环境损害和救济的环境责任的指令
①自然资源的定义	合众国、州等所属的土地、鱼、野生生物、生物群、空气、水、地下水、饮料、水源及其他资源		生物多样性（栖息地及生物种）水、下层土在内的土壤

续 表

	美 国 法		欧 盟 法	
	CERCLA	OPA'90	关于预防环境损害和救济的环境责任的指令	
② 法律背景（成为依据的法理、法律原则）	公共信托理论		预防原则与污染者承担原则（EC条约第174条第2款）	
③ 请求权人	受托人（联邦或州政府指明的人）		成员国指定的主管官厅	
④ 责任当事人	所有者、经营者、发生者、运送者	船舶所有者、航运者、租船者，陆上设施的所有者	以指令规制的"危险活动"运营者	运营"危险活动"之外事业（营业）的运营者
⑤ 损害对象	自然资源的损害、破坏、损失		环境损害（损害生物多样性、水、包括下层土的土壤）	生物多样性损害
⑥ 责任原理	严格责任、连带责任		严格责任	过失责任
⑦ 溯及效力	无（对净化责任有溯及效力）	无	无	
⑧ 抗辩	① 不可抗力 ② 战争行为 ③ 第三者的作为或不作为 ④ 环境评估等特定、许可范围内的运营等	① 不可抗力 ② 战争行为 ③ 第三者的作为或不作为	① 战争行为 ② 不可抗力的自然现象 ③ 遵守法律、法规，根据许可排出 ④ 根据排出时点科学及技术知识的情况未能认知危险而放出、活动造成的损害	
⑨ 责任限度额	（总额）原则5 000美元	（超3 000总吨）$ 1 200/t or $ 1 000万（未满3 000总吨）$ 1 200/t or $ 200万任何一个高额	无	
⑩ 证明赔偿资力责任（强制保险）	有	有	无（鼓励财务保证手段和市场发展）	
⑪ 基金	有	有	无（确保成员国层面的制度上）	

五、结语

(一) 走出去:风险及防范

在美国,以事业(营业)收购为经营战略的收购企业最担忧的是 CERLA 严格的环境责任。并购后有可能产生不可预料的环境责任,超出收购预算,并影响投资的成败。因此,收购企业需要充分认识伴随的环境问题的风险与责任。

为此,第一,要了解美国法关于继受人责任原则,并探讨收购方法,尽量避免被适用上述例外规则。第二,在收购合同谈判时采用上述各种措施,将风险转嫁到转让方,或将其反映在收购金额上等,尽全力限制环境责任。第三,即便实施了最大的预防措施,也要确保对收购进行彻底的环境尽职调查。由于环境问题会对收购(包括制造设施)后的运营产生重大影响,所以公司在收购中应尽最大努力关注环境问题。

(二) 环保执法:税收 OR 环保

在"一带一路"视野下,自贸区的扩大为国际贸易提供了便利,但难免"环保账"与"税收账"之间的冲突。2017 年 9 月,舍弗勒投资(中国)有限公司向地方政府写"紧急救助函"成为中国环境违法行为的热点。这次引爆舆论的舍弗勒公司,已经和界龙合作了几十年,居然会不知道界龙这家金属拉丝厂没有环评[1]。环境足迹评价方法是对产业链企业环境法律责任可追溯性的积极探索。上述欧盟等国家以 LCA、PEF、OEF 来判定环境风险,也积极倡导绿色公共采购(GPP),2014 年《欧盟运作条约》中也纳入了减少采购对环境影响的多个条款等。虽然中国没有如此完善的制度,但企业经营也不应不顾中国的环境保护。该事件虽是偶发的,但反映的却是中国政府对环境违

---

[1] 2017 年 9 月 10 日,舍弗勒投资(中国)有限公司的原材料供应商上海界龙金属拉丝有限公司由于环保方面原因,被责令"断电停产、拆除相关生产设备"。当前,随着中央环保督查的深入开展,在中国生产的企业必须遵守环保法律法规,作为地方政府也必须落实环保法律法规,敢于对违法违规企业做到关停并转,绝不让步,以此进一步促进产业的升级和企业的转型,这也是人民群众渴望"绿水青山"的必然要求。

法企业绝不让步的决心。

在美国以免税政策召唤制造业回归的背景下，中国环境保护政策多少会影响实体企业发展，但这一代价是值得的。我们不能以污染环境来维持"世界工厂"的地位，应像日本和韩国企业那样成为创造者，依赖技术创新。通过牺牲环境获取企业税收的做法没有出路，环境保护应成为实体经济发展的首要考量。

股份交换 M&A 税制之对策

——基于中日两国税制的比较

张诗萌*

摘 要： 随着我国企业并购交易日益增多、交易模式愈发丰富多样，我国现行的企业重组所得税完善建设问题也逐渐凸显。以日本 2017 年和 2018 年税制改革为契机，对比分析中国和日本在股份交换式合并和股份交换式分立交易中税制安排的异同，进而为我国企业在"走出去"进程中更好地发展提出理论和实务上的对策。

关键词： 股份交换　企业并购　税制安排

一、问题的提出

面对全球化和第四次产业革命引发的技术革新，竞争环境急剧变化的现行经济环境下，通过灵活、大胆的企业重组，新兴企业加速发展以获取企业外部经营、技术资源，大型企业通过引进企业外部经营资源与技术，加速整合业务构成，向具有成长性、收益潜力的业务分配经营资源是非常重要的。以股份为支付对价进行收购，作为一种既不影响内部流动资金又无须从外部筹措资金的收购手段，在欧美等国家，特别是大规模并购交易中得以广泛应用[①]。

我国财政部、国家税务总局 2009 年联合发布的《关于企业重组业务企业所得税处理若干问题的通知》中，对以股权支付形式实施的企业重组纳税问题作出了明确规定，在满足一定情形下的企业重组可以适用特殊性税务处理规定。而且实

---

* 张诗萌，北京大成（上海）律师事务所律师。

① 業天邦明、大草康平：《産業競争力強化法における株式対価 M&A に関する計画認定制度の創設および税制措置の解説》，《商事法務》No. 2174, p. 18.

务中也出现了大规模股份交换并购案例,例如同方股份在 A 股市场通过股票交换股票方式收购晶源电子、东方航空换股吸收合并上海航空等通过灵活运用股份交换的方式实现企业重组。但目前中国公司法立法上尚未确立股份交换制度。

日本企业由于受到日本公司法中"现物出资原则"与"有利发行原则"的限制,股份交换在实务操作中存在困难。对此,2011 年修订了《关于产业活力再生以及产业活动创新特别举措法》①,规定在特定情形下,可以不受"现物出资原则"与"有利发行原则"的限制,使得日本企业以本公司股份为对价进行公开收购成为可能。但由于诸如针对接受收购方股份交付的目标公司股东采取特殊税收政策等配套措施不完善,因此在实务层面,股份交换并购模式的实际利用率并不高②。

以日本为例,日本活跃于全球范围的创业企业很少,特别是相比欧洲美国,日本大型企业的营业利润率也偏低,处于业务组合调整不充分的状态③。这一点,中国企业的发展状态与日本企业具有相似性。比如在日本经济产业省统计的 2016 年多元化大型企业营业利润率,从图 1 中可以明显看出,日本只有 3%,而欧洲、美国达到 13.7% 以上。日本甚至不足欧美国家的二分之一。

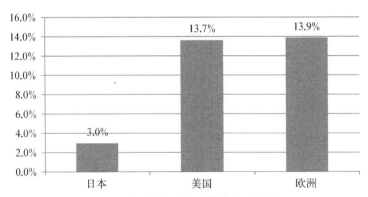

图 1　多元化大型企业的营业利润率

---

①　2014 年该法律被废止,被《产业竞争力强化法》替代。
②　酒井真:《平成 30 年度税制改正がM&A・組織再編の実務に与える影響》,https://business.bengo4.com/articles/327.
③　業天邦明、大草康平:《産業競争力強化法における株式対価M&Aに関する計画認定制度の創設および税制措置の解説》,《商事法務》No. 2174, p. 19。

因此，选择适当的重组方式不管是对企业还是国家来说，都具有战略意义。但即使经营者认识到灵活并购的必要性，在决策时也不得不考虑有形无形的费用，其中最为关心的就是税费。因此，希望通过对比分析中国、日本两国在股份交换并购中的税制安排，为中国企业实施跨境并购重组，尤其是在日本开展相关活动，提供必要的参考。

二、股份交换 M&A 模式

股份交换 M&A 即以股票为交易对价进行的并购，由于目前我国立法上并没有对股份交换的明确定义，从实务角度，根据并购模式的不同，可以分为股份交换式合并和股份交换式分立。

（一）股份交换式合并

股份交换式合并交易结构（图 2）在实务中体现为收购方公司以本公司股份为对价，交换目标公司股东持有的目标公司股份，进而完成对目标公司的收购。对于流动资金不充足但在证券市场具有发展潜力的新兴企业来说可以扩大其参与收购的机会，使其可以将流动资金充分用于科研和人才投资，而且取得目标公司的股份无须大量筹措资金，也有防止因大规模收购而导致财务恶化的优点。对目标公司股东来说，通过收购，可以享受持有收购方企业的股份由此产生的协同效应，继续间接持有目标公司股份的情况下，也能享有公司发展和业绩增长带来的利润。

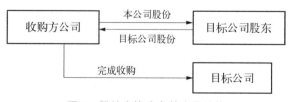

图 2　股份交换式合并交易结构

（二）股份交换式分立

股份交换式分立交易结构（图 3）在实务中体现为母公司将其持有的子公司股份分配给母公司部分股东，交换其在母公司中所占部分股份的分拆行为。

其交易效果在于企业更专注核心业务的发展。国资委主任肖亚庆曾多次在讲话中表示,具有全球竞争力的跨国公司大多有一个共同的特征,就是专注主业、突出主业。

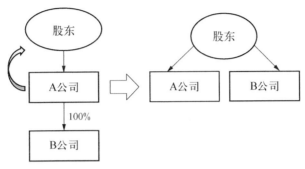

图3 股份交换式分立交易结构

灵活运用股份交换式分立有助于企业更专注核心业务的发展,通过子公司剥离等方式进行专业化整合,以推动技术、人才、资本等各类资源要素向主业集中,增强核心业务的资源配置效率、盈利能力和市场竞争力。

三、股份交换式合并的税制比较

(一) 中日两国适格合并税制

财政部、国家税务总局《关于企业重组业务企业所得税处理若干问题的通知》(下称"59号文")中对"合并"的定义为:"合并,是指一家或多家企业(以下称为被合并企业)将其全部资产和负债转让给另一家现存或新设企业(以下称为合并企业),被合并企业股东换取合并企业的股权或非股权支付,实现两个或两个以上企业的依法合并。"因此,本文前述股份交换式合并交易结构下所涉以股权支付收购目标公司股份的模式属于"59号文"中规定的"合并"。由于交易双方是以股权为交易对价,在整个交易过程中未产生现实资金损益,因此为避免对未实现利益课税产生阻碍顺利合并的不利后果,各国对满足一定条件的合并施行特殊性税务处理也可称为适格合并。中日两国适格合并税制的适格要件对比分析见表1。

表1 中日两国适格合并税制的适格要件

适格要件	日　本①	中　国
经营目的	被合并法人合并前运营的主要业务和合并法人合并前实施的业务中任何一个业务须为相互关联的业务	合理的商业目的 不以减少、免除或者推迟缴纳税款为目的
股权的连续性	存在被合并法人控股股东时，合并后合并法人的股票中交付给控股股东的全部股票须继续保有，并且须保有股票发行总数的30%以上	合并法人的股份占合并代价的85%以上 取得股权支付的原主要股东在合并后连续12个月内不可转让取得的股权
营业活动的持续性	根据销售额、职员和资本金比较时被合并法人的被合并业务规模须在合并法人合并业务的5倍以内。或者被合并法人的特定人员和合并法人的特定人员合并后须成为合并法人的特定人员②	合并后连续12个月不改变实质性经营活动
特殊规定的效果	被合并公司的所有资产和负债按其计税基础，即账面价值转让给合并公司。在此情况下，合并交易不产生任何应纳税所得或损失。被合并公司的清算所得不会被视为股息支付。但是，在合并交易中，合并公司拥有的被合并公司股份的损失不可税前扣除	作为计税基础的转让/受让合并时，完全推迟纳税

（二）股份交换式合并递延纳税制度（2017年、2018年日本税制改革）

大规模公开收购案中，欧美国家大多是股份和资产相结合进行交易，而日本采取的均是仅以资产对价进行交易③。有人指出，税制问题是日本股份交换M&A不活跃的主要原因④。具体来说，日本不承认在股份交换M&A交易满足某些要件情况下实施递延纳税制度。这就导致了收购方在考虑并购方法时出于避税考虑而不采取公开收购，而且收购方股东担心目标公司股东在

---

① 日本税法对合并的规定主要分三种情形：完全支配关系法人间合并、存在支配关系法人间合并与为了共同事业的合并。本文论述的是"为了共同事业的合并"中的适格合并要件。
② 参见日本法人税法实行令第4条第3款第4项。
③ 棠天邦明、大草康平：《産業競争力強化法における株式対価M&Aに関する計画認定制度の創設および税制措置の解説》，《商事法務》No. 2174，p. 19。
④ 《2018年税制改正による自社株を対価とする買収に係る株式譲渡益課税の繰延べ》，《PwC税理士法人》Issue 106，January 2018。

取得收购方股份后会将股票抛售以确保纳税资金，而该行为会导致并购后的股价下跌，进而不选择股份交换并购这种模式。

为此，日本 2018 年税制改革大纲规定，如果收购方被认定为产业竞争力强化法中特殊重组计划，对于目标公司股东（自然人/法人），转让股份产生的转让收益允许延期课税（租税特别措施法第 66 条 2 款 2、第 37 条 13 款 3），这一措施也为以库存股为对价实施公开收购消除了一个障碍①。

符合被认定为产业竞争力强化法中特殊重组计划的收购方企业具体包括三种类型②，见表 2。

表 2　特殊重组计划的收购方企业类型

类　型	内　　容	具　体　例
开拓新市场的经营活动	日本"未来投资战略 2017"所揭示的五大战略领域，通过收购获得技术革新的新经营活动	五个战略性领域 实现移动革命 供应链革新 FinTech（金融科技） 延长健康寿命 舒适的基础设施·城镇发展
基础设施建设	有效利用收购获得经营资源，向多业务领域的企业销售、提供必要不可缺少的商品及劳务	Platformer（平台）
加强核心业务活动	旨在通过收购转变业务组合的新业务活动	多角化的大企业 大规模业务重组的企业

日本通过对上述有利国家战略发展的产业实施特殊税收优惠政策，以鼓励其发展。此外，日本 2017 年税制改革中也规定，对于 2017 年 10 月 1 日以后实施的企业重组，对于非适格股份交换全资子公司拥有资产时的公允价值评估制度以及合并纳税开始或合并时资产公允价值评估制度，将账面价值未满 1 000 万元的资产不再作为公允价值评估对象的资产。

---

① 《平成 30 年度税制改正大纲》，https://www.eytax.jp/tax-library/newsletters/index.html。
② 酒井真：《平成 30 年度税制改正が M&A・組織再編の実務に与える影響》，https://business.bengo4.com/articles/327。

(三) 小结

我国目前除前述"59号文"中对适格股份交换式合并作出特殊性税务处理的规定外，前不久通过《公司法》新修订内容，建立了库存股制度，明确允许公司在回购本公司股份后留存该股份作为库存股，最长不超过三年。公司法新规的出台，也使我们对未来我国以库存股为对价实施公开收购有了更多期待。

我国和日本均对以股权支付为对价，在满足一定条件下的特殊性税务处理进行了规定。相比中国，日本对合并适格要件的规定要更为缓和。我国主要是通过设定商业目的、经营持续性、股权锁定等条件限制以排除企业实施避税为目的重组。但上述条件限制多为形式要件，从企业经营实质维持角度出发，可以考虑引入日本对特定人员的继承要件。同时，日本通过新税改以鼓励符合国家战略目标的产业重组计划，相关产业的重组动向也值得关注。

四、股份交换式分立的税制比较

(一) 中国公司分立的适格要件

根据"59号文"，我国企业采取股份交换式分立模式下，适用特殊性税务处理规定所需满足的条件与股份交换式合并无异：① 具有合理的商业目的，且不以减少、免除或者推迟缴纳税款为主要目的；② 被分立部分的股权比例符合本通知规定的比例（85%以上）；③ 分立后连续12个月内不改变原来的实质性经营活动；④ 交易对价中涉及股权支付金额符合规定；⑤ 企业分立中取得股权支付的原主要股东，在分立后连续12个月内不得转让所取得的股权。

(二) 日本"分拆"税制

针对企业将本公司某一项业务或子公司剥离，转移给不存在控制关系的一方，日本2017年税制改革中引入了分拆（spin-off）税制。按先前税制规定，股份交换式分立需对本公司业务或子公司股份存在的转让损益以及股息进行课税①。改

---

① 《平成29年度税制改正大纲》，http：//www.ey.com/GL/en/Services/Tax/International-Tax/Tax-alert-library%23date。

革后,对满足以下条件的换股式分立实施特殊税制:① 通过现物分配[①]根据现物分配法人的股东持股数仅交付全资子公司股份;② 现物分配法人在现物分配前与第三方不存在支配关系,全资子公司在现物分配后与第三方也不存在可预见的支配关系;③ 全资子公司股份分配前的特定人员均不得随现物分配卸任;④ 全资子公司股份分配前约80%以上员工预期继续从事全资子公司的业务;⑤ 全资子公司的主要业务继续开展[②]。

日本 2017 年税制改革前,公司若将某一盈利部门分割至集团内其他公司,分割转移后,解散、清算或向第三方转让持有不盈利部门的分割公司,该分割转移盈利部门的交易可能因被视为不适格分割而产生巨大税负的风险。但本次改革,为前述分割方式作为适格分割处理提供了可能,有望推进业务分拆以及非核心、不盈利业务的整理、合并。

分拆税制对于符合上述适格要件的日本国内股东和外国股东规定了不同的税制政策:① 在符合上述适格要件的情况下,以全资子公司全部股份进行股份分配的国内股东,对转让产生的损益延期纳税、股息免税;② 通过股份分配向非居民股东或外国法人股东交付全资子公司(外国法人)股份的情况下,不认可延迟纳税,需以交付时点课税。

(三) 小结

我国对于以股权支付为对价的分立和合并适用要件上的规定并无太大差异。日本对于不同的分立模式作出灵活的课税规定,并且区分国内、国外股东,对国内股东执行更优惠税制政策。

五、结语:M&A 税制的对策

(一) 走出去:挑战与机遇

并购实务中,特别是大规模的并购,企业多采取灵活的重组模式。以税

[①] "现物分配"是日本税法上的用语。根据日本法人税法第 2 条第 12 款第 6 项,现物分配是指法人基于某些事由向其股东交付金钱以外的资产(现物资产)。

[②] 《スピンオフ税制について~平成 29 年度税制改正~》,https://www2.deloitte.com/jp/ja/pages/tax/articles/bt/japan-tax-newsletter-september2017.html。

制改革为契机，交易手段的实务标准也有了很大的变化。由于还需要税务以外的实务上的对应，实务动向是否会立即发生变化在现阶段还不明确。对于在日本投资的中国企业来说，日本税制改革对股份交换并购传递出利好的信号，并且在日本进行以库存股为对价的公开收购在日后的实务动向也备受期待。

（二）启示：放宽 OR 管制

我国目前公司法上对股份交换尚无明确界定，股份交换的配套规定亦不完善，但并购实务已广泛应用股份交换股份的并购模式。因此有必要从立法上对该制度进行规制，使其作为一种完整、系统化的企业重组手段，进而使中国企业能够更加有效地实现并购，从而达到集团化经营、专业化整合、防范敌意收购的效果。

从税制法律上来看，我国现行规定下统一的适格要件是否适应实务中各类重组模式以及是否有必要参考日本适度缓和适用要件，值得进一步探讨。中国未来税制改革中，建议针对灵活的企业重组模式设计相应的税制对策。为规避企业避税问题，可以参考日本，从维持企业实质经营原则出发，引入特定人员的继承要件，强化分类税负要件并大胆改善成为企业重组的阻碍要因税制。此外，也可以考虑对有利于国家发展规划的重点领域、战略性领域设计特殊税制优惠政策，以期提升中国企业在海外并购中的竞争力。

出版资助单位介绍

金茂凯德律师事务所（Jin Mao Partners），是一家为了更好地服务于境内外中高端客户而成立的综合性合伙制专业法律机构，拥有国家工商行政管理总局商标局核准的"金茂凯德"服务商标。著名法学家、上海市人民政府原参事室主任、上海市高级人民法院原副院长、复旦大学法学院原院长李昌道教授为该所负责人。该所拥有执业律师、律师助理和工作人员150名左右，总部位于上海，并在我国的北京、青岛、广州、武汉、烟台、乌鲁木齐、珠海、厦门、长沙、芜湖和香港特别行政区、澳门特别行政区以及台湾地区的台北、高雄等地，日本的东京、福冈、大阪、名古屋，荷兰的阿姆斯特丹，意大利的米兰、罗马，英国的伦敦、纽约，美国的纽约，瑞士的日内瓦，还有德国、新西兰等设有分所或者办事处，"一带一路"法律研究与服务中心已在亚洲、非洲、欧洲、大洋洲、美洲等国家和地区设有20个工作站。

该所是金砖国家律师服务联盟和G20律师服务联盟的主发起人。该所多年名列上海律师业综合排名前十位，是商务部《国际商报》评选的"最具活力服务贸易企业50强"中唯一的律师机构，是上海市高级人民法院认定的企业破产案件管理人，也是中国上市公司协会、中国银行间市场交易商协会、中国保险资产管理业协会、中国证券业协会、上海上市公司协会、上海股权投资协会、上海市国际服务贸易行业协会、上海服务外包企业协会等会员单位或理事、常务理事单位。

成立以来，金茂凯德律师事务所杰出的业务能力体现在全方位的法律服务上，无论是在其传统优势领域，如一般公司法律业务、银行业务及融资、外商投资、房地产及工程建设、国际贸易、争议解决以及证券业务中，还是在新兴的业务领域，如兼并收购、资本市场、反垄断、风险投资和私募基金、知识产权与信息技术等，金茂凯德律师事务所为国内外许多知名企业提供全方位的法律服务。金茂凯德律师事务所的合伙人均毕业于国内外著名的法律院校，其中许多人都有在世界 500 强跨国公司法律部工作或国际知名律师事务所执业的经历，多人被国际权威的法律评级杂志评为"亚洲领先律师"。

金茂凯德律师事务所的法律服务理念是以德育人、团队合作、客户为要、永奏凯歌，为境内外不同需求的客户提供优质的全方位法律服务。

地址：上海市淮海中路 300 号香港新世界大厦 13 层

邮编：200021

电话：(021) 63353102

传真：(021) 63353618

网址：www.jinmaopartners.com

邮箱：jmp@jinmaopartners.com

上海东方环发律师事务所成立于 2006 年，是一家经国家司法行政部门批准设立的合伙制律师事务所，以建筑工程、房地产和城市基础设施建设法律服务为主。建所以来，上海东方环发律师事务所以"专业、审慎、诚信"为服务宗旨，结合专业特点，对建筑法、房地产法、公司法、金融法、外商投资企业法、项目投资融资、保险法、知识产权法、环境保护法、劳动合同法等相关法律进行了深入的研究，积累了丰富的办案经验，在上海乃至全国各地承办了一大批案情复杂、标的巨大且具有典型意义的案件，在法律界和建筑房地产业内产生了重大影响。作为一家在中国建筑房地产领域有较高知名度，以提供建筑工程、房地产和城市基础设施建设法律服务为主的专业律师事务所，该所律师团队多由兼具建造师、造价工程师、监理工程师、注册会计师、注册评估师等专业技术资格或职称的复合型专业人员组成，并长期为大连万达（集团）、中粮集团、中建七局、中建八局等多家大型房地产开发建设公司提供常年法律顾问服务。该所律师团队多具有建筑业相关从业经历，尤善于建筑专业和法律专业的有机结合，在建设工程法律服务领域中具有更加专业的服务技能。

《产权法治研究》征稿启事

《产权法治研究》，虽名法治，其实需要经济学、社会学、政治学、历史学、法学等各学科的交叉研究。我们希望以《产权法治研究》为平台，汇集专家学者，通过对中国产权问题的交叉研究，打破学科藩篱，形成制度共识，共同推进中国的法治建设和经济、社会转型。现谨邀海内外贤达不吝赐稿，不论学科，不分畛域，不限观点，不拘字数，能与产权相关且言之成理者，均属欢迎之列。

《产权法治研究》设有产权基础理论、产权与宪政、部门法产权制度、产权保护与司法救济、产权经典译评、产权时评等栏目。

稿件相关要求如下：

1. 稿件应为未公开发表的作品，字数不限。

2. 来稿请附中文摘要及关键词。摘要字数应在 300 字以内，概括论文主要内容，一般应包括目的、方法、结论等，结论部分须多着墨且明确。排版格式及体例等请参照上海大学出版社出版的《产权法治研究》。

3. 来稿请附作者简介，包括姓名、所在单位与职称、职务以及联系方式。若有基金项目，请填写项目名和编号。

4. 文责自负。作者应保证对其作品享有著作权，译者应保证其译本未侵犯原作者或出版者任何可能的权利，编辑部或其任何成员不承担由此产生的任何法律责任。凡来稿，均视为作者、译者已经阅读或知悉并同意本声明。

5. 只接受电子投稿，来稿请发至专用邮箱：lawshu@163.com。

6. 凡投稿在两个月内未收到编辑部采用通知者，可自行处理。来稿一律不退，请作者自留底稿或做好备份。

7. 来稿一经采用，酌付稿酬。

为扩大《产权法治研究》及作者知识信息交流渠道，除非作者在来稿时作出相关声明，《产权法治研究》编辑部拥有以非专有方式向国内外相关数据库授予已刊作品电子出版权、信息网络传播权和数字化汇编、复制权以及向《中国社会科学文摘》《高等学校文科学术文摘》《新华文摘》和中国人民大学复印报刊资料等文摘类刊物推荐转载已刊作品的权利。同时,《产权法治研究》编辑部欢迎相关组织依照《著作权法》的规定对《产权法治研究》所刊载的论文进行转载、摘登、翻译和结集出版,但转载时请注明来源。

《产权法治研究》编辑部通信地址:上海市宝山区南陈路333号上海大学法学院《产权法治研究》编辑部(邮编:200444)。

《产权法治研究》编辑部敬启